本成果受到中国人民大学 "211工程" 的支持

人民出版社

美援为何无效？

——战时中国经济危机与中美应对之策

杨雨青 著

版画／抢米

目　录

绪　论

　　抗日战争首先是一场军事上的较量,同时也是一场经济战。蒋介石当时已经意识到:"日本军事进展既受打击,不宣而战之战争已演为经济战争。"①为了配合军事进攻,以武力征服中国,日本在中国发动了全面的经济战。因此,若要坚持抵抗并最终赢得这场战争的胜利,不仅需要军事上的持久抗战,而且也需要经济上的全面较量。对此,蒋介石也有清醒的认识:"吾人深知,此次民族自卫战争,自今以往,其成功端赖吾人稳定经济之能力,尤赖吾人能维持中国之币制。换言之,欲争取最后之胜利,吾人有赖于军事之成就者只30%,而经济之因素,则约占70%。易言之,吾人欲抵制日本之经济威胁,与夫减轻一般国民因物价陡涨而蒙之苦痛,其最利之武器,即中国经济机构之稳定矣。"②蒋介石的这番话,指出了经济在决定战争胜负当中的重要作用,不无一定道理。在八年抗战中,除了中国军民的浴血奋战,还有一个重要的方面,即经济建设,这是中国抗战得以进行的必要的物质保证。

---

　　①　蒋介石致罗斯福,1940 年 5 月 14 日,秦孝仪主编:《中华民国重要史料初编——对日抗战时期》第三编《战时外交》(以下简称《战时外交》)第 1 卷,(台北)中央文物供应社 1981 年版,第 271 页。

　　②　蒋介石、詹森谈话备忘录,1940 年 5 月 15 日,《战时外交》第 1 卷,第 272 页。

但是，中国抗战最大难关也在经济，蒋介石认识到，"若不能在金融上设法调济，则民生饥冻，……抗战必难久持"。的确，战时中国出现过严重的经济困难，主要是财政、金融、贸易、生产四大方面，具体表现为沿海口岸和国际通道被敌封锁，进出口贸易受阻，外援物资运输困难，货币急剧贬值，生产受到严重破坏，资源被敌掠夺控制，物资严重匮乏，政府财政税收锐减，军事开支庞大，货币发行量猛增，通货膨胀愈演愈烈。如何防止经济局势的进一步恶化，加强中国的经济结构，是摆在国民政府面前的一个艰难的大问题。国民政府采取了哪些政策来应对危机，其实际效果如何，有哪些教训，是值得我们深入研究的课题。

中国在经过几年艰苦抗战之后，在物质上几乎接近崩溃，仅凭中国自己的力量，不足以对抗日本的军事和经济进攻，极端需要外国的经济援助。在整个战争期间，中国政府向各国求援，很多国家也都给予了中国各种援助，而美国是其中一个重要的国家，因为中国抗战能否坚持，也关系到美国的利益。为帮助中国解决经济困难，美国采取了各种办法，例如提供借款和物资，开展易货贸易，成立平准基金稳定法币汇率，提出稳定物价的建议，帮助中国进行战时生产，共同修筑国际交通线运输物资等等。美国的对华援助，既有军事的，也有经济的、财政的，这些援助无疑加强了中国的抗战力量，支持了中国战时经济，也密切了中美之间的关系。为了应对战时中国的经济危机，中美在哪些领域进行过合作，有哪些分歧与矛盾，对中国经济产生过什么影响，这些都应该加强研究。

研究这一课题，有助于了解当时中国的经济、财政、金融状况，了解现代中国的经济发展情况，有助于抗日战争史和中国经济史研究的深化。中国抗战时期的经济，是中国军事、政治及外交活动的基础，对战时经济状况和经济政策作全面了解和深入分析，有助于我们进一步认识战时中国诸多军事、政治、外交活动背后的经济因素。将经济置身于战争的背景之下，能使我们更清楚地看到政治与经济的互动，战争对经贸的影响，有助于我们深入研究与全面、客观评价抗日战争，充分认识经济在抗战中的地位和作用。

抗日战争时期中美经济来往很多，联系非常密切。经济关系是中美关系中一个重要方面，它同中美政治、军事关系密切相连，并且相辅相成。美国在向中国提供每一笔贷款时都有着明确的政治和战略考虑，而战时中美经济联系的迅速加强，也在无形中影响着战时中美关系的走向，并为战后中美政治经济的空前合作打下基础。对这一阶段的中美经济关系进行研究梳理，可以使人们更好地了解中美经济和贸易往来的历史，了解美国对中国的影响，也有助于中美关系研究的深化。

本书将大量运用美国胡佛档案馆、罗斯福总统图书馆、杜鲁门总统图书馆、哥伦比亚大学珍本和手稿图书馆，台湾国史馆、党史会、近代史所，以及香港大学图书馆等地原始档案资料，结合图表、数据、统计、比较等手段，借鉴金融、贸易、外债、外汇、财政等经济学常识，运用定量分析与定性分析相结合的经济史研究方法进行考察，系统梳理和研究中国战时的经济危机以及中美应对之策，主要涉及贸易、货币、外汇、金融、财政、物价、生产等领域。重点放在国民政府讨论和制定经济对策的过程，具体操作方式和实施效果，中美经济合作与对话，中美经济利益中的矛盾和冲突，中国对国家主权和经济利益的坚持，中美经济关系对中国战时经济体制、经济建设和经济政策的影响等方面。

第一章　中美两国对中国战时经济的关注

　　"战争不但是军事和政治的竞赛,还是经济的竞赛。[1]"中日战争爆发后,日本不仅对中国进行军事侵略,也对中国发动了经济进攻,封锁出海口,破坏法币,抢夺物资等等,均属于经济作战。中国抵抗日本侵略的全面抗战,也不只是战场上的作战,还包括政治乃至经济的抗战。抗日战争时期,经济可以说是与军事并列的、为中美两国所共同关心的重大问题。在美国罗斯福(Franklin D. Roosevelt)总统的私人顾问居里(Lauchlin Currie)访华时,蒋介石向负责与居里接洽的国民政府官员交代了四项主要议题,分别是军事、财经、中美经济合作及交通运输。[2] 可见经济在抗战期间的重要性,以及经济在战时中美关系中的受重视程度。

　　由于日本帝国主义对占领区的经济侵略和殖民统治,和经济上"以战养战"的疯狂掠夺,由于战争所带来的巨大财产损失和消耗(直接经济损失 1000 亿美元,间接经济损失 5000 亿美元),抗战时期中国的国民经济出现严重的生产衰退和经济危机,直接影响到中国抗战的进行和美国的战略、经济利益。中国为克服经济困

---

　　① 《毛泽东选集》第 3 卷,人民出版社 1991 年版,第 1024 页。
　　② Kiang, H. C. to T. V. Soong, Apr. 20, 1941, T. V. Soong's Archive, Schedule A, Box 5, 1. Kiang, H. C. , Hoover Institution Archives, Stanford University, U. S. A.

难而向美国寻求物质援助,美国则出于对日关系和自身利益的考虑而决定援华与否以及援华的力度。

一、中国战时经济状况

(一)战前中国经济的落后

战前中国经济十分落后,近代工业在国民经济中的比重很低,1936 年,中国工农业总产值为 306.12 亿元,近代工业(包括全部矿业)总产值为 33.19 亿元,仅占 10.8%。[①] 20 世纪 30 年代中期,中国(包括东北)仅有铁路 15728 公里,每年仅生产煤 2680 万吨、铁矿石 250 万吨、生铁 60 万吨、纱锭 550 万枚。[②] 至 1937 年底止,全国(不包括东北)产值 1 万元以上的工厂总数只有 3935 家,资本不过 3.77 亿元,工人总数 45 万余人。[③] 而 1933 年美国工厂有 14 万家,工人 600 万;德国工厂达 190 万家,工人 900 万;日本在 1937 年工厂也达 10 万余家,工人 290 余万。[④] 这都是中国望尘莫及的。

中国生产力的落后,还可以从主要工业产品的人均占有量与其他国家的比较中看出,见下表:[⑤]

表 1—1　中国与其他国家钢铁和发电人均占有量比较

1933 年	1913 年				
中国	美国	德国	英国	俄国	日本

---

① 吴承明:《中国资本主义与国内市场》,中国社会科学出版社 1985 年版,第 132 页。

② 郑友揆:《1840—1948 中国的对外贸易和工业发展》,上海科学院出版社 1984 年版,第 48 页。

③ 陈真等编:《中国近代工业史资料》第 1 辑,三联书店 1957 年版,第 89 页。

④ 同上,第 84 页。

⑤ 清庆瑞主编:《抗战时期的经济》,北京出版社 1995 年版,第 86 页。

	1933 年	1913 年				
	中国	美国	德国	英国	俄国	日本
钢铁	1.2 公斤	329 公斤	229 公斤	171 公斤	30 公斤	11 公斤
发电	4.3 度	1160 度	735 度	608 度	215 度	215 度

当时中国的工业生产不但无法与主要资本主义国家 20 年前的水平相比,而且连印度的工业发展水准也比不上。1933 年,印度铣铁生产量比中国多 0.8 倍,纱锭多 0.9 倍,布机多 4.5 倍,钢多 27 倍。[1]

战前中国经济不仅十分落后,而且经济发展极不平衡,沿海地区的商品经济和工业生产力水平都高于广大内地。20 世纪 30 年代,只占全国总面积 12% 的沿海一带,近代工业的净产值却占全国的 70%。1937 年登记的 3935 家(1 万元以上)工厂中,上海就有 1235 家,占 30⅓ 以上;其他沿海各省共有 2063 家,占 51%;内地各省所有工厂不过 19%,其中西南、西北的比重极小,[2]仅有工厂 237 家,占全国工厂总数的 6%。[3] 西南地区工业资本总额在全国仅占 1%,工人数量占 4%。四川、广西、云南、贵州 4 省的发电装机容量仅占全国的 1.6%。[4] 西北地区的工业状况更为落后,甘肃、宁夏、青海、新疆的工业几乎是空白,而作为西北重镇的西安,也不过仅有纱厂一家,面粉、机器厂等数家而已。[5]

抗日战争全面爆发后,中国本来就薄弱的国民经济,受到战火的严重摧残,上海、天津、武汉、广州等工业城市、沿海地区以及东

---

① 清庆瑞主编:《抗战时期的经济》,北京出版社 1995 年版,第 86 页。

② 同上,第 87 页。

③ 周天豹、凌承学主编:《抗日战争时期西南经济发展概述》,西南师范大学出版社 1988 年版,第 136 页。

④ 同上,第 137 页。

⑤ 《经济部西北工业考察团报告》,《民国档案》1992 年第 4 期。

部各省,相继被日军占领,国民政府被迫迁到经济发展更为落后的西南西北地区,大后方的生产力很难支撑全国的抗战,中国出现了严重的经济困难。

(二)战时中国经济的困难

近代以来,日本一直对中国进行经济侵略和殖民掠夺,1931 年九一八事变后,更加紧了对东北和华北等地区的经济统制、垄断和搜刮。1937 年日本开始全面侵华战争,中国工业损失惨重。以地区为例,仅上海一地,被破坏的工厂即约 2270 余家,损失总额在 8 亿元左右。[1] 无锡、南京的华资工厂,受破坏程度达到 64%—80%;[2] 武汉三镇的工厂,约有 12% 被毁,损失额约达 1667 万元。[3] 以产量为例,面粉业损失占全国面粉总产量的 60% 以上,[4]纱锭业损失为 70%,火柴业损失 53%,盐酸、制碱业等均损失 80% 以上。[5] 以资本额为例,橡胶业损失 600 万元,占该业资本总额的 70%,造纸业损失额达 64.6%,机器翻砂业损失 70.7%,烟草业损失 48.5%。[6] 幸存下来的中国工厂,除少数内迁外,绝大部分陷于敌手。武汉失守前,日本在华北抢去的民族资本的工厂即达 900 家,包括纺织、矿产、造纸、电气运输、铁厂、化学工业等,资本总额达 12636 万元。[7] 此外,沦陷区的全部煤铁矿业、炼铁、炼焦业、电力、电灯厂以及盐场、水产、机器缫丝业等,也被劫掠一空。[8]

农业所受损失也十分严重。日本占领的关内地区,原有耕地

---

[1]　陈真等编:《中国近代工业史资料》第 1 辑,第 78 页。

[2]　郑友揆:《1840—1948 中国的对外贸易和工业发展》,第 145 页。

[3]　陈真等编:《中国近代工业史资料》第 1 辑,第 79 页。

[4]　清庆瑞主编:《抗战时期的经济》,第 181 页。

[5]　同上。

[6]　陈真等编:《中国近代工业史资料》第 1 辑,第 79 页。

[7]　清庆瑞主编:《抗战时期的经济》,第 203 页。

[8]　陈真等编:《中国近代工业史资料》第 2 辑,第 440 页。

11.4 亿亩,有 6 亿亩遭到破坏;[1]全国 2300 万头耕牛,损失了 800 余万头;主要农产品的损失,少则 19%,多则 80%。[2] 为"以战养战",日本还对沦陷区的土地、劳动力、税收和农产品进行统制和掠夺。日寇的掠夺和摧残,严重破坏了中国农业生产力,土地大量荒芜,生产急剧下降。战争期间,中国粮食总产量比战前下降 15%,大豆降低 60%—70%,棉花减产 40%—70%;经济作物减产一般都在 40%—50%以上,华东地区茶叶生产量减少 40%,江、浙、川、皖、粤 5 省生丝战时产量仅为战前的 1/10,川、湘、桂、鄂、浙 5 省桐油战前平均产量为 13.7 公吨,战时为 7.9 公吨,全国各省猪鬃产量由战前的 13.24 万公担,锐减到 3.86 万公担。[3]

交通运输业遭受的破坏比工农业更严重,铁路车站、机车、车厢、铁轨等半数以上被毁,轮船被劫夺和炸毁 3000 艘,占轮船总数的 77%,合计吨位 50 万吨,公路被毁总计 3、4 万公里。[4] 主要铁路干线津浦、平绥、陇海、京沪、沪杭、浙赣、粤汉等,大部分被日本控制,重要公路也多为敌人占领。日本还封锁中国海陆交通线,截断中国从国外获取物资的通道,以打击中国的经济和军事力量。1937 年 8 月,日本封锁了中国北方各港口至上海的航线,1939 年 5 月,又禁止第三国船只在中国航行,封锁中国的海上交通。1940 年,日军侵入越南,切断滇越铁路,1942 年,日军攻占缅甸,切断滇缅公路,使中国大后方的对外交通几乎完全断绝,使中国物资缺乏的情况更加严重。

在财政方面,由于日本占领了中国大片领土,特别是工商业集中和农业较为发达的沿江、沿海地区,国民政府财政收入的主要来

---

① 中国人民大学政治经济学系编:《中国近代经济史》下册,人民出版社 1978 年版,第 124 页。

② 清庆瑞主编:《抗战时期的经济》,第 194 页。

③ 同上,第 232—234 页。

④ 中国人民大学政治经济学系编:《中国近代经济史》下册,第 173 页。

源关税、盐税和统税等大为减少。例如,1938 年 5 月至 1939 年 5 月,上海的海关收入为法币 2500 万元,全部被日本夺取。[1] 据国民政府官方记录,抗战 8 年中,估计"关税被敌伪劫夺者,总在 226 亿元以上"。[2] 战前占国民政府财政收入 70％—80％的关税、盐税和统税,在战争爆发后逐年减少,情况如下表:[3]

表 1—2 1937—1940 年国民政府三大税收减收情况(单位:百万元)

年度	关税		盐税		统税	
	预算数	实收数	预算数	实收数	预算数	实收数
1937	369	239	229	141	176	30
1938	185	128	115	48	88	16
1939	243	349	83	61	32	22
1940	259	38	100	80	*	
合计	1056	754	527	330	296	68

* 1940 年度起改为货物税,故不列。

1936 年度,国民政府关、盐、统三税实收 10.14 亿元,1939 年实收只有 4.32 亿元,减少了 57.4％。税收锐减导致国民政府财政收入大为减少,但军事开支却日益庞大,1937 年前占岁出 30％—40％,全国抗战期间增加到 60％—70％,最高曾达到 87.3％,详见下表:[4]

---

① 抗战时期国民政府财政经济战略措施研究课题组编:《抗日战争时期国民政府财政经济战略措施研究》,西南财经大学出版社 1988 年版,第 489 页。

② 《财政年鉴》三编,第 6 篇,第 1 页。转引自杨荫溥:《民国财政史》,中国财政经济出版社 1985 年版,第 105 页。

③ 杨荫溥:《民国财政史》,中国财政经济出版社 1985 年版,第 104 页。

④ 同上,第 103 页。

表 1—3　1937—1945 年度国民政府军费支出占总岁出比例

（单位：百万元）

年度	总岁出	军费支出	占总岁出百分比%
1937	2091	1388	66.4
1938	1169	698	59.7
1939	2797	1611	57.6
1940	5288	3912	73.9
1941	10003	6617	66.2
1942	24511	15216	62.1
1943	58816	42943	73.0
1944	171689	131081	76.3
1945	1215089	1060196	87.3

　　税收等收入减少，军事、建设、政务、债务支出却增加，国民政府财政收支无法平衡，出现越来越严重的财政赤字。抗战前各年度财政赤字多半为总岁出的 10%—20%，最高为 30%—40%。抗战以后的 1937—1940 年度，财政赤字平均占岁出的 70% 左右，1941—1945 年度平均高达 78% 左右。①

表 1—4　1937—1945 年国民政府财政收支表（单位：百万元）②

年度	实际收入（银行垫款不在内）	实际支出（结存不在内）	短亏数	短亏数占总支出百分比%
1937 年	815	2091	1276	61.0
1938 年 *	315	1169	854	73.0

---

　　① 秦孝仪主编：《中华民国经济发展史》第 2 册，(台北)近代中国出版社 1983 年版，第 721—722 页。

　　② 同上。

年度	实际收入（银行垫款不在内）	实际支出（结存不在内）	短亏数	短亏数占总支出百分比％
1939 年	740	2797	2057	73.5
1940 年	1325	5288	3963	74.9
1941 年	1313	10003	8690	86.8
1942 年	5631	24511	18880	77.0
1943 年	20403	58816	38413	65.3
1944 年	38205	171689	133484	77.7
1945 年	212883	1215089	1002206	82.4

资料来源：《40 年来之民国财政》，《中国经济月刊》第 17 期。

＊1938 年为半年度。

　　税收增加困难，公债也不易销售，国民政府不得不以增加纸币发行来应付财政支出的增加。1937 年 6 月法币发行数目为 14 亿元，1939 年 4 月增至 28 亿元，上涨了 1 倍；[1]到 1940 年 8 月，法币发行额达 60 亿元，增加了 3 倍多。[2] 1941 年底，法币发行量再增加到 151 亿元，而到 1945 年 8 月，更是猛增到 5569 亿元。[3] 货币发行量剧增，再加上物资供不应求，导致通货膨胀，物价水平不断上涨。1937 年 1—6 月全国零售、趸售物价指数以 100 计，至 1945 年 7 月，零售物价指数已上涨为 2619 倍，趸售物价指数上涨为 2359 倍。[4]

---

①　《孔祥熙关于 1937—1939 年财政实况的密报》，《民国档案》1993 年第 1 期。

②　李平生：《烽火映方舟——抗战时期大后方经济》，广西师范大学出版社 1995 年版，第 94 页。

③　杨荫溥：《民国财政史》，第 157 页。

④　秦孝仪主编：《中华民国经济发展史》第 2 册，第 710—714 页。

表1—5 1937—1945年7月全国物价指数
1941—1945年货币发行量指数①

年月	零售物价指数	趸售物价指数	货币发行量指数
1937年1—6月平均	100	100	
1937年7月	103	103	
1937年12月	110	109	
1938年12月	155	155	
1939年12月	300	306	
1940年12月	787	801	
1941年12月	2147	2111	100
1942年12月	6416	6128	227
1943年12月	24927	22304	499
1944年12月	77348	67988	1255
1945年7月	261913	235932	6834 *

＊为1945年12月的指数。

在金融方面，日本摧毁或控制了占领区原有的金融机构，禁止中国法币流通，并建立伪银行，发行伪钞。例如，1937年12月，日本在华北设立伪"中国联合准备银行"，发行伪"联银券"，与日元等价联系，流通于北平、天津、青岛、济南以及河南等敌占区。1941年1月，日本在汪伪政府所在地南京设立伪"中央储备银行"，发行伪"中储券"，流迫于上海、广州、华中等地，以及津浦、京（南京）沪、沪杭各铁路沿线。② 日伪银行发行的伪钞，或准备金不足，或毫无准备金，日本却滥发伪币，并强制其流通，用于掠夺物资，排挤法币，

---

① 秦孝仪主编：《中华民国经济发展史》第2册，第710—714页；李平生：《烽火映方舟——抗战时期大后方经济》，第97页。

② 清庆瑞主编：《抗战时期的经济》，第205页。

并套取中国外汇,对中国经济和金融是一种极大的破坏,使中国外汇储备大量流失,并造成物价飞涨。1939 年 3 月,中国与英国共同成立 1000 万英镑的外汇平准基金,但短短 3 个月后,平准基金就消耗殆尽,其中相当大一部分被日伪套购去了。批发物价指数 1936 年以 100 计,1941 年上海涨至 1099,华北上涨至 450;1945 年上海批发物价指数再比 1941 年上涨 5490 倍。[①]

(三)国民政府克服经济困难的对策

国民政府清楚地认识到,"中国抗战决定成败之因素,实以经济之能否稳定为先决条件。现阶段抗战之关系经济较之军事尤为重要,若经济竟至不能维持而致崩溃,则抗战军事即难支持。现在中国之财政金融及一般经济,情势至为危急,尤其法币之发行,已达饱和点以上,将至恶性膨胀之程度,一般物价急剧腾涨,而财政收入渐见减少,收支益无法平衡。中国现时物价已涨至战前 20%以上,而法币发行总额较之战前已达 800%以上,因之社会情势与人民心理异常不安,若无适当之力量迅与补救,则形势有更趋恶化之虞,足以造成严重之危机"。[②]

为克服严重的经济困难,坚持抗战,1938 年 3 月,国民党临时全国代表大会通过《抗战建国纲领》和《非常时期经济方案》,决定实行战时经济政策,以动员全国的人力、物力和财力,保证军需和民用,增强抗战力量。国民政府确定了以西南作为大后方经济建设的中心,以西北为辅佐的战略。国民政府将沿海工业都市的工业设备和重要工厂,尽可能地拆迁并转移至后方重建,发展后方工业,以支持长期抗战;采取措施加速农业发展,增加粮食和重要农产品的生产,以供应军糈民食,充实工业生产所需的原料;在大后

---

① 清庆瑞主编:《抗战时期的经济》,第 211 页。

② 经济援助方案说帖,1941 年 12 月,《战时外交》第 1 卷,第 323—324 页。

方进行交通建设,修筑湘桂、湘黔、黔桂及陇海铁路西段,西南、西北公路网,以及滇越铁路、滇缅公路和中印公路,以便利战时人员及物资的运输,和国外物资的供应。为弥补财政上的巨大赤字,国民政府实行多项政策,包括增加旧税,举办新税,发行公债,田赋征实、征购、征借,建立专买专卖制度,统购统销,等等,以增加财政收入。

但是,仅凭中国政府的经济努力,以及饱受战火蹂躏的中国经济,远远不能解决中国的经济困难,并具备足够的物质力量抵御日本的军事和经济进攻。由于经济封锁、农业歉收、物资奇缺、物价飞涨、投机、囤积等原因,大后方出现了经济危机。"上述现象会带来经济的失衡,可能破坏整个经济结构,从而危及中国的继续抗战"。蒋介石感到,"经济状况的恶化主要是在于民众失去信心,使斗志下降,只有来自美国和英国的积极经济援助才足以遏止"。[1]

然而,战争初期,美国并未意识到中国战局的严峻性以及需要援助的紧迫。1937 年 9 月 14 日,詹姆斯·莫菲特(James Moffett)从纽约打电话给总统办公室,报告对中国形势的估计,他认为,中国以自己现有的军火可以坚持 1 年,但需要空袭弹、金属和飞机;如果能够得到原料,中国可以制造机关枪、迫击炮和轻型火炮,但是缺少黄铜、铜、铝、苯和酸。钱正在从世界各地涌入中国,因此中国有足够的资金购买它所需要的物资,他们已经购买了一些物品,但运输却遇到困难,因为所有中立国家削减了到中立港口香港的货运,以致没有足够的仓位。[2] 基于此种错误的估计,美国不仅无意立即援助中国,反而为了本国利益,打算宣布禁止美国船只运输

---

[1]　The Ambassador in China (Johnson) to the Secretary of State, Oct. 21, 1940, The U. S. Department of State, *Foreign Relations of the United State*, *Diplomatic Papers* (*hereafter sited as FRUS*), 1940, Vol. IV, Washington, D. C.: Government Printing Office, 1955, pp. 676—677.

[2]　James Moffet, phoning from NY, 9/14/1937, Official File, Box 1, OF 150 China, 1937—38, Franklin D. Roosevelt Presidential Library, U. S. A.

中国购买的货物。财政部长孔祥熙只得紧急呼吁美国坚持门户开放政策和传统的贸易自由立场,尊重中国领土主权的完整,不要因为无法无天的侵略者的威胁而匆忙地从这些立场上后退。孔祥熙抗议说,美国的行为实际上正在帮助日本并伤害中国,这完全不是中立。孔祥熙警告说,太平洋不会和平,美国即使退缩也无法逃脱,中国就是一个可悲的例子。中国正在进行一场未经宣战的战争,不仅是为了自己的生存,也是为了太平洋和世界的和平,只有中国作为一个独立国家存在,才能保持太平洋地区的和平。孔祥熙质问美国,是否准备向侵犯其商业利益的侵略者投降?而这些利益是由美国的先驱者们包括罗斯福总统的祖先开创的。美国将支持和维护国际法和国际条约吗?[1]

1938 年 1 月 30 日,蒋介石致函罗斯福总统,表明"吾人急迫之愿望,在美国即于此时在经济上及物资上予中国以援助,俾得继续抗战。"[2]1940 年 10 月 18 日,当蒋介石接见美国驻华大使詹森(Nelson T. Johnson)时,詹森曾询问:"中国所期望敝国者,究为何种援助乎?"蒋回答了两条:"飞机与经济援助。"需要飞机是因为,"倘滇缅路因敌机狂炸而中断,则贵国虽有援我之热忱,货运无途,亦将束手。绕道西伯利亚,实迹近不可能之幻想。更进而言之,敌如进攻新加坡,则海运必断,贵国对我之援助,亦陷同样之绝境",因此蒋介石希望"于交通线未断之前,能得大量飞机运入我国"。[3]需要经济援助则因为中国"经济局势的严重性,急需美国的经济援助来防止局势的进一步恶化"。[4]

---

① James Moffet, phoning from NY, 9/19/1937, Official File, Box 1, OF 150 China, 1937—38, Roosevelt Presidential Library.

② 吴相湘:《第二次中日战争史》下册,(台北)综合月刊社 1974 年版,第 703 页。

③ 蒋介石、詹森谈话记录,1940 年 10 月 18 日,《战时外交》第 1 卷,第 100—103 页。

④ The Ambassador in China (Johnson) to the Secretary of State, Oct. 21, 1940, FRUS, 1940, Vol. IV, pp. 676—677.

1941年11月，蒋介石在接见美国财政部代表柯克朗（H. Merle Cochran）时又指出，"中国经济状况俨如一染有第三期肺病之病人，随时可以发生危险"。蒋介石强调，"经济之崩溃其危险性较军事之失败为尤烈，军事失败尤可于退却后卷土重来，经济一遇崩溃，则祸害立见遍于全国，虽欲挽救而不可能"。① 可见，经济成为军事之外，中国抗战急需解决的一大问题。中国政府一方面通过自身努力，加强抗战建设，另一方面则迫切希望美国和其他国家能在经济上采取行动，"以助我一臂之力也"。②

面对中国的一再呼吁和求援，美国方面一些有识之士意识到中国经济崩溃的危险，"强烈要求美国政府应该在机会尚存时认真考虑各种方式来加强中国的经济结构。"③但是，美国政府考虑更多的还是本国利益，以及卷入中日战争的风险，其政策经历了从保持中立到有限援华再到全面援华的发展演变。

二、美国援华政策背后的经济因素

日本发动全面侵华战争，不仅破坏了中国经济，使中国遭受极大损失，也使美国等国家的在华经济利益受到损害，因此英美等国也有抵制日本扩张的要求。中国政府在军事和经济困难之时，苦苦向美国等国家求援，就是寄希望于这些国家考虑本国利益，也考虑中国的艰难处境，能伸出援手。但是，美国权衡了对日对华贸易的利益之后，又害怕被卷入战争，最初并未在经济上援助中国和制裁日本。随

---

① 《蒋介石与美国财政部代表柯克朗会谈记录》，《民国档案》1993年第3期，第22—23页。

② 蒋介石致宋子文，1940年8月11日，《战时外交》第1卷，第277页。

③ The Ambassador in China (Johnson) to the Secretary of State, Oct. 21, 1940, *FRUS*, 1940, Vol. IV, pp. 676—677.

着日本侵略的步步加深,美国的权益受到越来越多的侵犯,为保护美国在华利益,反对日本排挤美国势力的"东亚新秩序",利用中国抗战牵制日本进攻,防止中国经济崩溃而导致抗战失败,美国终于在综合了政治、经济和战略的考虑之后,决定提供对华经济援助。抗战期间,美国援华的政治和军事原因,国内外学者已有很多论述,但较少论及美国对在华经济利益和中国经济的关注。

不仅如此,多年来,有关 20 世纪 40 年代中美关系的研究还存在一个共同缺陷,即只注意中国在美国战略考虑中的重要性:先是遏制日本后是平衡苏联,而忽略了美国对在华经济利益的关注。实际上,门户开放政策所体现出来的美国对中国市场的兴趣和希望仍存在于 40 年代中美关系中,①从经济角度重新审视美国援华政策与战时中美经贸关系,有助于 40 年代中美关系总体研究的深入。

(一)美国抗议日本侵犯其在华经济利益

据统计,战前外国在华投资总额近 35 亿美元,日本侵华战争造成的损失达到 8 亿美元。② 日本在占领区不仅掠夺中国工业,也排挤和打击英美等国在华投资的企业。日本制定了许多歧视性的规章条例,包括控制汇兑、对日本实行优惠关税、垄断水陆运输、禁止非日本船只在长江航行等,③来限制欧美企业,保护日本企业经营的优先权。其目的,就是要在中国终止传统的门户开放政策,而由日本独霸中国,使中国成为原料和半制成品的供应基地,以及日本制成品的倾销市场,实现它梦寐以求的"东亚新秩序",建立"大日本帝国"。这当然引起美、英、法等国家的一再抗议,但是,这些

---

①　J. F. Cosgrove: *United States Foreign Economic Policy Toward China*,
*1943—1946: From the End of Extraterritoriality to the Sino—American Commercial
Treaty of 1946*, New York: Garland Pub., 1987.

②　郑友揆:《1840—1948 中国的对外贸易和工业发展》,第 145 页。

③　同上,第 146 页。

抗议都被日本政府以各种借口加以拒绝。

自 19 世纪末提出门户开放政策后，美国对华政策一直坚持以下两个原则：(1)维持在华商业机会的平等；(2)维持中国领土与行政的完整及政治的独立。可见，美国对华政策及门户开放政策的基本点之一，即在于关注和保护美国在华经济利益。自 20 世纪初年以来，美国屡次用外交手段来维持这两个原则。而在 1937 年日本对中国不宣而战以后，美国也仍然试图通过外交手段，抗议日本侵犯美国在华条约权利，保障门户开放的原则。

美国认为，日本在军事占领区实行由日伪垄断的产业和贸易政策，是"为日本利益建立一般性的优先制度及卓越地位，其不可避免的后果就是要破坏门户开放原则的实际应用，和剥夺美国人民的均等机会"。[①] 1938 年 10 月 6 日，美国驻日大使格鲁（Joseph C. Grew）向日本提出照会，对日本侵犯美国在华利益的种种行为表示抗议："由于直接可归咎于目前中日冲突的原因，美国侨民和他们的利益在远东已遭到严重的损失，即使在最有利的情况之下，对华的美国贸易，也难期望早日恢复旧观。因此，美国政府对于目前局面更觉难以隐忍。在这局面下，在华日本当局不断无理干涉美国侨民的权利，日本的行动与政策实行剥夺美国贸易及企业在华的均等机会，使得美国侨民不得不在这种干扰下挣扎。在这里也应该提到，由于日本对华的军事行动，日本政府强制施行工业、贸易、外汇及其他各种管制的结果，美国贸易及其利益在日本也受到严重的苦难。"[②]在照会中，美国要求日本采取下列有效的办法，以实行它"从前对维持门户开放和不干涉美国权利"的诺言：

(1)停止日本在中国占领区内强制施行的、有歧视性的外汇管

---

①　美国驻日大使格鲁致日本首相兼外相近卫亲王，1938 年 10 月 6 日，《中美关系资料汇编》第 1 辑，世界知识出版社 1957 年版，第 483 页。

②　同上，第 484 页。

制与他种措施,这种措施之施行,直接或间接地歧视了美国贸易和企业;

（2）停止任何剥夺美国人民在华从事任何合法贸易或工业之权利的独占或优先制度,停止关于中国任何区域的商业或经济开发上,给予日本利益以一般的优先权利之任何办法;

（3）停止在华的日本当局对于美国财产及他种权利的干涉,包括下列形式的干涉,如检查美国邮电、限制美国人民的居住及旅行,和限制美国的贸易和船运。[①]

在这份照会中体现出的美国在华权益,全部表现为经济利益,显然,美国认为日本的行动,损害了美国在华经济利益,与在中国"门户开放"或机会均等的原则相抵触,要求维护既有的国际条约体系,保障美国在华权益。

日本近卫内阁却在 11 月和 12 月两次发表声明,提出建设"东亚新秩序"。11 月 18 日,有田外相在给格鲁的复文中表示,从前的观念和原则已不适用于目前的东亚新形势,实际上是要彻底抛弃过去由美英主导的华盛顿体系,而由日本充当东亚的霸主。12 月 30 日,美国政府再次对日本发出照会,表示美国不承认所谓"新秩序",不承认以武力对现存国际条约体系造成的变更。美国再次强调,日本"外汇管制、强制货币的流通、修改关税税则及在中国若干地区内独占事业的促进","上述之限制及措施不但是不公平的、不正当的,而且违反了若干自动参加的具有约束性的国际协定"。美国重申,"我们遵守并主张机会均等的原则,乃因为我们坚信,遵守这个原则可以达到政治及经济上的安定……因为我们坚信,遵守这个原则会促进贸易途径的开拓,由此可使全国际社会的市场、原

---

　　① 　美国驻日大使格鲁致日本首相兼外相近卫亲王,1938 年 10 月 6 日,《中美关系资料汇编》第 1 辑,世界知识出版社 1957 年版,第 94 页。

料及制造品均得在互利的基础上对彼此开放"。[1]

(二)美国考虑对华借款时的经济因素

不过,虽然日本不断侵犯美国条约权利,美国在中日战争初期,并未积极援华及制裁日本,反而还继续把战争物资卖给日本。这是因为美国对日贸易的利益,远远大于它的对华贸易遭受损失的程度,商界力图与日本保持经贸关系,不愿得罪日本。1937年,美国对日输出额为28858.8万美元,而对华输出额仅为4970.3万美元。[2] 当时"美国供给日本全部进口货34%,并购买其出口货16%—20%,日本对美之出口货,生丝一项,即占70%,美国则供给日本重工业主要器材56%,尤以棉花、金属、机器、车辆、石油、纤维为最多"。[3] 美国工商界为"充分享受对外贸易之利益,而绝无牵入他国战争之危险",其"实业界领袖,在幕后主动,尤以汽车制造厂、军火业、钢铁业、飞机制造厂,为最有力策动之份子",[4]在美国国会提出新中立法案,束缚了美国采取援华和抑日措施。国民政府派到美国求援的代表陈光甫分析道:"美国人士虽知对华贸易将来有极大发展之可能,惟以现状论,美国对日贸易较之对华贸易更为重要,对日经济制裁迟不实现,此为主因之一。至于美国当局之远东政策,根本仍为本国利益着想,其对我援助,除法理主张而外,积极

---

① 美国驻日大使格鲁致日本首相兼外相近卫亲王,1938年10月6日,《中美关系资料汇编》第1辑,世界知识出版社1957年版,第487—491页。

② 王淇主编:《从中立到结盟——抗战时期美国对华政策》,广西师范大学出版社1996年版,第141页。

③ 外交专门委员会第57次会议记录,1940年1月27日,外交专门委员会会议记录,国防003 310,(台北)中国国民党中央文化传播委员会党史馆(前身为中国国民党中央委员会党史委员会,以下简称党史馆)。

④ 外交专门委员会会议记录,(丙)第25次会议,1939年3月29日,外交专门委员会会议记录,国防003 310,党史馆。

行动尚不多观。"①

陈光甫受命赴美接洽贷款时,美日矛盾尚不突出,美国政府的主要注意力放在欧洲,在亚洲则立足于维持现状。当时,美国"孤立派颇具声势,民众心理,均不欲卷入战争漩涡,故美政府中之热诚助我者,受环境之束缚,对于政治借款,无法寻出适宜之方式,而可得外交部之赞助与国会多数之同意"。②

实际上,美国最初不愿意积极援助中国,或者美国政府不能实行切实有效的援华行动,其原因除了通常所说的孤立主义盛行,以及美国重欧轻亚等因素以外,还有一些经济方面的原因,其一是美国对外投资的审慎,其二是美国对维持法币的观点,其三是美国国内资本家的不同态度。

美国对外投资在 1927 年达到最高峰,其时世界各国,已有一部分开始发生经济危机。1929 年初,美国对外新投资即已审慎选择。当年冬,纽约证券暴落,引起全国金融骚乱,美国经济由繁荣转为衰落,演变成不景气的局面。1930 年虽稍有对外投资,但全年对外收付相抵后的投资总数,与 1927 年比较,尚不及一半。1931年各国无力偿还对美债务,故美对外投资除原有者展期外,大致俱已停止。自 1929 年以来,美国对外投资总数每年递减,由 1929 年的 170 亿美元,降至 1937 年的 130 亿美元。因此当中国向美国求援时,美国虽然感觉资金过剩,正研究如何向外运用,但却担心债务国有无偿还办法,能否切实履行还款协议。况且美国自世界经济危机发生后,受赖债之严重损失,于是制定法律,禁止银行再行放款给赖债国家;而银行也不愿承借外债,恐怕再因赖债而吃亏,以致动摇其本身信用。美国政府虽然设立进出口银行,于 1934 年

① 陈光甫致蒋介石,1940 年 7 月 11 日,国民政府档案,0882.01/5080.03－02,(台北)国史馆。

② 陈光甫呈中国使美财政代表团报告书,1940 年 7 月 11 日,国民政府档案,0882.01/5080.03－02,国史馆。

开始利用该行推动出口贸易，解决生产过剩，"惟鉴于过去所受赖债之损失，运用资金，极其小心周密，非得确有保障，不肯稍为通融"。在以往的债务国中，常有通过贬低其本国币值换得外币来偿债的，美国深以为惧，并认为此种办法，足以造成国际贸易锐减，影响出口贸易，并且扰乱社会治安，正与美国投资原意相违背，因此后来对于债务国，"须视其能否提供切合需要之货物，而以货价作为偿还之保障"。① 这既是美国轻易不愿对外借款的一个原因，也是中美借款采用易货偿债方式的一个原因。

至于美国迟迟不肯与中国签订币制借款协议，也有其经济考虑。美国方面认为，中国欲稳定币值，牵涉甚多，如何防止资金逃避、平衡国际收支、管理对外贸易、应付沦陷区敌伪货币，都是最切要的工作，不是仅筹集平衡外汇基金一项所能收效的。平准基金的效力，仅能短期谋求币值的稳定，如果国际收支长期存在巨额差异，对外汇价难免不下落，尤其战时运输困难，出口阻滞，资金逃避，投机纷起，这些均对币值有重大打击。美国深信，由于中国仍在黑市继续供给外汇，实行平准基金政策也是徒然浪费，无非是增加资金逃避的机会。再以贸易而言，中美与中英之间，英国对于中国进口数量最多，美国由此认为，中国外汇稳定，受益最多的也是英国出口商人，所以应该由英国出面援助。②

当时，美国国内经济状况不很景气，刚刚从经济危机中走出低谷。中西部资本家以国内市场为主，希望政府把国家财力主要用于发展国内交通与水利，提高关税，促进国内经济发展，反对美国卷入欧洲或亚洲的战争。东部资本家主要经营重工业和军火工业，以国外市场为主，与欧洲垄断资本有密切的金融关系。他们在

---

① 陈光甫呈中国使美财政代表团报告书，1940 年 7 月 11 日，国民政府档案，0882.01/5080.03－02，国史馆。

② 同上。

第一次世界大战中发了大财，因此跃跃欲试，希望再发战争财。但是，中西部资本家的意愿占了上风，反映到政治上，就成为孤立主义的政治主张。孤立主义者在美国参众两院的外交委员会、贸易委员会、海军事务委员会、军事委员会中均占据重要席位，拥有相当大的立法控制权，并且还控制着舆论界，发表攻击罗斯福外交政策的文章。[①]

由于上述政治上与经济上的原因，罗斯福总统与摩根索（Henry Morgenthau Jr.）财长虽然愿意援助中国，也无能为力。当时唯有美国进出口银行（Export－Import Bank of the United States）可能借款给中国，但如果它不增加资金，就已经无款可以承借，"而增加资金之权，又操于上下两院之决议，复因外交部对于远东问题，又为极其小心，即联邦贷款处总理琼斯，经手处理借款之人，具有左右之权，亦为保守思想之金融家"。[②]在这样的情势下，中国向美国寻求借款，"虽经屡试以各种方式，如麦棉借款、币制借款"，都未能有所成就。

陈光甫认识到，在美国政治空气恶劣、孤立派声势强大、人心厌战、中立法限制援华之时，美国行政当局受议会及舆论牵制，极端审慎，政治借款等援华措施不可能得到通过，唯有经济利益还能吸引美国兴趣，如果中国借款不在商务范围之内，既不能提出切合需要的抵押品，又无履行债约的稳妥办法，是很难有成功希望的。陈光甫深知，当时美国国内"最大问题，为救济失业及维持工商"，中美信用借款"虽云助我，实际为增进其工商，解决一部分失业问题，故合同最要点为购买美货"。[③]进出口银行之宗旨，"在于推动美之出口贸易，吾国需要向之购货，原则尚属相符"，以商业借款名

①　王淇主编：《从中立到结盟——抗战时期美国对华政策》，第194页。

②　陈光甫呈中国使美财政代表团报告书，1940年7月11日，国民政府档案，0882.01/5080.03－02，国史馆。

③　陈光甫致孔祥熙，1939年1月4日，《战时外交》第1卷，第245－246页。

义与其订立合同,孤立派无辞可以反对。[①] 他和驻美大使胡适同美国各方积极交涉,忍辱负重,殚精竭虑,利用自己与美国政府官员的良好私交及丰富的商业谈判经验;表现出机智灵活的外交才能,终以弱国之使,不辱使命,先后于 1939 年 2 月和 1940 年 4 月,为中国争取到 2500 万美元的桐油借款和 2000 万美元的华锡借款。陈光甫总结借款成功原因时说过,这两笔借款"幸为商业借款,故尚能设法消弭,若为政治借款,则无以应付矣"。[②]

不管怎样,经济利益的考虑,减少了舆论对借款的阻碍,加之美国希望中国抵抗日本,才使美国对华政策逐渐好转。这一点,正如美国国务卿赫尔(Cordell Hull)所承认的那样:"所有美国政府官员既愿意售出过剩的产品,也同样愿意见到拒不接受也不理睬《九国公约》的日本人使用武力以达到统治远东的目的遭到失败。在此情况下,所有美国政府官员也同样希望政府能根据形势放手行动或发表言论,这些言论和行动既能阻碍日本的军事目的、鼓励中国人的军事抵抗,又不致使美国有卷入中日军事冲突成为其中之一方的危险。"[③]

(三)美国决定在经济上援华制日

随着日本在中国和远东地区的进一步扩张,严重威胁到美国在这一地区的利益和其一贯主张的门户开放政策,美国越来越担心:"整个中国及其边缘的太平洋岛屿是否会被日本满洲化,从而使国际法遭到破坏,条约得不到遵守,不准许所有其他的国家进入世界的那一半——日本除了让自己的公民享有优惠权利外,这个

---

① 陈光甫呈中国使美财政代表团报告书,1940 年 7 月 11 日,国民政府档案,0882.01/5080.03—02,国史馆。

② 同上。

③ Memorandum by the Secretary of State, Nov. 14, 1938, *FRUS*, 1938, Vol. III, GPO, 1954, pp. 574—575.

地区都被日本关闭封锁了。"①

这时,美国一些有识之士认识到,为了"美国在中国的权益能得到尽可能的保护和保留",有必要对中国提供经济援助,对日本进行经济制裁。国务院远东司官员范宣德(John C. Vincent)指出,"中国的抵抗不致崩溃,不仅对中国而且对我们以及其他民主国家来说都是极为重要的",因为"只有中国的主权得以保存,美国的权益才可能继续存在;而如果日本军国主义不被击败,中国的主权则无以保存"。为此,"应全面探讨向中国提供财政援助的可能性"。② 美国在华商务参赞罗杰·格林(Roger S. Greene)也持同样观点,他指出,中国保持独立,对美国来说有下列好处:(1)美国贸易可有较好的机会;(2)太平洋地区可以建立起较好的权力平衡;(3)侵略成性的国家可以意识到他们不能企图征服其邻国而不受惩罚;(4)美国的军费开支可以减少。更进一步,如果中国能够利用自身资源发展自己,而不是如日本计划的那样被日本工业所奴役,未来东方和西方的经济竞争将不至于那么激烈。为此,应禁止向日本出口原料和其他战争必需品,而贷款给中国以使其坚持抵抗,对美国来说是真正的经济实惠,因为这将减少美国以高昂得多的代价卷入太平洋战争的机会。③ 国务院政治顾问亨贝克(Stanley K. Hornbeck)也认识到,"美国的重要利益要求不让日本控制中国。因此,使中国对日本人谋求获得这种控制权的抵抗得以继续下去,将符合我们的利益"。亨贝克认为,"最切实可行的方

---

① Memorandum by the Secretary of State Regarding a Conversation With the Japanese Ambassador (Horinouchi), July 10, 1939, Department of State, *Peace and War*: *United States Foreign Policy* 1931—1941, United States Government Printing Office, Washington, D. C.: 1943, p. 465.

② Mr. John Carter Vincent of the Division of Far Eastern Affairs to the Adviser on Political Relations (Hornbeck), July 23, 1938, *FRUS*, 1938, Vol. III, pp. 234—237.

③ From Roger S. Greene, President's Secretary's File, Diplamatic Correspondence, China 1938, Box 26, Roosevelt Presidential Library.

针应是向中国提供援助，并阻止有助于日本的物资出口，以延长和增强中国的抵抗，削弱日本继续对中国进行军事作战的能力"。他提议"采取以下这些措施，如中止 1911 年签订的美日商约、取消中立法、对日本采取报复性的关税措施、限制日本和美国间的贸易和运输"等等。①

从 1940 年 1 月 26 日起，美国接连用经济措施抵制日本。1911年 2 月 21 日签订的日美通商航行条约到期废止后，美国逐渐加强限制对日运送汽油、废铁、机器、机器用具以及其他军事物资。1941 年 7 月 26 日，罗斯福总统颁布行政命令，冻结日本在美资金，实际断绝了一切对日贸易。对日本施加经济压力，以及用善后救济贷款、物资、信贷等方式向中国提供经济援助，都被美国看做是非军事的经济手段，既能"避免卷入在中国的冲突"，又能"毫无风险地以较小的代价去实现符合我国本身利益的目标"。②

1940 年 6、7 月，日本逼迫英法封闭滇越铁路，又于 9 月侵入越南，其决意南进、与英美为敌的意图已十分明显。美国政府意识到中国牵制日本的重要战略意义，对华援助已刻不容缓；美国民间团体也通过各种方式的宣传，加强美国对中国抗战必胜的信心，使美国人确认有保存中国以充实其同盟阵线的必要，要求美国政府扩大对华经济援助和对日经济制裁。7 月，美国不参加日本侵略委员会总干事哈兰·白礼士自纽约来电探询，如日后中国对外交通发生困难，或敌方封锁加紧之时，中国需要美国何种援助，以完成自给自足之政策。③

---

① Memorandum by the Adviser on Political Relations (Hornbeck), Nov. 14, 1938, *FRUS*, 1938, Vol. III, pp. 572—573.

② Mr. John Carter Vincent of the Division of Far Eastern Affairs to the Adviser on Political Relations (Hornbeck), Jan. 20, 1939, *FRUS*, 1939, Vol. III, GPO, 1955, pp. 483—485.

③ 美国不参加日本侵略委员会总干事哈兰·白礼士来探询我国需要美何种援助，1940 年 7 月 13 日，国民政府档案，典藏号：001062000010，卷名：中美外交，原档号：0620/5080.01—01，缩影号：400—0446，国史馆。

经过国民政府新任外交代表宋子文的积极争取,10月,美国正式在钨砂借款合约上签字,借给中国2500万美元。在日军侵入越南之时,美国进出口银行第三次借款给中国,表明美国反对日本扩张、援助中国抗日。11月30日,日本宣布承认南京汪精卫政权,罗斯福总统随即宣布给予中国1亿美元贷款,由5000万美元的金属借款和5000万美元的平准基金共同构成,以支持重庆蒋介石国民政府。1941年2月,中美金属借款合约签订,4月,中美平准协定签订。1941年12月太平洋战争爆发后,中美两国开始并肩对日作战。美国给予中国的援助加速了,范围也扩大了,主要有租借法案下的军事援助、5亿美元贷款的财政援助,以及对中国战时生产的帮助,其目的是协助中国稳定战时经济,并使中国政府获得对日战争所必需的军用物资、农产品和工业产品。

综上所述,门户开放政策,始终是美国对华政策的根本原则,而经济利益,是美国在中国、远东和太平洋地区众多利益当中重要的一方面,是自门户开放政策提出以来,美国一直关注、保护和促进的的重要内容之一。经济因素虽然不是决定性的,但确是美国在决定其对外政策时的一个重要考虑。抗日战争爆发以来,美国在华经济利益受到日本损害,是美国由最初对日本不满,逐步发展到援华抗日的重要原因之一。经济因素,始终和政治、军事、外交、战略的考虑交织在一起,共同决定着美国对中日战争的态度,并且交错起着作用,彼此发生着互动。当美国在华经济利益受到日本侵犯时,美国通过外交照会向日本提出抗议,这是在用外交手段保护本国的经济利益。然而,也正是经济利益的考虑一度占居了上风,使得美国在对日贸易远远超过对华贸易的情况下,迟迟不愿在经济上采取制裁日本的措施,这是经济的权衡。更严重的是,由于中立法的限制,美国对日政策未定,总统顾忌国内政治,又要考虑选举问题,当局深恐对华借款引起国会误会,以致延搁。美国外交受到国会影响,直接影响了美国对华提供经济援助的态度,这是政治牵制了经济。终于，美国明白认识到，要遏制日本在太平洋地区公开侵犯美国的利益，必须借助中国的抗战；从财政和经济上援助中国，将增强中国反抗日本侵略的能力，而中国的抵抗对防卫美国是至关重要的。为此，美国加快了援华步伐，加强了援华力度。这时，经济既是美国决定支持中国抗日的原因之一，又成为援华抗日的主要手段之一，这是在用经济手段支持美国的外交政策和军事战略。这也说明了抗战时期经济与政治的相互影响，体现了战时中美关系中，政治与经济的互动。

此外，美国还有更长远的考虑，当战争结束后，中国将在许多年里成为美国最重要的出口市场。美国海军陆战队上尉詹姆士·罗斯福（James Roosevelt）在1941年8月22日给霍普金斯（Harry Hopkins）的信中指出，中国将以最快的速度发展，而这将有赖于美国的友谊和实际帮助。中国不像其他国家，它会记住它的朋友。"俄国会把我们从窗户扔出去，英国会利用我们达到它自己的目的，但是中国会把我们当成朋友……让我们不要错过这个可以利用的机会吧"。①

三、中美共同商讨中国战时经济问题

美国对经济的重视，不只表现在提供美援时的经济考虑，也表现在对中国抗战经济的密切关注。由于中国经济是否会崩溃，直接影响到中国能否坚持抵抗日本，影响到美国的军事战略，美国多次派人到中国考察，了解中国经济情况，与中国商谈经济问题，提出建议，寻求解决中国经济困境的办法。而中国政府认为，美国对

---

① James Roosevelt to Harry Hopkins, Aug. 22, 1941, Papers of Harry L. Hopkins, Box 135, Roosevelt Presidental Library.

中国战时经济最有效的援助,是在货币、外汇、物价和交通等方面。[①] 由于中美两国对中国战时经济重要性的共同认知,在以上几方面进行了共同努力和密切合作,构成了抗战时期中美关系的一个重要方面,也成为中国抗战经济建设的一个重要内容。

为了帮助中国解决棘手的经济难题,美国政府除了向中国提供"可以鼓舞民心"的贷款之外,还派人到中国了解经济情况,与中国领导人商讨解决之道。

居里(Lauchlin Currie)是美国总统罗斯福在抗战期间派往中国的第一位特使,罗斯福命他于 1941 年 2 月访问中国,"就地搜集中国一般经济现状之参考资料,并与中国政府商讨有关此项现状之各项问题"。[②] 居里作为一个经济学家,详细了解了中国的银行、外汇、币制、预算、公债、税收等财政经济状况,并从国民政府各部门搜集了大量资料。而蒋介石也十分重视居里来华的机会,仅他与居里的谈话,累计就达 27 小时之多,谈话内容十分广泛,涉及战时和战后中美关系的各个方面。其中经济问题包括通货膨胀与平衡物价、控制外汇与稳定币制、食粮管制、银行制度、走私征税、地税改革等,除讨论中国战时经济现状及解决办法外,双方还讨论了中国战后经济建设与战后中美经济合作等问题。中美两国对中国经济的共同关心以及改善中国经济形势的共同愿望,由此可见一斑。

居里之后,又有福克斯(A. Manuel Fox)受平准基金委员会之命,并得到蒋介石和孔祥熙批准,于 1941 年 7 月前往上海实地调查财政经济状况。两周之间,福克斯"与各方面会谈凡 114 次,晤见重要人士 100 以上,银行、财政、工商及地产各界领袖几皆晤及"。[③]

---

① 备忘录,1941 年 2 月 26 日,蒋介石特交档案:美政要来访,第 053 卷 08A—01697,国史馆。

② 蒋介石接见驻美大使詹森,1941 年 1 月 29 日,《战时外交》第 1 卷,第 535—536 页。

③ 福克斯承平衡基金委员会之嘱,将考察上海经济报告送呈蒋介石,1941 年 7 月 26 日,蒋介石档案,002—080106—040—009—004x,国史馆。

福克斯将考察报告送呈蒋介石,蒋介石又托福克斯回国向摩根索财长报告中国财政经济之实际情况。蒋介石明确指出中国经济对整个战局的重要影响,"此时中国之财政经济苟未能如余之计划而实施改进,则我国对日军事即受严重之影响,而联合国之整个战事亦将蒙受不利",希望美国能速予中国实际援助。①摩根索一向热心赞助中国,当此中美两国利害与共之时,对中国财政经济的巩固与维持,尤为关切。

　　1941 年 11 月 8 日,蒋介石在重庆接见美国财政部代表柯克朗,听其报告对上海外汇市场的意见,嘱其研究救济中国经济危机的具体办法。蒋介石称,"照目前中国经济情形、物价现状而论,若经济方面无新的办法及新的方案,中国经济前途立有发生危险之可能","苟美国政府不能有切实有效之办法,在经济上予中国以积极之援助,则现在军事方面所予吾人之援助,亦属徒然。深盼柯君于明日见孔副院长时,能切实研究一具体的新办法、新方案,以谋经济上迅速之救济。回国后并希望柯君能将此意转达美国负责当局,务期彼等了然于中国现在经济之危机,及其与抗战之关系"。第二天,蒋介石再次接见柯克朗,重申:"在军事上,我国因有美国人力、物力之协助,抗战前途并无危险;惟经济方面,则危机日逼……美国军事上援华有整个的、固定的、具体的方案,本人甚希望美国对华经济援助,亦同样的有整个的、固定的、具体的方案,否则中国经济危机,恐难补救。经济上若无办法,美国之军事援助亦必无效。"②蒋介石的上述言论,虽有些言过其实,危言耸听,目的是为了争取美国对华经济援助,但他指出了抗战经济对军事的重要意义,以及中国经济前途与中国抗战乃至世界战局的密切关系,显示

---

①　蒋介石致摩根索,1941 年,蒋介石档案,002－080106－040－009－003a～014a,国史馆。

②　蒋介石在重庆接见美国财政部代表柯克朗谈话记录,1941 年 11 月 8 日,11 月 9 日,《战时外交》第 1 卷,第 319－320 页,第 321－322 页。

了国民政府对经济问题的重视。

1942年10月,美国总统私人特别代表威尔基(Wendell Will-kie)访问重庆,1944年6月,美国副总统华莱士(Henry A. Wallace)访华,为中美关系、中苏关系、国共关系、太平洋前途等问题,与蒋介石广泛交换意见,其中也涉及战时经济问题。1944年9月,美国总统私人代表赫尔利(Patrick J. Hurley)将军,偕同战时生产局局长纳逊(Donald M. Nelson)来华,以谋加强中美军事合作,并协助策划中国战时与战后之经济建设。

除了不断派代表访问中国以外,美国对中国战时经济形势的关注,还表现为美国驻华大使随时向国务院汇报中国经济情况,今天翻开FRUS,这种报告数不胜数。正是基于中美两国对支持中国抗战经济的共同认识,美国终于采取了实际援华措施。整个抗日战争期间,美国对华援助主要包括借款、物资和战时生产几种形式,而借款又分为易货信用借款、平准基金币制借款和无息财政借款,物资可分为易货贸易物资和租借法案物资①等,因租借物资主要是战争物资,本书视之为军事援助,不把它列入经济援助而进行探讨。

表1—6 抗战时期美国对华主要借款统计

借款年月	借款名称	合同金额	年息	实际支用额
1939年2月	中美桐油借款	25,000,000美元	4.5%	25,000,000美元
1940年4月	中美华锡借款	20,000,000美元	4%	20,000,000美元
1940年10月	中美钨砂借款	25,000,000美元	4%	25,000,000美元
1941年2月	中美金属借款	50,000,000美元	4%	50,000,000美元
1941年4月	中美平准基金借款	50,000,000美元	1.5%	10,000,000美元

---

① 1942年6月《中美抵抗侵略互助协定》签订以后,美国向中国提供过租借法案项下的武器装备等,总值8.4亿美元。

借款年月	借款名称	合同金额	年息	实际支用额
1942年3月	中美财政借款	500,000,000 美元	无	500,000,000 美元
合　计		670,000,000 美元		630,000,000 美元

　　随着抗日战争的进行和美国对华政策的发展，美国经济援华的方式在不断演变，规模在逐渐扩大，由 1939—1941 年的易货贷款，到 1941 年设立平准基金，再到 1942 年提供财政借款，最后到 1944 年派遣经济技术专家，帮助成立中国战时生产局。美国在物资、货币、财政、工农业生产等方面，与中国开展了广泛的经济合作，帮助中国解决国内经济问题。

第二章　易货贸易与换取外援物资

抗日战争爆发后,随着沿海口岸的大面积陷落,中国对外贸易一度急剧下降。中国抗战急需大量外国援助,除了国内外交通线受到日本封锁而造成的物资运输困难外,中国还面临缺乏外汇购买物资的难题。为解决这一难题,中国与美、苏、英、德等国多次签订易货偿债协定,出口中国的农矿特产,从国外进口兵工物资,从而在战争期间形成了独特的易货贸易。大量易货贸易的进行,使中国的对外贸易在太平洋战争爆发之前迅速发展扩大,据统计,1938年至1941年间,出口总值11570万美元,其中国营外销占74.68%,进口总值21289万美元。① 直到太平洋战争爆发后,由于中国对外交通运输通道几乎完全被封锁,国际贸易才减少下来。

由于受到美国法律、外交及内政等方面的限制,在太平洋战争爆发前,美国提供的对华经济援助,主要采取易货借款的方式,由中国运送桐油、锡、锑、钨等物资至美出售,换取中国所需要的兵工器材、机器设备、汽油、运输工具等物资。由这种易货借款的美援方式,而衍生出中美之间的易货贸易,这在抗日战争期间,成为中

---

① 中国近代史资料丛刊之十三,章伯锋、庄建平主编:《抗日战争》第五卷——李学通主编:《国民政府与大后方经济》(以下简称《抗日战争》第五卷经济),四川大学出版社1997年版,第710页。

美贸易的主要形式。易货贸易不仅保证了中美双方的军事利益和经济利益，也促进了世界反法西斯斗争的胜利。

一、中美易货贸易的缘起

抗日战争时期，中国对外贸易主要分为自销和易货偿债两部分。"自销"，指由中国贸易机构直接向国外出售物品，或出售给国内华洋商行后转运国外。"易货偿债"，指中国政府"应允在未来时期输出一定数量之物资，因而取得对方借款，将来即以此输出物资偿价，"[1]"这一套从借款到偿还的程序，称为'易货偿债'"，而双方的这种货物往来贸易称为"易货贸易"。随着中日战争的扩大，自售贸易部分从 1936 年起只持续到 1941 年，1942 年以后就完全停止了，[2]因此，战时中美贸易以易货贸易为主。

(一)中外易货贸易的由来

"易货贸易"，英文为"Barter trade"，字义上说颇似古代的物物交换，是指不需要借助货币实现的以货物换货物的交易。

历史上，"易货制是汇兑管制的副产物"，[3]目的在于使国际贷借容易清算，汇兑统制容易施行。1932 年世界范围内发生汇兑动摇，各国不得不推行汇兑统制，加强汇兑管理。当时的德国由于进口很多，在汇兑管理上出现困难，所以实行出口品抵偿入口品的清

---

① 吴大明：《中国贸易年鉴》，中国贸易年鉴社 1948 年版，第 26 页。

② 林兰芳：《资源委员会的特种矿产统制(1936—1949)》，(台北)国立政治大学历史学系，1998 年版，第 187 页。

③ 章友江：《论易货制》，财政部贸易委员会编印：《贸易月刊》1942 年 9、10 月号，1942 年 10 月编印，第 3 页。

算方法,或进出口直接交换的办法,"如德以肥料交换埃及之棉",①
这就是典型的易货贸易。

易货贸易不但可以帮助汇兑统制的实行,避免他国封存资金,
调整贸易平衡,而且"可以使生产与销售密切联系,以免发生生产
过剩的现象,"②易货协定使买卖双方都能预先得知对方的贸易规
模,早作准备,不至于发生供求悬殊的现象。

易货贸易还可以防止资金外流,并且在"购我之货物者,我始
购其货"的口号下,既可扩大出口贸易,"又可用做贸易交涉或购偿
之利器",亦比较容易获得本国所需要的对方国家的物品。③

20 世纪 30 年代中期,中国外汇缺乏,而军火大部分需从国外
购买,因此,对于"急需巩固国防和发展重工业的中国,对于贸易入
超甚大,国际收支过分不平衡的中国,易货贸易有着重大意义",④
用中国土特产换取国外军火物资,既提供中国所需军火,又可以节
省大量外汇开支。中国西南川、康、黔、滇、粤、桂等省份,地广物
丰,盛产钨、锑、锡等矿产。从 1936 年起,资源委员会先后对钨、
锑、锡、汞、铋、钼、铜七种矿产品实行统制,当时一般称为"特种矿
业统制"。对铜的统制主要是为了收购存铜,以供工厂冶炼之用,
而其余六种产品主要供出口之用。"特矿产品"中,铋与钼数量极
少,汞产量也不大,而钨、锑、锡产量均很大。当时全世界钨产量约
15000 吨,中国产量居世界第一位,达 4100 吨,占总产量 1/4;全世
界锑产量 37000 吨,中国亦居第一位,达 17000 吨,占总产量的1/2;

①　章友江:《论易货制》,财政部贸易委员会编印:《贸易月刊》1942 年 9、10 月号,
1942 年 10 月编印,第 3 页。

②　章友江:《论易货制》,《贸易月刊》1942 年 9、10 月号,第 3 页。

③　同上。

④　同上,第 4 页。

全世界锡产量 208000 吨，中国居第五位，达 12000 吨，占总产量 1/20。[①] 这些特矿产品在军事上有着广泛的用途，是国际市场上的紧缺物资，被称作中国的"国宝"。[②] 这种状况决定了，中国可以利用外国想得到的特矿产品，以易货偿债的方式，换取本国所急需的军用物资和工业设备，增强抵抗日本侵略的实力和决心，支持抗战。

中国对外贸易采用易货贸易方式，最早源于对德贸易。希特勒上台后，德国开始大规模扩军备战，对钨、锑等战略物资的需求大增。德国本土并不出产钨、锑，所需钨砂要从英国控制的伦敦市场上购买，故而难以满足需求，而中国是当时国际上钨、锑生产的主要国家，所以 1935 年 4 月，德国政府派遣特使克兰（Klein）来到中国，与国民政府商谈以贷款易货的方式，向中国出售军火、兵工厂设备和重工业设备的协议。1936 年 2 月，双方达成协议，规定德国向中国提供信用贷款 1 亿金马克（约合法币 13500 万元），中国用这笔借款向德国购买军火、兵工厂及重要设备，并以中国所产钨、锑、桐油、生丝、猪鬃等农矿产品为抵押，借款年息 5 厘。[③]

全面抗战爆发后，最早与中国开展易货偿债贸易的是苏联。1938 年 3 月，中苏签订《关于使用 5000 万美元贷款之协定》，苏联向中国提供 5000 万美元的贷款，供中国购买苏联生产的各种工业品和机器设备，并由苏联运至中国所指定的地点。贷款年息 3 厘，5 年还清本息。中国以农矿产品各半偿还，这些偿债产品包括：茶、皮革、兽毛、锑、锡、锌、镍、钨、丝绸、棉花、桐油、药材、红铜。[④] 1938

[①]　罗旭如：《卩国三大矿产之检讨》，中国经济评论社编印：《中国经济评论》第 1 卷第 4 期，1940 年 2 月版，第 71 页。

[②]　许曰琨：《渐西敌我特产的经济战》，《新经济半月刊》第 3 卷第 7 期，1940 年 4 月版，第 150 页。

[③]　吴兆洪：《我所知道的资源委员会》，全国政协文史资料研究委员会工商经济组：《回忆国民党政府资源委员会》，中国文史出版社 1988 年版，第 80—81 页。

[④]　王铁崖编：《中外旧约章汇编》第 3 辑，三联书店 1962 年版，第 1115—1118 页。

年 7 月和 1939 年 6 月,苏联又两次向中国提供了 5000 万美元和 1 亿 5 千万美元的信用贷款,10 年内还清。这样,在抗日战争初期,中国以钨、锑、桐油、丝绸、茶叶等农矿产品向苏联换回了急需的大炮、飞机、坦克、弹药及运输工具和燃料。

(二)中美易货贸易的原因

战前,中美之间即有以农产品贷款等方式进行的贸易。1931 年夏,中国长江流域遭遇特大水灾,美国向中国提供了一笔价值 900 余万美元的小麦借款,由南京政府向美国粮食平价委员会 (The Grain Stabilization Corporation)购买美国小麦及面粉,以救灾名义免税进口,贷款年息 4 厘,以海关附加税为担保,分 3 期偿还。1933 年,美国又向中国提供了一笔价值 5000 万美元的棉麦借款,其中 80％用于购买美棉,其余购买小麦,借款以统税为担保,年息 5 厘,3 年还本。通过两次借款,美国既推销了本国剩余农产品,又扶植了国民政府。中国则向美国出口桐油、猪鬃、蛋及其制品,1931—1936 年间,这三项产品占中国同类产品出口的 40％—60％,中国矿产品钨、锑对美出口,占美国上述商品进口额的 70％—80％。[1]

抗战开始后,当国民政府向美国寻求援助时,美国财政部长摩根索表示,可考虑仍采用购买面粉谷米信用贷款的方式。[2] 中国政府遂派摩根索中意的银行家陈光甫,赴华盛顿商谈农产品借款。美国财政部驻华参赞倪可逊(M. R. Nicholson)向陈光甫提出,中国可用美国所需要的桐油、羊毛、钨矿等产品作担保,从美国得到

---

① 林坚:《远渡重洋:中美贸易二百年(1784—1999)》,厦门大学出版社 2003 年版,第 126—127 页;仇华飞:《中美经济关系研究(1927—1937)》,人民出版社 2002 年版,第 314—316 页、第 330—331 页。

② 吴相湘:《民国百人传》第 4 册,(台北)传记文学出版社 1979 年版,第 24 页。

信用借款。[1]

随着世界范围内法西斯势力的不断扩张,美国为充实国防和备战,对于军用必需而美国所产甚少的工业原料及战略物资,都大力购办储藏。炼钢必需的原料钨、制造烈性炸弹的锑、用途甚广的锡等等,美国都很缺乏。美国财政部长摩根索曾坦言,"锡是一种值得重视的军需品","我们对储备更多的军事物资感兴趣"。据统计,"1913—1937 年的 25 年内,美国平均每年生产钨 1600 吨,约占世界总产量的 10％,但其每年平均消费量却达 4520 吨,占世界总产量的 30％",[2]也就是说,美国每年需要进口的钨砂占其实际需要量的 2/3。1935 年美国锑消费量占世界总产量的 46％,但其生产量仅为世界总产量的 1％多,尚不能满足其消费量的 5％。1915—1937 年美国共进口锑产品 234600 吨,占同期世界总产量的 38％。[3] 在锡品上,美国的需求量与生产量更是严重失调,几乎全赖进口。1939 年春,美国国会通过储备重要军需品原料法案,规定从 1939 年 7 月 1 日起的 4 年内,每年以 2500 万美元购储 17 种重要军需品原料,第一年款项全部用于购买锰、锡、铬、钨、橡胶 5 种原料。[4] 此外,桐油是美国油漆工业的重要原料,美国自身出产很少,虽然曾在佛罗里达一带努力种植桐树,但结果并无功效,且不合算,故仍有赖中国源源供给。[5] 1937 年,美国消费桐油共计75,000 吨,只有不到 5％是国内生产的。既然超过 95％的桐油需要进口,而以往桐油价格剧烈波动(每磅从 6 美分到 29 美分),美国财

---

　　① 　The Consul General at Hong Kong to the Secretary of State, Sept. 9, 1938, *FRUS*, 1938, Vol. III, GPO, 1954, p. 558.

　　② 　李国欣、王宠佑:《钨》,第 416 页,转引自郑友揆:《旧中国的资源委员会——史实与评价》,上海社会科学院出版社 1991 年版,第 288 页。

　　③ 　王宠佑:《锑业经济研究》,《资源委员会月刊》第 3 卷第 1 期,第 16、19、20 页。

　　④ 　吴志翔:《美国钨砂市场概况》,《资源委员会月刊》第 1 卷第 9 期,第 712 页。

　　⑤ 　陈光甫呈中国使美财政代表团报告书,1940 年 7 月 11 日,国民政府档案,0882.01/5080.03—02,国史馆。

政部和工业界自然愿意考虑以桐油为借款抵押品,从中国进口桐油,不仅供应可以保持稳定而持续,而且油价比过去数年的平均价格还低,这将对稳定桐油价格产生良好效果。①

同时,美国国内资金过剩,并有引发通货膨胀的危险。一般而言,通货膨胀多为经济形势恶化所致,但在美国恰恰相反,美国联邦准备银行的准备金急剧过剩,而准备金的过剩极易引发信用膨胀。1939 年 1 月 4 日,美国"保有黄金额值 1456500 万美元",②比 1929 年经济危机发生时增多两倍以上。银行准备金方面,美国联邦准备银行(Federal Reserve Bank)发表周报称,"美财政部现金账及银行存款账两方面合计,在 1938 年 12 月 14 日共为 306400 万金元,与 1928 年终之 22200 万元相较,十年中亦增多 284200 万金元"。③ 在当时的美国国内,银行的这些过剩准备除扩张信用外,几乎没有其他途径可处置。美国银行分布不集中,管理也不严格,普通银行可以向准备银行贴现,商人很容易就可以向普通银行贴现,结果金融泛滥,投机盛行,又因为银行组织散漫,"准备金虽有过剩,但不能集中,若以准备率而吸收存款,亦有引起通货膨胀之危险"。④ 过剩的准备金如果无法解决,将严重影响美国的经济,这种情形下,将过剩的储备金贷予中国,实现双方的易货贸易,亦有助于缓解美国随时面临的通货膨胀危机。

摩根索还指出,由于中国将用桐油借款购买美国货物,美国的

---

① The Secretary of Treasury (H. Morgenthau Jr.) to the President (F. Roosevelt), Nov. 11, 1938, President's Secretary's File, Diplomatic Correspondence, China 1938, Box 26, Roosevelt Presidental Library.

② 徐泽予译自《纽约通讯》,财政评论社编印:《财政评论》第 1 卷第 4 期,1939 年 4 月出版,第 134 页。

③ 同上。

④ 同上。

商业将得到一定程度的刺激并增加就业;①而华锡借款可使中国"继续购买所需的物资,这对美国制造商、生产者与中国,相互都是有利的"。② 更进一步,"中国潜在的经济发展被认为是巨大的,如果美国能在中国所需要的时候给予帮助,那么它将会在未来给美国工商业带来不可胜数的利益"。③

从中国方面讲,以本国农矿产品作抵押或担保,获得美国贷款援助,换取美国工业产品,是当时比较可行的一种选择。据中方统计,中国"可供抵押之货品,每年产量及价格如下:(甲)桐油合川、黔、湘、桂及其他各地年产 8 万吨以上,值美金 2400 万以上;(乙)钨砂年产 1.2 万吨,值美金 1200 万以上;(丙)纯锑年产 1 万吨,又生锑 5000 吨,值美金 260 万;(丁)锡年产 1 万吨,值美金 1000 万以上;4 种共值美金 4860 万"。因此,孔祥熙希望陈光甫"以上述押品,洽借美金 3 亿元,本息分 10 年匀还,即以上述货品按年运美抵付,其借款并可分期交付"。④

从政治上考虑,当时美国既需要援助中国牵制日本,又不愿得罪日本,以免卷入战争。碍于中立法的束缚,美国无法直接向中国提供财政借款,同时又希望从中国获得所需要的物资,并且将美国过剩的银行准备金贷出,故而以商业公司名义,向中国提供易货借款,不过,数额远远低于中方的请求。

总之,战时中美采取易货贸易形式有着特殊的背景,是双方各取所需的结果。对美国来说,易货借款这种形式,既可以把本国的

---

① The Secretary of Treasury (H. Morgenthau Jr.) to the President (F. Roosevelt), Nov. 11, 1938, President's Secretary's File, Diplomatic Correspondence, China 1938, Box 26, Roosevelt Presidental Library.

② 刘达永:《从〈摩根索日记〉看〈华锡借款合约〉》,《四川师范大学学报》(哲社版),1994 年第 2 期,第 96 页。

③ 任东来:《争吵不休的伙伴——美援与中美抗日同盟》,广西师范大学出版社 1995 年版,第 13 页。

④ 孔祥熙致陈光甫,1938 年 9 月 23 日,《战时外交》第 1 卷,第 238 页。

产品输往中国,援助中国抵抗日本,刺激国内的生产和贸易,又可以以较便宜的价格获得农、矿产品的充分供给,弥补国内生产的不足。对中国来说,通过易货借款,能换来抗战的急需物资,又不至于背上沉重的战债包袱。与中国以往的外债相比,易货借款有进步之处:①没有政治上的束缚,②既未指定以财政收入为担保,也未要求以控制某种事业作为保障,不会妨碍中国经济主权,③可以购得国防重要器材及运输车辆,并改进桐油和滇锡等生产方法,有助于中国经济发展。在当时的情况下,这一形式对中、美来说无疑都是有利的,正因为如此,易货借款和易货贸易,成为抗战时期一种主要的借款和贸易方式。

(三)中美易货偿债协定

抗日战争期间,中美之间共达成 4 次易货借款协定,时间、借款额、易货内容等均见下表:

表 2—1　战时中美易货借款

	名称	订约时间	借款额	易货内容	还款情况
第一笔	桐油借款	1939 年 2 月 8 日	2500 万美元	5 年内中国将 22 万吨桐油运抵美国出售,再用所得之款在美购买物料运回中国	以中国运美桐油售价抵还,于 1942 年 3 月偿清全部本息
第二笔	滇锡借款	1940 年 4 月 20 日	2000 万美元	中国分 7 年运滇锡 4 万吨至美国出售,所得之款用于购买美国农工产品	以中国运美滇锡价款抵还,7 年偿清,历年到期本息均照数偿付
第三笔	钨砂借款	1940 年 10 月 22 日	2500 万美元	5 年内中国将钨砂运美销售,所得之款用于购买美国农工产品	以中国运美钨砂价款抵还,全部本息均已偿清
第四笔	金属借款	1941 年 2 月 4 日	5000 万美元	中国分 7 年将钨、锑、锡等金属运美,易购美国农工产品	以中国运美金属价款抵还,全部本息偿清

	名称	订约时间	借款额	易货内容	还款情况
总计			1亿2千万美元		

　　1939年2月8日，国民政府与美国政府商定，在美国和中国分别组织世界贸易公司和复兴公司，以商业公司名义经办贷款、购运销售桐油、购买美货等相关事宜。同日，华盛顿进出口银行与世界贸易公司签订中美桐油借款合约，银行贷款给世界公司美金2500万元，年息4.5厘(后减至4厘)，中国银行担保，每半年一付，贷款用于购运美国农产品及工业品，1944年1月1日前偿清。合约附载复兴商业公司与世界贸易公司订立的购售桐油合同，规定自1939年1月1日至1943年12月31日，5年内运美22万吨桐油作为借款的担保抵押品，以售价的半数偿付银行贷款，半数在美购买农工产品。第1年25000吨，第2年35000吨，第3年45000吨，第4年55000吨，第5年60000吨。[1]　每吨2千磅，每磅定价美金1角4分，桐油装运地点为香港、海防，交货地点在纽约。[2]

　　1940年3月15日，中美签订购售华锡合同，4月20日签订中美华锡借款合约，规定：从1940年5月1日起至1947年5月1日止，中方在7年内向美国运售头等华锡4万吨，每吨2千磅，第1年交货3千吨，以后按年4千、5千、6千、7千吨，最后两年各为7500吨。美国进出口银行对中方贷款2000万美元，用以将美国农工产品运销中国。该项借款年息4厘，每半年支付一次，用售锡所得净收入逐年偿还。第1第2年以滇锡售价的50％拨还，第3第4年60％，第5第6年70％，第7年以后80％。华锡价按照该货抵达美国港口1周之前、

---

　　①　陈光甫呈中国使美财政代表团报告书，1940年7月11日，国民政府档案，0882.01/5080.03—02，国史馆。

　　②　王铁崖：《中外旧约章汇编》第3辑，第1128—1130；1150—1151页。

两周之间的纽约平均市价,每磅减低美金 1 分计算。[①]

　　1940 年 10 月 22 日,中美签订钨砂合同与借款合约,美国华盛顿进出口银行借予中国中央银行 2500 万美元贷款,年息 4 厘,用以在美国购买农工产品。中国资源委员会输运 3000 万美元钨砂售予美国金属准备公司,分期偿还贷款,每批不得少于 200 吨,每吨 2 千磅,从约定起第 1 年需交售钨砂价值 300 万美元,第 2 年 342 万美元,第 3 年 457 万美元,第 5 年 1409 万美元,总共需交售钨砂价值 3000 万美元。装砂船抵达美国口岸前两个月期间内,纽约交货之平均市价减去美国关税,即为所交钨砂之基本价格。[②]

　　1941 年 1 月 31 日,中美签订金属合同,2 月 4 日签订中美金属借款合约,规定美国进出口银行向中国贷款 5000 万美元,年息 4 厘,用以购买美国物资,中方应向美方交售价值 6000 万美元的钨砂、锑、锡等金属偿还,7 年内偿清,每批交货不少于 200 吨,钨以 2000 磅之短吨计,锑以 2204 磅之公吨计,锡以 2240 磅之长吨计。[③]

　　借款本属财政措施,但战时中美借款所附带条件,都以在美国购料为原则,这样就构成了中美之间的物物交换,形成了易货贸易。

二、中美易货贸易的组织和管理

(一)易货贸易的管理机构

　　战前,南京政府的对外贸易主管机关为实业部国际贸易局,另有资源委员会对外贸易事务所、官商合办的中国茶叶公司等几个

---

　　① 　陈光甫呈中国使美财政代表团报告书,1940 年 7 月 11 日,国民政府档案,0882.01/5080.03—02,国史馆;王铁崖:《中外旧约章汇编》第 3 辑,第 1151—1153;1156—1159 页。

　　② 　王铁崖:《中外旧约章汇编》第 3 辑,第 1164—1171 页。

　　③ 　同上,第 1173—1181 页。

国营对外贸易机构，其余都为私营或外商经营。1937 年 10 月，为维持战时对外贸易，保证出口换汇，军事委员会设贸易调整委员会，1938 年 2 月，改设贸易委员会，隶于财政部，并将原实业部国际贸易局并入。易货偿债、出口外汇管理等国际贸易业务，均由贸易委员会主管。该会总揽一切有关对外贸易的行政管理之权，为抗战期间主管国际贸易行政的机构。[①] 贸委会设有出口贸易、进口贸易、财务、外汇、技术、储运等处，另设外销物资增产推销委员会。贸委会在各省分设办事处，并直辖东南、西北两运输处及复兴商业、富华贸易、中国茶叶三公司（后富华归并于复兴），分别管理业务。[②]

　　1939 年 2 月，出于对美桐油借款业务的需要，在美成立世界贸易公司（Universal Trading Corporation），负责在美领款、购料及售油还款业务。后在国内成立复兴商业公司（Foo Shing Trading Corporation），垄断桐油贸易，专司办理桐油运美业务。身为贸易委员会主任的陈光甫，既是世界贸易公司董事长，又任复兴商业公司董事长。1940 年 1 月，富华贸易公司成立，主管桐油、茶叶以外的一切外贸物资的对外销售。同月，中国茶叶公司正式改为国营公司。1942 年 2 月，复兴、富华公司正式合并。通过贸委会及其下属的国营公司，国民政府实行对外贸易统制，对主要出口物资猪鬃、桐油、生丝、茶叶、羊毛等进行统购统销，以维持对美苏英的易货偿债贸易。

　　中美易货贸易的行政管理，主要由贸易委员会负责，而具体业务，则主要由其下属的世界公司和复兴公司等经营。

　　世界贸易公司位于纽约第 5 大道 630 号，由陈光甫主持，借款的安排，以及物资的进口，都在该公司掌控之中。这个公司具有双

---

　　① 《抗日战争》第五卷经济，第 709 页。

　　② 《六年来之贸易》，财政部贸委会 1943 年 11 月版，中国第二历史档案馆编：《中华民国史档案资料汇编》第五辑第二编，财政经济（九），江苏古籍出版社 1991 年版，第 409 页。

重功能,在通过加速进口战略物资以保证向中国提供借款方面,它扮演了美国进出口银行臂膀的角色;同时它还作为一个采购机构服务于中国,以确定国民政府花的钱物有所值。据统计,截止到1939 年底,该公司在美国共购得总额为 7467.43 万美元的物资,包括以下 9 类:(1)卡车及零配件、维修器械(1674.8 万美元),(2)汽油和润滑油(1145.2 万美元),(3)黑色及有色金属(2468.33 万美元),(4)无线电和电话设备、器材(560 万美元),(5)外科器材和其他医疗用品(360 万美元),(6)卡其布和毛毯(344 万美元),(7)通用机械(215.1 万美元),(8)铁路器材(400 万美元),(9)锡矿采掘设备(300 万美元)。① 需要指出的是,这个公司的工作,并未随着租借法案的出现而衰减。下表大致可以显示出,至 1941 年 9 月 30日为止,作为向中国输送物资的渠道,世界公司仍然与租借援助同等重要:②

表 2—2　美国出货至中国政府物资统计(美元)

	进出口银行借款购买的物资	租借法案移交物资	总计
1940 年第 4 季度	$2,439,000	—	$2,439,000
1941 年第 1 季度	$7,360,200	—	$7,360,200
1941 年第 2 季度	$9,720,400	$2,002,000	$11,722,400
1941 年第 3 季度	$5,168,800	$6,754,100	$11,922,900
总计	$24,688,400	$8,756,100	$33,444,500

---

①　*Morgenthau Diary (China)*, Vol. I, New York: Da Capo Press, 1974, pp. 49—51.

②　To Roosevelt about Lend Lease aid to China, Oct. 9, 1941, Harry L. Hopkins Papers, Box 305, Sherwood Collection, Book 3: China (Pre - Pearl Harbor), Roosevelt Presidential Library.

1939 年 6 月，陈光甫回国后，亲自督导复兴公司对美桐油的外运工作。他在昆明设立办事处，同贸易委员会的运输处配合，负责打通对美桐油运输路线。1939 年 10 月 6 日，贸易委员会拟定全国桐油统一购销办法草案，强调复兴公司负责统购统销对美桐油。1941 年公布的桐油统购统销办法规定，"全国各地桐油之收购运销事宜指定由贸易委员会所属复兴商业公司统一办理"，"各省桐油主要产地或集中市场由复兴公司设立收货机关依照公布价格收购之"，①正式确立了复兴公司在对美桐油贸易中的支配地位。

贸易委员会不仅负责易货偿债指定物品的收购和交货，而且负责动支各项自英美苏获得的贷款，由贸委会直接或委托代理机构经手，购买战时中国一切需要的物资，其职权和经营范围之广可见一斑。

中美易货贸易中的桐油、生丝等，由贸易委员会管理和经销；钨、锑、锡等特种矿产品的外贸统制，则由资源委员会负责。

资源委员会的前身，是成立于 1932 年 11 月 1 日的国防设计委员会，1935 年 4 月易名为资源委员会，隶属于军事委员会，蒋介石任委员长，翁文灏、钱昌照任正副秘书长。1938 年资源委员会改隶经济部，正式成为国家法定特矿统制的机构。其主要职责之一就是统制钨、锑、锡等矿产，经办对美国等国家特矿产品出口易货事宜，具体事务由资源委员会下成立的国外贸易事务所负责。该事务所原设于上海、武汉，后合并至香港，1941 年底香港沦陷后，事务所迁至重庆。②

中美易货协定签署后，钨、锑、锡等稀有矿产成为中国对美易货贸易的主要物品，输美数量大增。鉴于美国市场日趋重要，国外

---

①　国民政府贸易委员会全国桐油统购统销办法（1941 年 5 月），经济部档案，《中华民国史档案资料汇编》第五辑第二编，财政经济（九），第 611 页。

②　国外贸易事务所历年业务概要，资源委员会档案，24－10－18－3－4，（台北）中央研究院近代史研究所档案馆。

贸易事务所"乃在美纽约设立机构处理交货事宜"。[①] 纽约分所是资源委员会唯一一个在销售国直接设立的机构,由此亦可见对美易货贸易在战时中国对外贸易中的地位。

(二)易货品的生产和收购

钨、锑、锡等特种矿产主要分布在江西、湖南、云南、贵州等地,原先主要由地方手工开采,分散经营,规模小,品质差,产量不高。资源委员会通过举办矿业生产贷款、代购物料、兴办矿工福利、办理矿工缓役等措施,维持了战时特种矿品的生产,并使产量不断提高,保证了出口换汇和易货偿债贸易。但 1942 年以后,因外运困难和通货膨胀加剧而使产量下降。资源委员会并对钨、锑、锡等矿产进行统制,对特矿产品的生产、收购、储运、出口与销售进行全面管理和控制,以保证易货贸易的顺利进行。

中国钨产量最大的地区是江西的大庾等 17 县,湖南、广东、广西、云南等地次之;锑产量最大的是湖南的新化等县,江西次之,云南、贵州也有产出;锡产地首推云南的个旧及广西的富川、贺县、钟山,湖南、江西、广东次之。从 1936 年起,资源委员会陆续在这些省份设立机构,对特矿生产实行统制。资委会于 1936 年 1 月,在长沙设立锑业管理处(3 月改设零陵),同年 2 月 28 日在南昌设立钨业管理处(3 月改设大庾),开始对占全国锑、钨产量 80% 以上的湘锑和赣钨实施统制。中美易货贸易展开后,资委会又于 1939 年 5 月在桂林设立锡业管理处,于 10 月在昆明设立云南出口矿产品运销处。资委会还与其他各特矿生产省份商定统制办法,在特矿重要产地设立管理机构,协助材料的供给,改进生产技术,融通资金,督促特矿的开采,并制定一系列政策和法规来规范生产,增加产

---

① 国外贸易事务所历年业务概要,资源委员会档案,24－10－18－3－4,(台北)中央研究院近代史研究所档案馆。

量,提高特矿质量。

为维持对外信誉,争取美援,资源委员会对于矿产品质的提高非常重视,努力提高矿产纯度。在资源委员会的监督支持下,云南锡业公司的精锡纯度能达到99.95％,可与美国标准精锡比肩;赣粤等省钨矿含锡成分亦减低至1‰以下,并因此获得美方每吨之加价奖款。各矿品虽然多采自商矿,但资委会常由各管理处派员分往视察指导,并由资源委员会倡办国营矿场,作为表率。如江西大吉、岿美、西华、三山与广东八宝山之钨,湖南江华之锡,湖南酒店之汞等,均为资委会专设的国营矿场生产。其中,平桂及云南锡业公司采用新法采炼矿品,成绩斐然,得到国外厂商的交口称道。

另一项中美易货贸易的主要物资——桐油的生产和收购,由贸易委员会组织进行。为提高外销物资的产量,改进外销物资的品质,1940年3月,财政部贸委会正式成立外销物资增产推销委员会。1941年9月,该会增设桐油、生丝、茶叶三研究所,专门负责研究改进桐油等的品种、栽培、榨制等技术。

四川桐油产地有44县,年产76.2万吨,为了收购四川桐油,贸易委员会与四川省政府及全川油商联合会组成四川桐油贸易公司,拥有资本100万元。[①] 贸委会在收购过程中,还依靠各地原有公私企业组织的协助。1938年7月,贸委会将万县桐油的收购、贮藏、炼净、报运等事宜,悉数委托聚兴诚银行办理,由会方"派员常驻万县,随时委托聚兴诚以相当价格收买相当数量之桐油"。1939年,贸委会与中国植物油料厂订约,规定1939年度厂方为会方在四川收购桐油28000—36000吨,在云南、贵州各收购3000—5000吨,在湖南收购10000—15000吨,在浙闽皖赣四省收购10000—

---

① 沈祖炜:《论抗日战争时期的贸易委员会》,中国近代经济史丛书编委会编:《中国近代经济史研究资料》(9),上海社会科学院出版社1989年版,第108页。

15000 吨，①交由贸易委员会集中出口。在广西，贸易委员会委托光新出入口贸易处收购和代运桐油；在湖北，则委托湖北省银行代购。贸易委员会还直接借助各省政府的运销处集中桐油，如，浙江省建设厅的战时物产调整处，下设有全省桐油运销总办事处，统一管理温州、金衢严两个运销处，这两处又分区负责收购运销桐油。

据统计，贸易委员会 1938 年 6 月以后收购桐油 111339 公担，价值 3022864 元；1939 年收购桐油 375094.44 公担，价值 30464980.59 元，连同猪鬃、丝茧等项目，共收购出口物资达 9330 余万元；1940 年在各省收购桐油 134000 余公担，生熟各色猪鬃 11980 余公担，值国币 2280 余万元；1941 年度预定收购桐油 52000 公吨、滇锡 4000 吨（注：无实际收购数字）；1942 年收购桐油 82372 公吨，价值 22533157 元；1943 年收购桐油 67066.73 公担，价值 73159471 元。②

在易货品收购过程中出现的一大障碍，是中央政府与地方政府之间对矿产品的所有权之争。这个当时有中国特色的问题，曾给中国对美国实行易货偿债带来过很大困扰，但是在压倒一切的坚持抗战和争取美援的大局之下，国民政府与地方政府多次协商，还是解决了种种矛盾和问题，使地方上的矿产品得以收归中央，并向美国提供。

1939 年 4 月，陈光甫致电孔祥熙提出，"各省矿产，现在资源委员会或省政府管理之下，不易移挪集中售美，或因各会府尤要售得款项自有用途，不肯放手"，要求孔祥熙"为国家整个前途打算"，加以调整，使其放心协作，以向美方接洽。陈光甫强调，"抗战成功，赖有借款及军火之源源接济，两者均以美国最有希望，现应乘此美

①　沈祖炜：《论抗日战争时期的贸易委员会》，中国近代经济史丛书编委会编：《中国近代经济史研究资料》(9)，上海社会科学院出版社 1989 年版，第 108 页。

②　杨树人：《十年来之国际贸易》，见谭熙鸿编《十年来之中国经济》，转引自《抗日战争》第 5 卷经济，第 715—716 页。

府积极充实国防之时，以我所有，供彼所无，建立续谈借款及供给军火之基础"。①

美国想要的矿产品中，特别注意锡。锡主要出产地为云南和广西两省，生产和销售都由当地地方政府控制。陈光甫得知美国意向，即提出为使借款成功，"拟请与滇、桂两省府磋商，由中央按全年收买"。② 孔祥熙接到陈光甫电报后，即指示经济部与滇、桂两省接洽全数购买，③ 然而云南省答复称，"炼锡公司现货期货均已如数售与省府，作交换军械之用，承嘱一节歉难照办"。孔祥熙只好致电蒋介石，力陈"锡一项美方最为注意"，"需要甚切，锡之能否照交，实为借款能否成败之关键"，"务恳连同钨锑桐油等项尽量搜购，迅即运美，表示我方对于借款实准备按期偿还。信用树立以后，贷款可望源源继续，方式亦可改进"。④

为了获得占全国锡产量绝大多数的滇锡，孔祥熙提出，云南省政府出售滇锡，本是为交换军械进行抗战，既然滇军已陆续参加作战而且尚有成绩，"所需补充军械，似可由中央酌予核拨，不必由其以锡交换"；如果已与外商订有售卖合同，"亦应请其设法结束，以应美方之急需"。滇省将锡交中央后，如果需要外汇，只要属于正当紧急用途，"财部当勉力设法酌为核准"。孔祥熙请蒋介石"即电滇省，嘱其将滇锡全部售与中央运美，偿付借款"。⑤ 至于广西省的锡，孔祥熙准备等该省建设厅长及贸易管理厅长到重庆后再面商。

经过多次洽谈，云南省同意滇锡年产全数由中央收购，政府每

① 陈光甫致孔祥熙，1939 年 4 月 3 日，《战时外交》第 1 卷，第 250 页。

② 陈光甫致孔祥熙，1938 年 9 月 20 日，《战时外交》第 1 卷，第 237—238 页。

③ 孔祥熙致陈光甫，1938 年 9 月 23 日，《战时外交》第 1 卷，第 238 页。

④ 孔祥熙致蒋介石，1938 年 10 月 3 日，蒋介石档案，特交文电：对美关系，第 003 卷，09A—00287，国史馆。

⑤ 同上。

年须拨给该省外汇 160 万英镑,作为对外支付之用。①

(三)易货品的运输

随着中日战争范围的不断扩大,中国沿海地区大多沦陷,重要交通路线破坏殆尽,对外贸易急剧下降。资源委员会主任翁文灏曾多次向美国驻华大使高斯(Clarence E. Gauss)指出,能否向美国提供足够的矿产品,最主要的困难是交通而不是产品,②交通运输成为战时中美贸易能否顺利进行的关键。

国民政府十分重视战时交通运输的建设与管理,早在 1937 年 10 月,就于广州成立了专事对外贸易运输的机构——西南物资进出口总经理处(1938 年 9 月迁至昆明),它直属于军事委员会,是一个负责"统一外运和统一内销的机构"。③ 它也是负责中美贸易运输的主要机构,其主要任务是接运由海防、仰光两港进口的兵工物资,在国外称西南运输公司,在国内称西南运输处。

西南运输处在湖南、贵州、广西、云南及四川五省的公路线上,遍设分处、支处及运输段,负责指挥运输;此外在越南设立河内特派员办公室、海防分处和同登支处;在东南亚设有新加坡分处;在缅甸有仰光分处和腊戍支处。西南运输处是国民政府在抗日战争时期成立的最大的国际运输机构。

1941 年 11 月,西南运输处撤销,在其业务基础上改组成立中缅运输总局,俞飞鹏为局长。1942 年 5 月,日军侵占缅甸,进犯滇西,滇缅公路运输中断,中缅运输总局随之撤销。

滇缅运输中断后,中美贸易物资完全依靠美军运输机,从印度

---

① 孔祥熙致蒋介石,1939 年 10 月 15 日,蒋介石档案,特交文电:对美关系,第 003 卷,09A—00289,国史馆。

② The Ambassador in China (Gauss) to the Secretary of State, Apr. 17, 1942, *FRUS*, 1942, *China*, GPO, 1956, p. 644.

③ 慕予:《宋子良与西南运输处》,《广东文史资料》第 11 辑,第 136 页。

加尔各答及卡拉奇越过喜马拉雅山空运至昆明。为此，军事委员会于1943年11月成立运输会议，通过召开会议的形式，核实、协调空中运量，沟通中国航空公司与美方的联系。

　　1944年10月间，美国驻中、印、缅陆军总部司令史迪威（Joseph W. Stilwell），向蒋介石提出了一份备忘录，指责中国公路管理紊乱，建议公路运输划归军事委员会接管，成立战时运输管理局，并邀请美军公路方面的专家参加管理工作。12月底，维持两年的运输会议撤销。1945年1月1日，公路总局和运输会议合并，成立了军事委员会战时运输管理局，美军麦格鲁少将、马罗上校先后担任副局长，运务、工务、机料等处也都由美军总部派出了副处长。战时运输管理局成立后，印度—昆明之间的运输效率明显提高，"由印度进口的空运物资工作加强了，由昆明接运的物资增多了"。①

　　战时中美贸易货品的国内运输分两段，一为产地至集中地，一为集中地至出海口。战前，钨、锑分别由产地集中"南昌、广州、长沙，转由船运至上海、香港出口"。② 抗日战争爆发，上海沦陷，日军随即封锁了出海口，运美锡、锑等交货口岸及运往出海口路线，屡经变化，产品集中地，也随战事局势改变为"赣县、南雄、冷水滩、衡阳、镇远、桂林、平乐、昆明等地"。③ 战前长江航运畅通，西南各省物资可以循长江顺流而下，直运汉口，转往上海出口。自上海、南京沦陷以后，出口物资改集汉口，转由粤汉铁路运至香港出口，此为第一次大变动。自广州、汉口沦陷，无法再利用粤汉铁路输出物资，于是各省物资，运集昆明，经滇越铁路运至海防，运转香港出口，此为第二次大变动。自敌军侵占越南，滇越铁路又不可利用，各省物资均改循滇缅公路运至仰光，一部分由仰光直接出口，一部

---

① 恽慰甘：《抗战时期国民党的公路运输》，《广西文史资料选辑》第22辑。
② 杨景炳：《抗战八年来之钨锑锡汞业》，《资源委员会季刊》第6卷，第1、2期合刊，《抗日战争》第5卷经济，第422页。
③ 同上。

分再转运香港出口,此为第三次大变动。

第一阶段:1938 年 10 月—1940 年 9 月

此阶段中美贸易的交货地点为香港、海防。武汉、广州沦陷后,长江水运断绝,收购的物资只有利用公路、铁路运输,最后集中到桂林。国民政府在桂林设钨锑联合处,专门负责运输矿品,并辅之以购料室、运输队。这一时期的运输路线,"以桂同线为主干,大部分矿品,经桂林、柳州、南宁、同登,转到海防出口"。[1] 另有几条支线辅助出口:"(1)昆防线——由昆明经河口、河内达海防;(2)柳岳线——由柳州经八步、三合、都均、田东、岳圩达海防;(3)平广线——由平乐、梧州、容县、北流、赤坎、广州湾达香港;(4)衡沙线——由衡阳、曲江、老隆、沙鱼涌出口达香港;(5)晃镇线——由晃县经镇远、三合、都均、车河、田东、镇南关达海防;(6)赣沙线——由赣县经南雄、曲江、老隆、沙鱼涌达香港;(7)庾温线——由大庾经南城、潭鹰、金华、丽水达温州出口;(8)衡甬线——由衡阳经茶陵、潭鹰、义乌达宁波出口"。[2]

第二阶段:1940 年 9 月—1941 年 12 月

日军占领越南后,海防出口路线阻塞,交货地点只有香港、仰光两地,运输主要依靠滇缅线,运输矿品的集中地,也由桂林移至贵阳。其运输干线为"自衡、桂,经柳州、三合、贵阳、昆明、畹町、腊戍达仰光,或转香港出口"。[3] 以前运抵并堆积在桂林的若干矿品,改道由贵阳运至昆明;新收集的矿品,改由衡阳西运至桂林再外运。其支线,则仍采用上期可通达各线,另有小部分由赣县转南城,经福州试行外运,但因日军军舰封锁粤闽浙沿海,所以运量不多,时运时断。

① 杨景炳:《抗战八年来之钨锑锡汞业》,《资源委员会季刊》第 6 卷,第 1,2 期合刊,《抗日战争》第 5 卷经济,第 422 页。

② 同上。

③ 同上。

第三阶段：1941 年 12 月—1945 年 9 月

太平洋战争爆发后，香港、仰光相继被日军占领，对美矿品外运，只有利用美国空运之飞机在昆明接运，因而一部分矿品须"自筑（贵州）集中至昆（明）"。[1] 此外，在抗战末期，在湖南的芷江和贵州的沾益两地，均有锑品交由美机外运。这些来华飞机"一部分由美军供应部直接指挥，数额 75 架，一半运驻华美军的补给品，一半专负配运我国购自美国的空军器材及兵工物资；一部分由中国航空公司经办，数额 25 架，专运我国的电讯、医药、工业、交通等器材"。[2] 这些飞机卸载运华物资后返回时，便利用它们装运锡、锑等矿品出境。中国航空公司亦于 1942 年 4 月 18 日试航，参与驼峰空运，开始有运输机 9 架，后增加至 20 余架，[3]也运输过对美易货矿品。矿品运到印度境内后，仓储、提存、转运美国等事宜，均由美军供应部全权代办。

在实际运输过程中，经常会遇到种种困难，国民政府为保证按时向美国提供易货物品，做了很多工作。

1940 年 7 月，宋子文正在美国商谈借款事，美国方面为准备参战，需要钨砂，并表示可以设法帮助中国转运，宋子文为获得美国借款，准备承允在 3 个月内提供美国防委员会军备部钨砂 9000 吨。他从华盛顿致电蒋介石，指出目前"对美借款渐有头绪，钨砂为主要抵押品，现如脱售现货，深恐影响巨额借款"。[4]

蒋介石即指示孔祥熙详查国内存钨情况，以及能否满足美方要求。孔祥熙于 9 月 26 日回复道："至钨砂一项，顷商之翁部长，知年产最高额仅为 1.2 万吨，而本年应交苏联之钨砂照合同规定为 4800 吨，现合同虽将于下月届满，苏联恐仍将继续要求照数交付，

---

①　杨景炳：《抗战八年来之钨锑锡汞业》，《抗日战争》第 5 卷经济，第 423 页。

②　龚学遂：《中国战时交通史》，商务印书馆，1947 年版，第 268 页。

③　同上。

④　宋子文致蒋介石，1940 年 7 月 8 日，《战时外交》第 1 卷，第 276 页。

是所余者每年不过 7200 吨,每吨目前市价约值 1000 美金,以 7 年计之,仅敷还本而付息无着,故偿还本息年限最好展至 10 年为妥。又钨砂之重要产地为江西、湖南、广西及广东之一部,若军事稍有变动,则上述年产 1.2 万吨尚恐难以达到。而自滇越路生阻碍以后,钨砂须经由仰光出口,在前月每吨需运费已达 5000 元之多,若油价再涨,运费更钜,似应转告子文弟事前先向美方说明事实,以免将来烦言……值此美国扩充军备,需用钨砂最切之时,而民主、共和两党之政纲又均有经济积极援华之表示,可否请转知子文弟,能增加借款数额,尤所盼望。"①

　　虽然国民政府一方面向美国表明中国钨砂存储量有限,运输也困难,希望在中美谈判中能延长偿还期限,并且增加借款数额,但是另一方面,国民政府为避免借款谈判失败,仍然设法克服运输困难,尽量满足美方要求。9 月 27 日,翁文灏呈文陈述钨砂供给能力,表示"美政府需钨以产量论可无问题,所可虑者,实为运输,兹已饬资源委员会全力赶运"。但资委会自有运输工具有限,翁文灏希望蒋介石下令,让交通部西南运输处等运输机关从速协运,以达全数运出目的。②

　　10 月 1 日行政院会议时,翁文灏与行政院副院长孔祥熙及交通部部长张嘉璈商洽运输办法,未获解决。翁文灏认为,"运美钨砂,为美国军需品,其需要之急,远非其他物品所能比拟,近时借款,亦以此为担保,我国自应尽力所及,以重信用",于 6 日再次恳请蒋介石令"交通部督率所属,从速实行运输,并令西南运输处切实协助,俾利进行"。③ 蒋介石明白中方能否及时供给钨砂,关系到中美第三次借

---

① 孔祥熙致蒋介石,1940 年 9 月 26 日,《战时外交》第 1 卷,第 279—280 页。

② 翁文灏致蒋介石,1940 年 9 月 27 日,国民政府档案,0882.01/5080.03—02,国史馆。

③ 同上。

款能否成立,于 13 日手谕交通部及西南运输处从速协助运输。[①]

10 月 16 日,张嘉璈向蒋介石汇报说:"近因抢运滇缅路军品,所有军公商路车辆,几完全配作军用。在此情势之下,欲再筹借大批车辆以担负此巨量钨砂运输,实非任何运输机关单独力量所能胜任。"但无论如何困难,张表示还是"应统筹兼顾,务期将此 9 千吨钨砂于规定期内尽量设法运至畹町,以维对外贸易信誉,充实外汇基础"。为此,张嘉璈拟定了具体的赶运办法,由运输统制局会议统筹决定实施。(一)运输程序。昆明、三合、六寨、柳州等地,现均有钨砂存储,其运往畹町程序,拟述如下:(1)自 11 月 1 日起,先将昆明存额 2000 吨中 1800 吨,于 11 月份内运往畹町,作为首批交货。(在此期内当将其他各地之钨砂,同时向昆明方向移运,以资衔接)。(2)12 月份除将存昆之余数 200 吨运畹町外,再将三合所存之 1400 吨,及六寨存额中 200 吨,凑足 1800 吨运畹,作为第二批交货。(3)1 月份再将六寨之余额 900 吨,及柳州存额 900 吨,凑足 1800 吨运畹,作为第三批交货。惟黔桂铁路 10 月中旬可通宜山,柳州所存钨砂,当利用火车运往宜山,再用汽车转运。(4)在 11、12 月及明年 1 月 3 个月中,另于柳州交运钨砂 3000 吨,自不成问题。届时黔桂铁路或可通至河池,则钨砂到柳后,可一面利用水道运至三合,一面由铁路运至宜山或河池,然后利用驿运,运至六寨。以后于明年 2、3 两月分别自距筑最近之钨砂所在站地,各运出 1800 吨至畹,以作第四、第五两批交货。(二)车辆调度。应分为柳州至贵阳、贵阳至昆明、昆明至畹町三段。按照各段之里程,如须每月各运 1800 吨,其各段应需车辆数目如下:(1)柳筑段往返行程 10 天,需车 280 辆。(2)筑昆段往返行程 12 天,需车 336 辆。(3)昆畹段往返行程 20 天,需车 560 辆。(三)运输配备。(1)柳筑间:由运输统制局在渝筑段,每月指让运量 800 吨至 1000 吨之数,移供筑柳

---

① 蒋介石手启,1940 年 10 月 13 日,国民政府档案,0882.01/5080.03—02,国史馆。

间运钨之用。其所缺少之运量,则当利用其他回空车或租用商车补充。(2)昆畹间:凡运到昆明之钨砂,一概分配于由昆明放回畹町之空车装载,不足时另租车辆补充之。(3)除以上配备外,本部原有万国牌拖车 100 辆,应请专拨为运输钨砂基本车辆,支配行驶于适当地段,勉资补救。将来第一次入境时,拟装载油料,以供日后行车燃料,以后装钨回程,均载军品,由统制局统筹支配。[①]

由此可见,抗战时期交通运输十分艰难,中国政府为保证易货借款的成立,在运输美国所需易货物资方面做出了艰苦努力。美国方面也非常关心中国的运输情况,美国财政部长摩根索曾介绍陈光甫等赴纽约,与美孚(Mobil)、德士古(Texaco)石油公司运油专家及汽车厂工程师等,研究公路运输组织、运油专车及汽油、桐油合作输运省费办法,[②]这不仅有利于易货品的运输,以及中美易货贸易的进行,也有利于中国建设西南、西北交通计划的实现。

三、中美易货贸易概况和特点

(一)中国对美输出物品

根据中美之间的四次易货偿债协定,中国向美国输出桐油、华锡、钨砂和锑等,用售价偿还美国对华借款,并在美国购买中国所需要的机器设备等战略物资。

桐油借款和约规定,中国于 1939 年 1 月至 1943 年 12 月间,运美桐油 22 万吨。截至 1941 年底,"共运美桐油 51000 余吨,售得价款已偿还借款本息美金 1478 万 5 千余元,尚欠 1150 万元,而存美

---

① 张嘉璈呈赶运钨砂出口办法提请统制局决定,1940 年 10 月 16 日,国民政府档案,0882.01/5080.03－02,国史馆。

② 陈光甫致孔祥熙,1938 年 10 月 9 日,《战时外交》第 1 卷,第 239 页。

未售及起运在途之桐油量约为 13000 余吨"。① 其间,1939 年输美桐油 56,977 公担,1940 年 41,799 公担,1941 年 75,625 公担。② 太平洋战争爆发后,美国对于桐油的需求大增,中国亦扩大输美销售桐油数量,并于 1942 年 3 月 31 日全部偿清桐油借款,本息共计 23,466,573.78 美元。由于桐油在美价格上涨(由每磅美金 1 角 4 分涨至 3 角 4 分),尚有余款 8,531,954 美元。③

华锡借款规定,以中国云南省个旧所产之锡输美,以其售价偿付借款的本息,1 号 99 成色华锡 4 万吨作抵押,分 7 年交货。"第一年 3000 吨,第二年 4000 吨,第三年 5000 吨,第四年 6000 吨,第五年 7000 吨,第六年 7500 吨,第七年 7500 吨"。④ 世界贸易公司"将售锡每吨之净收入,按照下列百分数,提作该项借款本息之偿付:第一年提 50％,第二年提 50％,第三年提 60％,第四年提 60％,第五年提 70％,第六年提 70％,以后每年提 80％"。⑤ 因为生产成本高昂,为鼓励滇锡生产,1944 年 9 月 26 日,资源委员会会同中央银行与美国金属准备公司(Metals Reserve Co.)签订合约,决定以金收锡,"所有由华售美之锡价款,可由中央银行转向美国联邦准备银行购买黄金之用"。⑥

---

①　卢作孚等为陈光甫建议我国所需物资无需现金买购签呈,南京国民政府贸易委员会档案(三〇九)②789,财政科学研究所、中国第二历史档案馆编:《民国外债档案史料》,档案出版社 1991 年版,第 133 页。

②　历年我国桐油输出数量国别统计表,参见寿景伟:《民元来我国之国际贸易》,朱斯煌编:《民国经济史》,银行学会 1948 年版,第 261—263 页。

③　财政部贸易委员会经办对外易货偿债总报告(1945 年底),国民政府财政部档案,中国第二历史档案馆编:《中华民国史档案资料汇编》第五辑第二编,财政经济(二),江苏古籍出版社 1991 年版,第 373 页。

④　财政部国库署抄送中美华锡借款节录公函,南京国民政府贸易委员会档案(三六七)②167,《民国外债档案史料》,第 280 页。

⑤　同上。

⑥　同上,第 281 页。

钨砂借款规定,中方在 5 年之内供给美国总值 3000 万美元的钨砂,来分期偿还 2500 万美元贷款。

金属借款规定,由美国进出口银行贷与中国中央银行美金 5000 万,中国以价值美金 6000 万之锡、锑、钨等金属售价抵还。

据资源委员会国外贸易事务所统计,1941—1945 年底,运美易货偿债的钨、锑、锡共 29,774.8605 公吨,价款共计 40,395,693.97 美元。其中用于偿付金属借款 1,323,517.25 美元,偿付滇锡借款 3,251,261.88 美元,偿付钨砂借款 7,379,269.24 美元,总计 11,954,048.37 美元。①

1939 年该所销售给美国用于易货偿债的纯锑(注:锑分生锑和纯锑)为 200 公吨,占总销售量的 3.91%;1941 年为 198 公吨,占 14.75%;1942 年 118.1994 公吨,占 62.34%;1945 年 1,567 公吨,占 100%。② 1940—1942 年 6 月,该所转运及实交对美偿债的滇锡 7,973.5682 公吨。③ 1941 年输美钨 4,360.5312 公吨,1942 年 5,196.9134 公吨,1943 年 6,630.5107 公吨,1944 年 626.4281 公吨。④

表 2—3　历年运美偿债矿品数量价款统计表⑤

年度	矿产品	数量	国币价款

---

① 国外贸易事务所内外销矿品数量、金额,资源委员会档案,24—10—18—4—6,中研院近史所档案馆。

② 资源委员会国外贸易事务所三十四年度业务报告,表(10):历年本所销售纯锑成交性质比较表,资源委员会档案,24—10—18—3—5,中研院近史所档案馆。

③ 对美偿债滇锡转运暨实交数量对照表,资源委员会档案,24—10—18—4—9,中研院近史所档案馆。

④ 资源委员会国外贸易事务所三十四年度业务报告,表(3):历年本所钨砂实交数量及其交易性质统计表,资源委员会档案,24—10—18—3—5,中研院近史所档案馆。

⑤ 易货偿债暨外贷偿还应用:历年运美偿债矿品数量价款及支配情形统计表,资源委员会档案,财会处 24—05—205—(1),中研院近史所档案馆。

年度	矿产品	数量	国币价款
1941 年度	钨	4,360.5312	78,452,276.97
	锑	297.0188	2,574,917.20
	锡	787.4256	22,103,830.67
	小计		103,131,024.84
1942 年度	钨	5,196.9134	123,015,945.88
	锑	17,5138	175,138.00
	锡	8,388.9613	215,094,549.04
	小计		338,285,632.92
1943 年度	钨	6,630.5107	379,645,483.94
	锡	1,902.1093	168,822,740.00
	小计		548,468,223.94
1944 年度	钨	626.4281	59,089,214.49
1945 年度	锑	1,567.4483	756,567,100.00
1947 年度	钨	1,200.0000	
	锑	1,700.0000	
	锡	700.0000	
	小计		
历年合计	钨	18,014.3834	640,202,921.28
	锑	3,581.9809	759,317,155.20
	锡	11,778.4962	406,021,119.71
	共计		1,805,541,196.19

(二)中国自美输入物品

中国利用易货偿债借款，从美国购买的主要是农产品及工业品。"在抗战初期，购料以供军事紧急需要为原则，所购物料，大部分为制成品，其中兵工器材居第一位，交通及工业器材次之"。1940 年以后，"购料原则改采抗战建国物料并重政策"，对美借款项下所购物料，"大部分为机器及原料，制成品则逐渐减少"。[①] 以数量价值而言，工业器材改居首位，兵工交通器材次之，同时考虑到国内实际需要，也从美国购进教育、印刷、广播等项器材及一部分粮食和日用必需物品。

中国政府通过世界贸易公司购买的物资，包括整队的战斗机、轻武器和军需品、完整的蒸汽涡轮发电机设备、工业机器和各种各样的工具、油槽船装载的石油产品、卡车和其他各种车辆、电话和无线电设备、医疗和试验设备、制服布、钞票纸，以及其他上千种在战争中军队和人民所需要的物品。

在租借法案能够一定程度上满足中国的军事需要以后，通过进出口银行贷款采购的物品，逐渐转向更多工业需要的物资。这种转变反映在下表中：[②]

表 2—4　1941 年 9 月 30 日为止环球贸易公司出货分类

	飞机	军需品	原料	其他
1940 年第 4 季度	$163,500	$762,500	$302,900	$1,209,100
1941 年第 1 季度	3,203,300	381,300	353,900	3,421,700
1941 年第 2 季度	6,114,100	312,200	762,200	2,531,900
1941 年第 3 季度	303,100	431,400	—	4,434,466

根据美方统计，中国利用桐油借款及余款，在美国采购的各种军需品及运输器材如下：汽车、摩托车及其有关设备 791.9213 万美元，石油产品 462.4 万美元，电话、收音机之类电器产品及有关

---

① 杨开道：《我国对外贸易之回顾与前瞻》，《贸易月刊》，1943 年 3 月号。

② To Roosevelt about Lend Lease aid to China, Oct. 9, 1941, Harry L. Hopkins Papers, Box 305, Sherwood Collection, Book 3: China (Pre - Pearl Harbor), Roosevelt Presidential Library.

材料 202.4608 万美元,钢、钢材之类金属品 428.3641 万美元,咔叽布、棉毯等纺织品 160.0993 万美元,医疗器械、药品 100.076 万美元,机械类产品 96.3115 万美元,运输费、保险费 258.367 万美元;总计 2500 万美元。[1] 中方的详细统计数据如下:[2]

表 2-5　美金借款 2500 万元之购货类别及货物价值表

货物分类	价值	共计
汽车用品		7,919,213
货车	5,792,959	
机器脚踏车	87,303	
修理厂用具	263,350	
车胎	1,385,920	
流动机器厂用具	264,097	
车身	125,584	
煤油产品		4,624,000
汽油、机油、柴油及火油		
电汽用具		2,024,608
电话机、电线及电料	1,241,597	
无线电传达机、收音机及无线电料		783,011
五金材料		4,283,641
钢条、钢管、钢板、模形钢、工具钢	1,597,581	
铜块、铜板、铜杆、铜条、铝杆、铝板	2,686,060	
棉织物		1,600,993
灰色棉布	425,905	

---

[1]　*Morgenthau Diary*（*China*）,Vol. I, p. 45.

[2]　陈光甫呈中国使美财政代表团报告书,1940 年 7 月 11 日,国民政府档案,0882.01/5080.03—02,国史馆。

货物分类	价值	共计
棉毯	1,175,088	
医药用品		1,000,760
化学品、药丸、药品及外科用具等		
普通机器		963,115
造路机器	781,374	
机械厂用品	181,741	
合计		22,416,330
加运费及保险费		2,583,670
共计		25,000,000

这些产品,被分配给交通部、复兴贸易公司、军政部下属的交通司、兵工署、军需署、军医署和第 200 师,以及西南运输公司和盐务署,详见下表:①

表 2—6 2500 万美元之用途分配与购货情形表
(1940 年 3 月 31 日世界贸易公司制)

机关	需购物品	指拨金额
交通部	汽车用件	
	造路机器	
	建筑材料	
	汽油及机油	4,839,752.74
复兴贸易公司	汽车用件	
	汽油及机油	1,609,701.62
军政部		

① 陈光甫呈中国使美财政代表团报告书,1940 年 7 月 11 日,国民政府档案,0882.01/5080.03—02,国史馆。

机关	需购物品	指拨金额
交通司	汽车用件	
	汽油及机油	5,699,912.71
	电话用件及材料	1,355,000.00
	无线电用件及材料	1,000,000.00
兵工署	五金材料	4,750,765.23
军需署	棉毯及棉衣	1,729,686.26
军医署	医药用品	1,150,000.00
第二百师	工具	3,723.04
西南运输公司	汽车上各项零件与用品机械	
	五金材料	1,661,098.40
盐务署	汽车	700,360.00
提供海防及仰光入内地之铁路运费		500,000.00

依照世界贸易公司与复兴商业公司所订的合同,中国运美桐油均归世界贸易公司代为出售,在所得价款中,除以半数偿还美国进出口银行的借款外,其余半数即作为中国在美国购货之用,详情可从陈光甫提供的桐油余款使用分配表中看到:[1]

表2—7　桐油余款购货及指定用款额度表

兵工署	美金
T. N. T 无烟火药	2,523,200
镍	32,310.35
平射炮弹	53,727.88

[1]　陈光甫呈中国使美财政代表团报告书,1940年7月11日,国民政府档案,0882.01/5080.03—02,国史馆。

兵工署	美金
炮火材料	1,000,000
(Criterion)贸易公司	
垫付款项	30,000
资源委员会	
斯德华(Stewart)汽车厂用件	201,750
永利化学工业公司	116,000
军需署	
绒毯与饮食器具箱等	312,000
重庆印刷所	
钞票纸等	125,000
共计	4,393,988.23

中国动用华锡借款 2000 万美元,从美国购进的物资主要有兵工器材、飞机马达机件、飞机机油、炼锡机器、化学机器、汽车轮胎、汽车材料、汽车配件、汽油、机油等,[①]具体分配如下:

表 2—8　美国第二次借款各机关购料分配表[②]

机关	器材种类	分配款额(美金)
兵工署	兵工器材	8,000,000
航空委员会	飞机马达机件	1,200,000
	飞机机油	662,000
	汽车轮胎	66,300
资源委员会(工矿调整处)	重工业器材	2,600,000

---

① 孟墨闻辑:《美蒋勾结史料》,新潮书店 1951 年版,第 19—20 页。
② 财政部呈美国第二次借款及本年度运美油锡余款购料分配情形,1940 年 8 月 6 日,国民政府档案,0882.01/5080.03—02,中美借款洽订(二),国史馆。

机关	器材种类	分配款额（美金）
资源委员会	滇厂炼锡机器	1,276,440
军事运输各机关	油料周转金	3,000,000
西南运输处	汽车配件	605,000
汽车配件总库	汽车配件周转金	500,000
军政部军医署	卫生材料	1,000,000
永利化学公司	硫酸铔厂机器	940,000
	总计	19,849,740
借款总额		20,000,000

　　钨砂借款购料总共 1020.125 万美元，分配如下：西南运输处购买汽车 1000 辆、价值 132 万美元；航空委员会购买汽油、飞机发动机 60 架，并支付空军义勇军教练官费用等，合计 284 万美元；资源委员会购买价值 280 万美元的汽车 300 辆及零件轮胎等；兵工署购买价值 40 万美元的兵工副料；军政部交通司购买价值 15.655 万美元的汽车材料；军政部购买手枪 45000 支及各项军用器材，总值 268.47 万美元。[①]

　　中国用金属借款购买的物品及分配如下：教育部购图书仪器 80 万美元，航空委员会购油料、配件、工具等 5,498,258.78 美元，军政部交通司购电信器材、柴油引擎 1,682,625 美元，交通部、粮食部、资源委员会购办柏油、板车材料、工业器材等 1,056.79 万美元，重庆印刷厂、永利公司、复兴公司购印刷器材、硫酸亚厂器材、运油车等 420.52 万美元，兵工署购兵工器材 250 万美元，经济部采矿局购采矿器材 34.3 万美元。[②]

---

　　①　孟墨闻辑：《美蒋勾结史料》，第 33—34 页。
　　②　美国金属借款（贷款部分）美金 2500 万元动支情形表，孟墨闻辑：《美蒋勾结史料》，第 68—69 页。

（三）在美购货程序和办法

中国在美所购物料，统一由设在纽约的世界贸易公司经办。国内各机关把需要在美国购买的物品列出清单交给世界贸易公司，由世界贸易公司在美国选择相应适合的厂商，将招标书寄给各厂商前来投标，然后由世界贸易公司审核比较，送交美国财政部采办处作最后决定，世界贸易公司据此办理定货手续。世界贸易公司为此制定了严格的购货程序和付款办法：①

1. 购货程序

（1）依本国政府所开定货单，详示货样、货价、及款项分配办法。

（2）世界贸易公司备好清单，将所购货类详细列举，另外将出售该项货品之大公司而信用卓著者亦列成一表。

（3）将购货之种类分别用招标通知书寄交选定之各公司前来投标，由各公司在规定投标日期前密封回答。

（4）投标日到期后由世界贸易公司召集由工程师与专家组成之委员会开标审核，将各标内容详细研究，并制成一表，以资比较。

（5）上项比较表内，包括技术上之分析、价目、打包，与交货等各项情形，并加列评语后，送交美国财政部之采办处请其指示介绍，作为最后决定。

（6）世界贸易公司根据此项最后决定办理定货手续。

（7）购货数量较巨者，另行草订合同办理。倘系特别重要之合同，须递交顾问审核后再行实施办理。

（8）货物在装船之前必须经审查手续者，大部由世界贸易公司派工程师迳赴工厂检查所定之货品，倘须经过化验手续者，则由世界贸易公司招约外界之化验所办理分析化验手续。

---

① 陈光甫呈中国使美财政代表团报告书，1940 年 7 月 11 日，国民政府档案，0882.01/5080.03－02，国史馆。

（9）招标办法虽规定货价均以现金给付，但遇货款在 5 万元以上者，世界贸易公司在订货前皆先向进出口银行磋商，希由售主能给予若干放账。

2. 付款办法

世界贸易公司向进出口银行支用现款，拨付货款，其办法如次：

（1）购货积至相当数量时即开具期票。

（2）将期票送请中国银行签字保证。

（3）前项已经保证之期票连同款项申请书、定货单、合同及其他必要之单据等一并送交进出口银行，证明此项购货确为遵照合同办理者，凡货价为数较大，在向厂家第一次购货之前，必须由该厂出一证明书交与世界贸易公司，言明绝无佣金酬金或其他类同费用之给付。

（四）中美易货贸易的特点

战时中美贸易由于发生在共同对日作战这一战略之下，两国贸易与以往相比，具有比较特殊的利益。

1. 贸易的互利性

中国输往美国的商品，主要有桐油、生丝、皮货、猪鬃、蛋及其产品、茶叶、油饼、核桃、花生、草帽鞭、花生油、豆油、钨砂、锡及锑等。这些中国的农产品和矿产品，是美国所需要而自己生产不足的商品。特别是太平洋战争爆发后，日本、中国沦陷区、南洋、中南半岛及荷印等属于西南太平洋区的各国或地区之间，贸易已经中断，美国所需要的生丝、茶叶、桐油、猪鬃、皮革、橡皮、锡、钨、锑等资源供给发生问题，中国向美国出口这些产品，一方面可在一定程度上满足美国需要，另一方面也扩大了中国货物在美国的市场，对双方均有益处。

而美国输入中国的商品有棉花、石油及其产品、烟叶、小麦、钢铁、机器、铜、建筑材料、木材及纸类等，这些商品除棉花及小麦外，都是中国生产很少的商品。其中，机器、钢铁、石油等更是中国所迫切需要的重要战略物资，同样既支援中国抗战，也有助于美国出口获利。正是这种贸易的互利性，促使中美贸易在战时顺利进行。[①]

陈光甫当年即曾指出，在美购货对中美两国均属有益，中国所购者，"皆为吾国自身不能生产而极合需要之器材，既用以发展我国之运输与交通，兼以建设我国重工业，而于战时工业尤为注重，故借款成立以后，对于我国两项较要之问题，得以协助解决，一则增加争取自由独立之力量，一则促进我国生产力之发展，与过去借款每有徒然浪费宝贵之资财，购取不急需物品之情形两相比较，则今日借款购货之效用，事属显然，无烦赘言。此购货之有利于我国者。至对美国而言，则本借款成立后，美国由是而输出数千万元之商品，且世界公司向各厂订购，范围遍及其全国，并无偏重地域之观念……虽所购货额，就在美国全国对外贸易中，所占数量，似为数极微，但就各厂之情形而言，因世界公司绝无售货之风险，亦实为不可多得之最良主顾也"。[②]

2. 军事利益的至上性

抗战时期的中美易货贸易与和平时期的贸易有所不同，以"军事第一、胜利第一"、"交换物资"为原则，轻于计较货品成本及利益得失，商业利益服从于军事目标。

1940 年 1 月，在日本威胁下，法属越南当局宣布禁止中国钨、锑经海防、西贡等地出口，并扣押原存此处矿品。中国方面与法国驻越总督商洽未果，面对日本对东南亚的疯狂进攻，这些矿品随时都有丢失的可能。按照中美借款条约规定，中国出口矿品只有在到达美国口岸时才归美方所有，但面对日军的军事侵略，美国并没

[①]　章友江:《最近中美贸易之分析》,《贸易月刊》,1941 年 7 月,第 9—16 页。

[②]　陈光甫呈中国使美财代表团报告书,1940 年 7 月 11 日,国民政府档案,0882.01/5080.03—02,国史馆。

有拘泥于条约，而是从大局出发，积极谋求解决之法。美国国务卿亲电法国，并立即派出四艘轮船，到海防等地运装矿品，法越当局无法阻拦，全部矿品均得以安全运美，共运出钨砂 4,632 公吨，纯锑 4,289 公吨，生锑 1,011 公吨，锡 495 公吨。[①]

如前所述，战时中国对美输出物资路线，大体经过 3 次变动。由于出口路线不断迁延，运输成本亦不断增加。以桐油为例，在抗战后第一个时期，"每公担川油运抵香港，只需运缴五十六元一角二分"，"第二个时期，则增至一百六十四元零六分"，增加了三倍。第三个时期的下半期，即 1941 年年底，"则增至八百六十九元四角一分，比第一时期增加了十五倍以上"，[②]比第二期增加 4 倍以上，比第三期前半期亦增加 1 倍半以上，但桐油价格并未因此而明显增长。虽然运输成本增加，复兴公司仍大量输出桐油以供美国之需要，并保持市价之平稳，不使其升降过巨。

为保障桐油在美国市场的供应和价格的平稳，世界贸易公司还制定了售油办法与价目，原则以维持市面稳定为主，具体办法是：(1)应依照正常之商业途径出售；(2)保持相当存货，俾市场上需要现货，可以随时供给；(3)在市价坚稳时出售，将市价变动缩小至最小限度。桐油价格定为：每磅最低市价为美金 1 角 5 分，最高为美金 2 角 5 分 2 厘半。1939 年 7—9 月，每磅市价稳定在 2 角左右，9—11 月在 2 角 3 分左右，11 月至 1940 年 7 月，在 2 角 5 分左右。此项售货办法，自 1939 年推行以来，产生了良好效果，得到美国油漆商与油漆业公会的称许。

这样的定价办法曾遭到非议，有人认为市面动荡不定之时，此种定价办法，不能从中得利，如提高售价，可获得额外收益。但陈

---

① 郑有揆：《旧中国的资源委员会——史实与评价》，上海社会科学院出版社 1991 年版，第 300 页。

② 沈光沛：《各省外销特产贸易问题之综合的观察》，《贸易月刊》，1942 年 1 月，第 7 页。

光甫等仔细权衡利害，主张"决不能以短期内之利益，而使将后长久蒙受严重之打击，盖市价过高，即易有代替物之出现而使销额减退。我国植桐为农家副产，本其天然之环境，故产品佳而价值廉，为世界任何各处所不及，倘能观察较远，为保持我国之特殊利源起见，自应尽力维持市价于稳定之途。年来本此办理，不仅获得美国最大工业中之油漆业发生无上好感，且于我国将后在美国桐油市场自行发展交易，亦于今日树其基础"。①

战时易货贸易的特殊性，决定了双方都以共同军事利益为行为考量，而不是去纠缠于商业利益的得失。"如以平时贸易之价值作为买卖，则势有所不能，中美贸易势将停顿"，"总之此战事时期不是做买卖弄钱时期，只要于军事有益一切不计成本"。②

3. 贸易的协商性

战时中美易货贸易基于中美易货借款协定，是两国协商的结果，中国易货偿债物品的结售价格依据当时的国际惯例，基本是合理的。商谈桐油借款时，桐油的价格是固定的，"适值武汉失守，亟图成立借款，振奋人心，故向迁就"。嗣后桐油涨价，中方即与美国财政部及进出口银行商洽修改条款，得到美方默许，放弃限价，允许照市价办理。③ 讨论华锡借款时，中国提出"中央收买滇锡，系按交货日国际市价计算，盼对美交货亦用此原则，勿援桐油例规定固定价格"，④得到美国的同意。此后几次易货借款，中国输美产品的价格都是按照当时国际市场的平均市价计算的。

当然，随着美国政府对各种矿品进行专营，规定各种矿品最高限价，中国交美偿债矿品的价格一直受到美国政府的限价。尽管

① 陈光甫呈中国使美财政代表团报告书，1940 年 7 月 11 日，国民政府档案，0882.01/5080.03—02，国史馆。

② 徐敦璋：《太平洋战争与我国对美贸易》，《贸易月刊》，1942 年 2 月，第 14 页。

③ 陈光甫致孔祥熙，1939 年 10 月 12 日，《战时外交》第 1 卷，第 258 页。

④ 孔祥熙致陈光甫，1939 年 10 月 1 日，《战时外交》第 1 卷，第 256—257 页。

如此,若考虑到当时的中日战况,日军占领了中国所有沿海城市,国统区对外交通几乎完全断绝,资源极其短缺,中国抗战十分艰难,美国能够收购中国矿品,以售价偿付借款,使中国政府得以在美购买所需抗战物资,对中国抗战和美国利益都是有益的。因此,限价之下的中美易货贸易仍不乏其公平性。

战时中美易货贸易的协商性还体现在与战前中美贸易的比较上。战前的中美贸易,美国一直处于主导地位,有着绝对的支配权,随时可以影响中国市场,相反,中国却无力影响美国市场。由于双方经济实力悬殊,"美国的棉布、煤油、卷烟要打开中国市场时,它顺利地做到了。但是,中国的茶叶、生丝要想保住美国市场却几乎不可能"。[①] 同时,美国随时可以通过某种行政行为,影响中美贸易。如,1934 年的"白银法案"规定,美国政府的白银储备必须相当于货币发行额的 25％,在未达到这一指标前,将大量收购白银。这一法案一经通过,就在国际金融市场上掀起轩然大波,世界市场银价大增。作为世界上唯一实行银本位的大国,银价的上涨使得中国白银大量外流,导致国内银根奇紧,物价暴涨,近代产业受到冲击;同时,银价上涨阻抑了中国产品的出口,中国对外贸易受到影响。美国"白银法案"满足了美国产银州资本集团的利益,中国却成为了最大受害者。

战时中美贸易比之战前中美贸易,中国有了更多的话语权,在贸易过程中,双方更多的是相互协商。如,1941 年,美国在玻利维亚与日本争购钨砂时,每吨给价 21 美元。同年 8 月,美国与玻利维亚签订新约,价格由每短吨单位美金 21 元改为 22.6 元。中国也按照美玻新约,与美国洽商将价格提高至 22.6 元。[②] 锑品因量重价

---

① 张仲礼、李荣昌:《中美贸易与旧中国经济的近代化》,章开沅、朱英主编:《对外经济关系与中国近代化》,华中师范大学出版社 1990 年版,第 367 页。

② 郑友揆:《旧中国的资源委员会——史实与评价》,第 296—297 页。

低,运输不便,且美国国内锑品增产,中国如按约输送华锑偿债,势
必亏损。于是,资委会征得美国同意,不断减少锑的出口,1942—
1944年间几乎下降至零。这些经过协商后修改的商约,都保证了
中国的利益。

　　总之,中美易货贸易是共同对日作战背景下的一种交易,双方
各尽所能,各取所需。在世界反法西斯统一战线的大背景下,共同
的利益关系,使得中美两国在交易时大体能够互相谅解,协商一
致。

四、中美易货贸易的影响

　　战时中美贸易,以易货为特征,双方各取所需,在保证各自军
事利益和经济利益的同时,实现了世界反法西斯力量的增强,促进
了世界反法西斯斗争的胜利。

(一)中美贸易在中国对外贸易中的地位

　　中日战争改变了国别贸易的比重和地位,中美贸易曾一度受
战争影响,数量和地位都有所下降,但是,由于中美易货贸易的进
行,使战时中美贸易很快得到恢复,甚至在有些方面超过了战前,
也超过了中日贸易。中美易货偿债贸易,增进了中美贸易,也促进
了中美商业的发展。

表 2—9　太平洋战争爆发前美国从中国进口和对华出口贸易额[1]

（单位：百万美元）

年份	美国从中国进口数额	美国对华出口数额
1936	74.2	46.8
1937	103.6	49.7
1938	47.1	34.7
1939	61.8	55.6
1940	93.0	77.9
1941	87.4	93.2

　　中国对外贸易的主要国家（地区），有美、日、英、中国香港、德、荷印等。战前，美国已成为中国对外贸易的首要国家。根据海关记录，中日战争前的五年里，中国 68％ 的桐油、45％ 的猪鬃、82％ 的羊毛、16％ 的生丝、6％ 的茶叶、15％ 的钨、50％ 的锑和 85％ 的兽皮都是出口到美国的。[2] 1937 年前 7 月，中国自美国进口的货物超过 13860 万元，较日货输入多 200 万元。战事初起时，美货输入由 7 月的 2000 万元，降至 9 月的 740 万元，10 月益减至 690 万元，12 月才回升至 1330 万元。这 5 个月美货输入总额计 5000 万元，占是时进口贸易 22％，由于对日贸易猛减，使美国仍能居于进口之首位。

　　1938 年 5 月以后，日货输入激增，美货输入遂居其后。在广州陷落后，美货输入更为锐减，几乎仅有日货的一半。是年美货输入

---

　　[1]　"Lend—Lease Shipments to China"，China Trade News by China—American Council of Commerce and Industry，American War Production Mission in China，Box 4，F. D. Roosevelt Library.

　　[2]　"China's Wartime Promotion of Foreign Trade"，by Chi—ling Tung，China Trade News by China—American Council of Commerce and Industry，American War Production Mission in China，Box 4，F. D. Roosevelt Library.

仅 15130 万元,尚不足中国进口总额之 17%,因而美国在中国进口贸易上降居第 2 位。1939 年美货输入 21400 万元,占进口总额之 16%,比日本少 9900 万元。

出口方面,在战前几年美国亦恒居首位。1937 年前 7 月总数为 18110 万元,占中国出口总额 31.7%。战事起后,1937 年后 5 个月中国对美输出计 5030 万元,所占比率亦减退至 18.9%,低于战前甚大,但较该时之对日输出,几大 4 倍。

1938 年中国对美输出仅 8680 万元,较对日输出少 3000 万元,较对香港输出少 15000 万元,仅占出口总额 11%,降为第 3 位。

由于中美易货偿债协定的陆续签订和易货贸易的逐次展开,1939 年以后中国对美输出激增,当年已增至 22580 万元,与 1937 年之数相接近,比起 1936 年则已有 4000 万元之增加。是年对美输出,占出口总额之 21.9%,已恢复战前状态,而复居首位。

1940 年中国对美输出继续增加,达 56560 万元,占出口总额之 28.6%,较对中国香港地区输出超过将近 20000 万元,战时对美易货贸易之重要,可以概见。

1941 年 1 月至 10 月中国对美输出,数额虽较前年尚有微增,然实际上已下降颇多,为 56600 万元,占出口总额 21.9%,比率较前年减少 6.7%。该时期数额,较对香港者少 5300 万元,因而退至第 2 位。[1]

表 2—10　战争初期进口贸易国别(地区)位次表[2]

位次	1937 年(%)	1938 年(%)	1939 年(%)	1940 年(%)	1941 年 1 月至 10 月(%)

---

[1]　《中国贸易年鉴》1948 年版,第 30—47 页,转引自《抗日战争》第 5 卷经济,第 724—725 页。

[2]　同上,第 726 页。

位次	1937 年(%)	1938 年(%)	1939 年(%)	1940 年(%)	1941 年 1 月至 10 月(%)
第一位	美国 19.6	日本 23.5	日本 23.3	日本 22.8	美国 19.5
第二位	日本 15.7	美国 16.9	美国 15.9	美国 21.3	日本 17.5
第三位	德国 15.3	德国 12.6	印度 8.9	印度 8.6	香港 15.5
第四位	英国 11.7	英国 7.9	英国 5.8	香港 7.2	印度 7.5
第五位	荷印 8.4	荷印 5 1	澳国 5.1	安南 6.8	安南 6.7
第六位	安南 3.1	澳国 3.1	荷印 4.4	荷印 5.3	荷印 5.9
第七位	比国 3 0	安南 3.1	香港 2.6	澳国 4.2	澳国 4.8
第八位	香港 2.0	泰国 2.8		英国 4.0	缅甸 4.7
第九位	加拿大 1.8	香港 2.7	安南 2.1	德国 2.7	泰国 2.6
第十位	澳国 1.7	法国 2.1	比国 1.6	泰国 2.3	德国 2.1

表 2—11 战争初期出口贸易国别(地区)位次表①

位 次	1937 年(%)	1938 年(%)	1939 年(%)	1940 年(%)	1941 年 1 月至 10 月(%)
第一位	美国 27.6	香港 31.9	美国 21.9	美国 28.6	香港 24.0
第二位	香港 19.4	日本 15.3	香港 21.6	香港 18.6	美国 21.9
第三位	日本 10.1	美国 11.4	英国 8.8	英国 10.0	日本 8.3
第四位	英国 9.6	英国 7.4	安南 6.9	日本 6.4	荷印 5.6
第五位	德国 8.6	德国 7.4	日本 6.5	印度 4.6	印度 4.0
第六位	法国 3.9	法国 2.7	德国 4.4	新加坡 3.3	安南 3.6
第七位	新加坡 2.3	印度 2.6	新加坡 3.3	荷印 2.5	新加坡 3.5
第八位	安南 1.5	新加坡 2.3	法国 3.2	安南 2.3	英国 3.5
第九位	印度 1.4	安南 2.1	印度 2.9	泰国 2.2	泰国 2.7
第十位	朝鲜 0.9	朝鲜 0.9	荷印 1.7		

太平洋战争爆发后,交通断绝,除有关易货借款的物资和租借

---

① 《抗日战争》第 5 卷经济,第 726 页。

物资输出输入之外,其他贸易已微不足道,且又缺乏详细数字,因此从略。

不过要指出的是,虽然中美贸易在中国对外贸易中的比重较大,且逐年增加,但是,美国对华出口在美国对外贸易中的比重却一直微不足道。据美国商业部统计,1938—1940 年间,美国对华出口为 1.68289 亿美元,对日出口为 6.9905 亿美元。这一点表明在日本和中国交战的 3 年中,美国对日本的供应大约为对华供应的 4 倍。1940 年,美国对华出口总计 0.77956 亿美元,对大不列颠[仅限联合王国]出口为 10.096 亿美元。这一点表明在中日战争及英德战争的 1 年中,美国对大不列颠(联合王国)供应的货物,几乎为对中国供应的 13 倍。1941 年 1—3 月份,美国对华出口总计 0.19988 亿美元,对大不列颠(联合王国)出口 2.89393 亿美元。这一点表明在这 3 个月中,美国对大不列颠的供应,14 倍于对华供应的货物。[①]

(二)对中国的影响

1. 保证了借款的达成,维持了中国的债务信用

中国抗战急需外援,尤其需要美国等国家提供借款,但美国碍于中立法限制,害怕卷入战争,不想得罪日本,力图置身于中日战争之外,不愿援手,致使国民政府的求援外交,进行得极为艰难。幸而中国所产桐油、锡、钨、锑、锰等,"均为军用必需,美所不产",中国以尽量运输这些特矿产品满足美国需要为交换,"易售现款,购办军火",争取到美国四次借款,否则"空口讨论,难以取信,劳而无益也"。[②]

---

① Memorandum by the Adviser on Political Relations (Hornbeck), June 12, 1941, *FRUS*, 1941, Vol. V, GPO, 1956, pp. 660—661.

② 陈光甫致孔祥熙,1939 年 4 月 3 日,《战时外交》第 1 卷,第 250 页。

　　美国向中国提供的四次信用借款，均以中国向美国运输战略物资作抵押，如钨、锡和燃料油等。这些易货抵押品能否保质保量地顺利运送到美国，关系到中国在国际上的债信，关系到中国能否以良好的债务信用，继续谋求新的贷款，并且全额使用已有贷款购买中国所需抗战物资。中国政府非常注意这一点，一直严守合约，向美国运送易货品，及时偿还借款。按照桐油借款和约规定，中国应于1939年1月至1943年12月间，运美桐油22万吨，但到1942年3月31日，中国运美销售桐油的价款就已全部偿清借款，本息共计23,466,573.78美元。[①] 另据统计，1941—1945年底，运美易货偿债的钨、锑、锡共29,774.8605公吨，价款共计40,395,693.97美元。其中用于偿付金属借款1,323,517.25美元，偿付滇锡借款3,251,261.88美元，偿付钨砂借款7,379,269.24美元，总计11,954,048.37美元。[②]

　　中美易货贸易的顺利进行，保证了中国的债信，得到了美方的肯定。美国进出口银行的琼斯（Jesse Jones）就曾高度评价道："尽管受到战争的破坏，这些物资的输入一直保持稳定。因此，所有这些借款都很有信用，无论是利息还是偿付，中国的信用一直是高的。"[③]

2. 换回了中国需要的物资，支持了中国的抗战

　　通过中美间的易货贸易，中国向美国输出农矿产品，换回了军火、机器、原料等抗战急需物品，提高了军队战斗力，支持了中国的

---

　　①　中国第二历史档案馆编：《中华民国史档案资料汇编》第五辑第二编，财政经济（二），第373页。

　　②　国外贸易事务所内外销矿品数量、金额，资源委员会档案，24—10—18—4—6，中研院近史所档案馆。

　　③　To Roosevelt about Lend Lease aid to China, Oct. 9, 1941, Harry L. Hopkins Papers, Box 305, Sherwood Collection, Book 3: China (Pre - Pearl Harbor), Roosevelt Presidential Library.

抗战事业。

美国通过进出口银行先后四次拨给中国易货偿债借款,总数达1亿2千万美元。中国用这些钱从美国购买的物资,包括纺织品、粮食、工业设备、军需品、兵工器材、通讯器材、飞机、枪支、汽车、医疗器械、药品、石油产品等。上述1亿多美元的工农业产品和军事物资,对中国抗战和战时经济的支持是不言而喻的。正如冯玉祥所说,"我们三年来抗战军队所用的一切军火、机械、原料、除本国所能制造的一部分外,大部分系由欧美友邦协助供给"。贸易委员会自七七事变开始,"三年来输出的茶叶、桐油、猪鬃、羊毛等等,都变成了飞机、大炮、炸弹",[①]这对于改善中国军队落后的武器装备,提高军队的战斗力起了很大作用。

此外,中美易货贸易,为中国换取外汇,偿付外债,维持国际收支平衡,对于抗战基金特别是外汇紧缺的中国,无疑具有重要意义。

3. 促进了中国部分农矿产品的生产,但也增加了中国矿业的负担

随着美、英、苏等国与中国达成的经济援助协定的增多,对中国易货品的需求量也增多。中国外销物产的产量与品质,遂有增加改进的必要。后方年产桐油仅约200万市担,羊毛仅约30余万市担,外销高级生丝不及1万市担,茶叶虽可年产70万—80万箱,但品类不齐,品质不佳。[②]为促进外销物资生产,提高易货物品产量与质量,满足海外市场需求,加强国际商业竞争力,以应抗战建国需要,1939年,财政部贸易委员会专门设立外销物资增产推销委员会,制定外销物资增产改进计划,责成该委员会与中央试验研究

---

① 冯玉祥:《以货易货就是充实抗战的一个好方法》(廿九年十二月二日本会纪念周军事委员会冯副委员长训词),《贸易月刊》,1941年1月号,第4页。

② 外销物资增产五年计划,财政部贸易委员会,1941年5月,经济部档案,18—226—49—(2),中研院近史所档案馆。

所、各省农业机关，以及农林专家和贸易专家共同努力，计划在 5 年之内，在西南 5 省增产桐油 110 万市担，在西北各地增产羊毛 50 万市担，在四川增产高级生丝 4 万市担，在东南 5 省增产高级外销茶叶 58 万箱。政府每年拨给增产经费 500 万—600 万元，计划完成后，上项增产物品的价值，可为国家年增财富 4 亿元以上。[①]

外销物资增产推销委员会于 1939—1941 年间，相继成立生丝、桐油、茶叶研究所和西北羊毛改进局，这些机构下设生物部，主要进行选种、品种改良或动物繁殖；化学部，研究物种的基本特性；机械部，建造或改进机械设备以提高生产效率；市场部，负责产品评级、包装、运输、降低成本、促进销售。[②]

计划实施一年后，川、湘、桂、鄂、黔 5 省共增植新桐林659,840,87 亩、930,272,664 株，整理旧有桐林 155,108,46 亩，并加强了桐林管理、油桐选种、油桐病虫害防治、桐油榨制储运等技术指导。羊毛生产方面，在甘肃岷县、四川松潘等地设立了羊毛改良总场，在其他 6 处设立推广站，并组织巡回队，指导牧民改良羊群管理、剪毛、牧草、疫病防治等工作，选购国内外优良种羊以供繁育推广。蚕丝方面，四川各蚕区全年桑苗圃面积共计 2 千余亩，培育桑苗 4800 余万株，配发桑苗 147.5 万余株，蚕种 75 万余张，全年共得鲜蚕 600 万公斤。茶叶方面，注重品质改良，在各茶区举行了茶树品种及茶树栽培、茶树病虫害防治，以及茶叶制造包装等改良工作。[③]

中美易货贸易，美方对中国矿产的质量有着很高的要求。按

[①]　外销物资增产五年计划，财政部贸易委员会，1941 年 5 月，经济部档案，18－226－49－(2)，中研院近史所档案馆。

[②]　"China's Wartime Promotion of Foreign Trade", by Chin－ling Tong, China Trade News by China－American Council of Commerce and Industry, American War Production Mission in China , Box 4, F. D. Roosevelt Library.

[③]　增产工作节略，财政部贸易委员会外销物资增产委员会，1941 年 11 月 26 日，经济部档案，18－226－49－(2)，中研院近史所档案馆。

国际市场惯例,钨砂含钨量必须达到 6.5%,含锡不得超过 1.5%,含砒不得超过 0.2%,不合标准的,要减扣价格,甚至拒收。中美借款协定中对各种矿品的规格均作了明确规定,钨砂借款规定了铜、磷、锑、铋等金属的最高含量,华锡借款中规定以含锡 99.8% 为标准。为了维持债信,达到规定标准,资源委员会进行了多方努力,从美国购得磁选机,利用磁选机挑选钨砂中共生的锡石、铋石;不断改进钨、锑、锡的生产工艺,采用新的生产方式,提高生产效率。这样,中国在提高易货品质量,满足美方要求的同时,也实现了自身生产技术的进步。为满足易货贸易需求,国民政府采取奖助等措施逐年增加易货品的生产,促进国内工矿业的发展。同时,为了运输易货物资,利用借款,中国努力改善国内交通网,也为经济的发展打下一定基础。

但是,易货矿品的生产成本不断增加,收购价格却由美国控制,不能随之提高,也曾给中国矿业生产带来深重负担。例如,由于"矿工生活必需之食用物品,与钢硝运什等费无一不突飞猛涨",湖南生产的钨,实际平均成本已达 28400 元,与当时"公布之收价 19000 元相衡,相差甚巨"。湘钨之所以仍能勉强维持生产,是因为"矿商中有购储相当物料与食粮,可以不计盈亏,勉支时日。矿工方面,或不愿轻弃根据地,或藉此可以缓役,宁亏而不忍散去。此皆为最后之挣扎,而未可长恃者"。[①] 中国曾向美方提出增加作价,但成效不大。生产成本高涨,最终导致生产衰退。

4. 加强了国民政府的外贸统制政策,促进了外贸机构的调整

战前,钨、锡、锑等特种矿产品,已由资源委员会实行统制。抗战初期,国民政府又明令禁止金、银及其制品、钢铁、各种金属及其制品、粮食、棉花等重要物品出口。同年 6 月实行茶叶统购统销,

---

① 国外贸易事务所湘钨生产成本,1943 年 6 月,国外贸易事务所矿品销售,资源委员会档案,24—10—18—4—1,中研院近史所档案馆。

由贸易委员会独家经营。对苏、美易货偿债借款成立后,桐油、猪鬃、生丝、羊毛等产品,也逐步成为政府统制产品。易货贸易的逐步扩大,使国民政府越来越强化实行外贸统制政策,并将统制范围逐步扩大。这种外贸统制,一方面保证了中国对苏、美等国易货贸易的顺利进行,但另一方面也使得中国的对外贸易几乎完全被政府国营贸易部门所垄断,主要贸易品的生产、收购、出口等,都被政府掌控,挤压了民间贸易和民营企业。

进口贸易也逐渐由政府机构控制。"因与苏联订立信用贷款合同,举办易货,又接受英美两国的信用贷款,均须以出口货物抵偿,于是国际贸易政策逐渐趋向于国营的途径。尤其因为交通上的困难,私人经营日益艰于发展,乃更加速促成了国营的办法。若干种主要出口物资如猪鬃、桐油、生丝、茶叶等的统购统销,自是必然的结果。"[1]国民政府调整了贸易机关,"所有关于出口贸易之调整,特种农产之统销,以及管理出口外汇,对美对俄易货等事",均归贸易委员会主持办理。由于国内各贸易机关在各省购运土产,"步调未能一致,权责亦难分清,致多纠纷",自1940年1月起,全国桐油之收购运销,改归复兴商业公司统一办理,为专营对美易货桐油之国营贸易公司;2月起,茶叶之产制运销,归中国茶叶公司统一办理,并将该公司改为纯粹国营贸易机关;富华贸易公司则为基本国营贸易公司,除专营已被统制之猪鬃外,并得经营其他进出口货品;[2]世界贸易公司成立后,在美购料事宜都由世界贸易公司经营。贸易委员会所属的上述几个公司,以及其海外代理机构,共同经营中国对外易货贸易业务。美国对华租借法案成立后,有中国国防物资供应公司(China Defense Supplies,Inc.)办理租借法案范围内

---

① 杨树人:《十年来之国际贸易》,见谭熙鸿编《十年来之中国经济》,《抗日战争》第五卷经济,第711页。

② 孔祥熙折呈调整贸易机关及改进计划暨改善全国对外贸易机构,1940年5月,国防最高委员会档案,国防003 559,党史馆。

购料事宜。这样,通过贸易委员会和资源委员会,以及它们下属的国营公司,再加上租借法案下的物资采运,国民政府基本上垄断了对外贸易,"一时可谓政府直接营运对外贸易之最高峰"。

战时中国为保障与美、苏等国进行易货偿债贸易,可以说是中国实行并强化对外贸易统制和特种矿产统制政策的原因之一,也是强化对外贸易机构贸易委员会和资源委员会的原因之一。

对于中国战时对外贸易统制,应从两方面来看。一方面,国民政府调整、管理战时外贸,乃至逐渐使之国有化,有特定的历史原因。抗战开始以后,沿海城市陷于敌手,港口被封锁,运输不易,外商不愿冒风险,大都停止与中国的贸易。国内商人,或因组织不完善,或因资金短缺,也不能经营进出口。在这种情况下,政府有必要出面组织、调整、管理对外贸易,并充分利用国营、商营机关,办理生产、收购、转运、销售业务。战时对外贸易,必须有政府的充分协助,解决生产与收购、资金与运输等问题,接洽联络外国政府和外商,才能使对外贸易不因战争而停滞,换得战时所需物资和外汇。尤其是易货偿债贸易的进行,使原已陷入滞销状态的桐油、茶叶、猪鬃、生丝等外销物资,转趋畅旺。外贸统制也有利于中国政府加强对外贸易主权。中国以往对外贸易,因本国公私资力,均很薄弱,而且受不平等条约束缚,无法采取主动,更无从实施管理,致使国家贸易主权,落于外商之手,生产购运销售,无不受其无形支配。抗战以来,国民政府为充实抗战力量,保证对外易货贸易,实行统购统销政策,设立贸易国营机构,制定相关法令,初步将贸易主权收回国有。对外贸易统制,在对美、对苏、对英等国易货、购料、偿债等方面,以及完成其他外销任务方面,均曾起过重要作用,既可换回外汇,又可换回急需物资。

另一方面,外销物资统制也有加强国民政府垄断,压榨、排挤民营矿业之弊。经济部颁布了《矿产品运输出口管理规则》,规定各矿商必须按规定价格将矿产品出售给资源委员会,在出口时须凭资源委员会准运单报关。中美易货借款协定规定了各种矿产品的最高限价，但中国在物价飞涨情况下，矿产品的生产和运输成本都急剧增加，资源委员会只得拼命压低矿产品的收购价格，甚至远远低于成本，造成各矿场严重亏损。例如，1941年7月，湖南纯锑收购价格每吨1500元，生产成本每吨1969元，每吨亏损469元；1942年1月，江西钨砂每吨收购价格2900元，生产成本每吨3656元，每吨亏损756元；1944年3月，云南个旧纯锡每吨收购价格11万元，生产成本每吨50万元，每吨亏损39万元。[①]这种情况，是造成国统区民营矿业生产在抗战后期逐渐衰落的原因之一。

财政部贸易委员会所属的复兴、富华、中茶三大国营公司，垄断了桐油、猪鬃、茶叶、生丝、羊毛等农产品的收购和出口，也同样压低收购价格。1942年，浙江每担毛茶收购价格只相当于成本的66％左右；1944年，猪鬃每箱的官价只相当于实际成本的38％左右。因此，丝、茶、桐油产区的农民普遍砍伐茶、桐、桑树，不愿生产，致使蚕丝产量减至年产2000余担，不到实行外销物资统制前的1/10；猪鬃产量减至年产2万余担，仅为统制前的1/4左右。[②]

（三）对美国的影响

中美易货借款的成立以及易货贸易的进行，使美国工商业界能以低于世界市场平均市价的价格，获得桐油和钨、锡、锑等重要物资的充分供应，同时也使美国商品在中国市场打开销路，增进美国对外贸易，裨益其国内经济。

1. 从中国获取了美国缺乏的战略资源，满足了美国的军需生产，促进了美国经济的复苏

通过易货借款合约和资源委员会，美国获得了桐油、钨、锡、锑

---

①　史金生：《中华民国经济史》，江苏人民出版社1989年版，第461页。

②　林坚：《远渡重洋：中美贸易二百年（1784—1999）》，第144页。

等重要的战略物资,大大满足了备战和军用生产的需要。美国在分析中国对抵抗日本之战的贡献时,即承认这一点:中国可以大量生产联合国家所需要的重要战略物资——锑、钨、锡、生丝、猪鬃和桐油。[①] 据海关统计,1939—1941 年,国统区出口桐油价值为1100.8 万美元,茶叶 793.8 万美元,猪鬃 174.2 万美元,生丝 212万美元,羊毛 489.8 万美元,大部分都是输往美国。另据资源委员会统计,1942—1945 年中国矿产品出口总值为 6006.7 万美元,其中运销美国的为 3081.4 万美元,占 51.3%。[②]

通过战时中美贸易,中国从美国购买了大量农工产品,促进了美国经济的复苏。自 1929 年美国发生经济危机以来,在罗斯福"新政"推动下,美国经济渐有起色。但 1937 年 9 月至 1938 年 8 月期间,美国经济出现了衰退迹象。1939 年美国失业人数高达 948万,占劳动力的 17.2%;1940 年失业 812 万人,占劳动力的14.6%。[③] 美国经济专家们曾说,1 块美元只要能起作用,就可以使经济复苏。通过中美易货贸易,中国从美国购买了大量的商品,从而为美国经济注入了活力。中美华锡借款即称"该合同之实施,将使美国消费者对于锡品的供应获得专一可靠之来源,同时可使美国在华销路维持发展,增进美国对外贸易,并裨益其国内经济"。[④]

2. 美国垄断了中国的金属市场

通过战时中美易货贸易,美国垄断了中国钨、锑、锡等矿产品的产销,一定程度上削弱了中国的特矿生产和贸易主权。国民政

① Memorandum by the Chief of the Division of Far Eastern Affairs (Hamilton), June 17, 1942, FRUS, 1942, China, p. 78.

② 林坚:《远渡重洋:中美贸易二百年(1784—1999)》,第 136、143 页。

③ The Statistical History of The United States, from colonize times to the present, New York: Basic Books, 1976, p. 135, 转引自刘达永:《从〈摩根索日记〉看〈华锡借款合约〉》,《四川师范大学学报(哲社版)》1994 年第 2 期,第 96 页。

④ 王铁崖:《中外旧约章汇编》第 3 辑,第 1156 页。

府不能根据国际市场的需求变化,完全按照自己的意愿减少或增加出口,而在价格上也受制于美国。

华锡、钨砂、金属借款,全需以钨、锑、锡等矿产资源偿还。这3次贷款合同的签订,使得美国在国统区金属和矿产品出口总值中所占的比重迅速上升。1939年,在国统区出口的金属和矿产品总值523.2万美元中,美国仅占0.4%;而到1940年,在580.8万美元的总值中,美国所占比重上升到66%;在1941年的2282.1万美元中,美国仍占57%。[1] 通过战时易货贸易建立起来的优势,美国在战后全面占领了中国市场。1946年中国出口贸易中,输美物资在出口总值中的比重高达38.7%,因为该年有大量战时积压的桐油、猪鬃、生丝和战略矿产品向美国出口。[2] 1946年,中国从美国进口物资占进口总值的57.2%,1947年占50.2%,1948年占48.4%。[3]

美国在占领中国金属市场的同时,在产品价格制定上也处于主动。1941年开始,美国市场的钨、锑、锡价格逐步趋于稳定,8月,美国政府宣布锡价统制,规定每磅0.52美元的最高限价;[4]12月,美国政府又规定了各种矿品的最高限价,如钨砂的最高限价为每短吨单位24美元,纯锑的最高限价为每磅0.13美元,两个月后又调整为0.145美元。[5] 抗日战争后期,中国的矿品生产和运输都非常困难,生产成本和出口成本迅速增加,但资委会易货偿债矿产品价格却不能提高。从下表中可以看出,1941—1945年间中国交美偿债矿产品的价格始终在美国政府限价之内,都低于当时的国

---

① 　根据郑有揆:《1840—1948中国的对外贸易和工业发展》第169页表43计算。

② 　郑有揆:《1840—1948中国的对外贸易和工业发展》,第228页。

③ 　同上,第227页。

④ 　资源委员会国外事务所1941年度业务报告,转引自吴太昌:《国民党政府的易货偿债政策和资源委员会的矿产管制》,《近代史研究》1983年第3期,第91页。

⑤ 　对美偿债矿品成本计算,转引自吴太昌:《国民党政府的易货偿债政策和资源委员会的矿产管制》,《近代史研究》1983年第3期,第91页。

际市场价格。

表 2—12　资委会对美偿债矿品价款表①

矿别	年度	数量(公吨)	价款(美元)	折合单位
钨砂	1941—1944	16,814.4	27,495,674.84	21.19 美元/短吨单位
锑	1941—1945	1,882	451,856.65	0.1089 美元/磅
锡	1941—1943	11,078.5	12,448,160.38	0.51 美元/磅

(四)对世界反法西斯战争的影响

在增强自身军事经济实力的同时,中美两国作为世界上主要的反法西斯国家,双方在战时的易货贸易,壮大了世界反法西斯同盟的力量。中国通过易货,换回了抗战军备,提高了抵御日本侵略的能力。美国得到了备战的军需资源,做好了充足的战前准备。正是有了中国军队的有力牵制,日本始终未能实现其北进计划,使得苏联避免了在进行卫国战争的同时,在远东与日本角逐的两线作战境地;同时,也使得日本不能全力南下,投入太平洋与美军作战,从而促进了世界反法西斯战争的胜利。

总之,中美易货贸易作为在战时特殊条件下采取的一种特殊贸易方式,基本上符合战时中国的国家利益,也符合美国的军事和经济利益。抗日战争爆发后,日军占领了中国所有沿海城市,国统区对外交通几乎断绝,资源极其短缺,中国抗战十分艰难。在这种情况下,中美用易货偿债的办法,以中国的农矿产品,为中国换取大量必需的军用物资和工业设备,在一定程度上缓解了中国物资和资金短缺的经济困境,增强了政府抵抗日本侵略的经济实力和决心,有力地支持了抗战,也为美国提供了必需的工业原料和军需储备,增强了美国的作战准备,这都有利于世界反法西斯战争的胜利。

---

① 对美偿债矿品成本计算,转引自吴太昌:《国民党政府的易货偿债政策和资源委员会的矿产管制》,《近代史研究》1983 年第 3 期,第 91 页。

第三章　平准基金与维持法币汇率

当一个国家进入战争状态以后,往往会出现以下金融状况:现金需求量大增、提款风潮频繁发生、证券价格狂跌不止、投资放款逐渐萎缩、外汇资金大量逃逸以及严重的通货膨胀。抗战爆发以后,经济基础本来就薄弱的中国,不仅出现了以上状况,而且更为严重。日本在军事进攻的同时,也对中国发动了经济侵略,掠夺中国的资源,封锁国民政府的物资往来,同时重点进行以货币为中心的金融侵略,企图通过破坏法币来破坏中国的货币金融体系,摧毁中国经济和国民政府的抗战能力。在这场经济战中,法币不仅是国民政府金融制度的基础,而且是对日伪货币金融战的重要武器。

国民政府清醒地认识到财金对战争的支持作用,一方面注意安定金融,巩固法币基础,一方面积极寻求外援稳定中国金融。英国最先于 1939 年向中国提供了平准基金,但美国最初却对币制借款持否定态度。美国财政部长摩根索一直只主张向中国提供易货偿债借款,但表示"不能拿美国的钱去冒险稳定那个国家的通货"。然而,易货借款只能部分缓解中国战时物资缺乏问题,却无法帮助国民政府应对战争带来的金融秩序的混乱。经过艰苦谈判,英美政府终于在 1941 年 4 月与中国签订平准基金协定,美国出资 5 千万美元,英国提供 5 百万英镑(合 2 千万美元),再由中国国家银行出资 2 千万美元,共为 9 千万美元,以巩固法币,防止中国货币崩溃。平准基金的直接目的在于稳定法币对外汇率,间接也影响物价平衡,使得因心理作用所产生的物价波动,可以趋于稳定。①

一、抗战发生前后中国的金融外汇政策和平准基金的成立

财政与金融相为表里,财政金融力量的强大对于现代战争的胜利有着重要的意义。战时金融肩负着两项任务:一要协助财政,应付军事战争带来的巨大消耗;二要扶助经济,增强国家作战的实力。1937 年七七事变发生前后,为了应对复杂的战争形势,国民政府采取了各项政策稳定金融。法币改革、购买白银、举借外债、金融管制等政策的出台,都是为了防止金融崩溃,稳定币值,为抗战提供一个良好的经济环境。

(一)法币改革与白银购买

在中日全面战争爆发前,国民政府就进行了法币改革。过去中国实行的是银本位制,由于银价波动的影响,币值和汇价涨落无常,很不稳定,直接影响了国际贸易和国内经济的稳定。自 1935 年 11 月起,国民政府废除银本位,实施法币政策,改行外汇汇兑本位制度(即一国货币的价值取决于它与外国货币的兑换比率),法币币值的稳定性主要反映在汇率的稳定上。法币发行之初是与英镑挂钩的,又以美元等外币作为准备金,自然得到英美国家的支持,这也为抗战时期,英美向国民政府提供平准基金埋下了伏笔。

---

① 《太平洋前途之光明》,重庆《扫荡报》1941 年 4 月 28 日,《美国援华物资问题及中美平准基金协定》(续),(台北)政治大学社会科学资料中心,C922.856.278－1。

此外，法币改革也对后来的全面抗战起到了支持作用，正如蒋介石在 1939 年所说："如果这次抗战发生在币制改革之前，那么中国可能稍微提早败亡或者也许忍辱求和。幸亏现在有法币制度，由此形成良好的金融经济秩序，能为长期抗战打基础。"①伪中央储备银行顾问木村增太郎也承认："中国若无 1935 年之币制改革，亦无 1937 年之抗战。"②可见法币制度在抵制日本货币攻势中的重要作用。

当时中国的法币发行储备很少，国民政府向美国政府求援，议定由中国向美国出售白银，换取货币发行准备金。美国政府先后两次购买中国白银 5000 万盎司和 7500 万盎司，向中国提供美元外汇储备。此外，中国以 5000 万盎司白银作抵押，由美国再提供 2000 万美元的贷款。在卢沟桥事变爆发前，这些外汇储备对国民政府维持法币汇率起到了十分重要的作用，当然美国通过收购白银也在一定程度上控制了中国的货币发行准备及汇率。

卢沟桥事变次日，美国财政部长摩根索与国民政府财政部长孔祥熙签订白银黄金互换协定，延续中日全面战争爆发前的白银协定，由美国继续购买中国的白银，以帮助中国稳定法币与外汇。具体规定如下：(1)中国所有在美国存储的白银共计 6200 万两，按每两 4 角 5 分售予美方；(2)中国以售银所得，按每两 35 元买进赤金 3000 万两，存于美国联邦储备银行，作为发行准备金，美联储以上述存金为担保，折抵美金 5000 万元。③ 从这时起直至 1938 年 7 月，1 年之内，美国共分 6 批购买了中国 3.12 亿盎司白银，价值 1.38 亿美元。

①　蒋介石：《中国金融业的当前要务》，《抗战与建国》，香港民社 1939 年版，转引自［韩］金正贤：《论国民政府的法币价值稳定政策及其在抗战中的作用》，《抗日战争研究》2004 年第 4 期，第 124 页。

②　杨菁：《试论抗日战争时期的通货膨胀》，《抗日战争研究》1999 年第 4 期，第 94 页。

③　孔祥熙致蒋介石，1937 年 7 月 8 日，《战时外交》第 1 卷，第 221 页。

(二)外汇管制与平准基金

法币实行外汇本位制后,国民政府允许无限制自由买卖外汇。抗战发生以后,国内金融市场陷入剧烈动荡之中。八一三事变的爆发,使得中国的金融中心上海笼罩在炮火中,金融更加混乱。人们纷纷购买外汇,各地都出现了提存及挤兑的风潮,仅中央银行在40天之内卖出的外汇就达750万英镑,约合法币1.2亿元。[①] 1938年3月伪"中国联合准备银行"在华北出笼后,日伪金融势力在上海外汇市场上用伪银行发行的伪钞调换法币,套购外汇,活动颇为猖獗,大量外汇储备迅速流失,法币汇率不断贬值。法币汇价由1935年法币改革制定的市价1先令2便士半,跌落到1938年的8又1/4便士。货币投机、资金外流和套购外汇屡屡发生,不仅使国民政府外汇储备日趋减少,而且也扰乱金融。

外汇是国家货币在国际市场上所含纯金银的价值表现,外汇的多少关系到一国货币的准备基金所达到的程度,所以一国必须有足够的外汇储备。外汇也需要管理,尤其在经济落后的国家,以及"处于战争状态的国家,为了稳定货币,防止资金外逃,合理安排进出口贸易,就必须迅速实施外汇管制"。[②] 由于抗日战争爆发后,资金外逃严重,汇率起伏很大,国民政府从1938年3月开始,废止外汇自由买卖,实行外汇审核制度,加强金融管制。国民政府还设立国币平准汇兑基金,简称平准基金(Currency Stabilization Fund),当外汇汇率持续上升,本币汇率持续下跌时,就通过平准基金在外汇市场上卖出外汇,买进本币;反之则卖出本币,买入外汇,以此维持汇价。开始,基金的主要部分是中国自有的外汇储备,但很快就几乎耗尽,法币的汇价越来越低落。为此,国民政府向英美求援,请求借给平准基金所需的外汇,以获取货币发行准备,稳定

---

① 李平生:《烽火映方舟——抗战时期大后方经济》,第123页。

② 虞宝棠:《国民政府与民国经济》,华东师范大学出版社1998年版,第331页。

汇率,防止法币继续贬值。

当时,美国由于孤立主义盛行,不愿向中国提供币制借款,以免卷入中日战争。但是,英国商界包括在华英商对稳定英镑与中国法币比价的要求迫切,英国政府出于在华商业和金融利益的考虑,同时担心中国货币进一步贬值,中国公众会对货币失去信心,中央政府可能垮台,分裂为若干个政权,从而不可能抵御日本,[①]于是同意出面帮助维持中国货币。1939 年 3 月 10 日,中英签署《中国国币平准基金协定》,由英国的汇丰和麦加利银行出资 500 万英镑,中国银行与交通银行出资 500 万英镑,总共 1000 万英镑,组成法币平准基金,维持法币对英镑的汇率。[②]

中英平准基金委员会设立后,便按法币 1 元合 8.25 便士的汇价,在上海和香港公开出售,力图把汇价维持在这一水平上。但是,由于通货膨胀、物价上扬,加上日伪方面不断以法币套取外汇,以及投机商的推波助澜,使平准基金不敷应付。至 1940 年 7 月,平准基金仅存 200 万英镑,国民政府的外汇储备也降到抗战爆发以来的最低点,中央银行的外汇节余仅剩 2500 万美元。每元法币的汇率大幅度低落,从 8.25 便士跌落至 4 便士。[③]

(三)中美英平准基金委员会与外汇管理委员会

为了维持中国通货在国际汇兑上的价格,中国只得分别向美国和英国探究成立新的平准基金的可能性,希望美英向中国提供稳定货币所需的外汇基金。

从中国方面来看,成立外汇平准基金,稳定法币汇价,防止币值跌落,首先是为了抵御日本的金融货币侵略,巩固法币信用,稳

---

①　吴景平:《英国与中国的法币平准基金》,《历史研究》2000 年第 1 期。

②　同上。

③　同上。

定民心。日本在对中国进行大规模经济掠夺的同时，在沦陷区破坏中国金融，利用伪币来吸收法币，进而套取中国外汇。成立平准基金，使中国法币在对外信用上增加保障，有利于巩固中国金融，加强中国经济作战的力量，粉碎伪币的进攻。其次是平衡外汇。由于战争影响，中国出口减少而输入骤增（以军用品及建设材料为最多），以致对外贸易逆转，国际收支不能平衡，外汇极为短缺，汇率波动异常。平准基金就是要平衡调节外汇，使汇率趋于合理的标准，使其稳定，不发生大的波动，同时充实外汇头寸，使中外贸易得以进行，输出土特产以换取军需物品。再次是安定物价。战时物资供不应求，刺激物价升腾，物价上涨的程度，以洋货为最高；又因物价连锁关系，土货亦随之上涨。法币对外价值每每影响到它的对内价值，平准基金稳定法币外汇比值，增强法币币值，间接也有稳定物价之功效。①

从英美来看，成立外汇平准基金支持中国货币，有利于维持对华贸易，以免本国在华经济势力被日本一扫无余。中国是英美出口产品和获取原料的重要市场，维持法币对英镑和美元的汇率，可以继续维持英美与中国的贸易，不使中国市场完全落入日本之手，同时也不使中国沦为"日元集团"中的一员。如果中国法币由于币值跌落和无法流通而被日元取代，不但中国落入"日元集团"，就是英美等国要与中国进行贸易，也非卷入"日元集团"不可，惟日本马首是瞻。② 英美要与日本争夺在中国的货币权，成立平准基金是一个重要手段，因为"一个国家要争夺别国的货币权，主要有两个标志，一是使该国货币与自由货币挂钩，取得固定的外汇比价，以抓

---

① 《论中美中英平准基金协定的签字》，重庆《新华日报》1941 年 4 月 27 日；《中英中美之金融协定》，重庆《商务日报》1941 年 4 月 28 日。《美国援华物资问题及中美平准基金协定》（续），政治大学社会科学资料中心，C922.856,278－1。

② 马寅初：《中日货币战》，马寅初：《战时经济论文集》，作家书屋刊行，1945 年，第245 页。

住该国货币的价值联系；二是把握该国的海外准备金。"①平准基金
以美元、英镑为准备金，维持法币对美元、英镑的汇率，就是要将法
币与美元和英镑牢牢联系在一起，排斥日元的介入，打击日本"大
东亚共荣圈"的计划。

　　经过艰苦的谈判，1941 年 4 月，国民政府与美、英两国政府签
订中美、中英新平准基金协定，规定由中国拨出美金 2000 万元，美
国提供美金 5000 万元，英国出资 500 万英镑（约合 2000 万美元），
建立中美英平准基金委员会（Stabilization Board of China），以稳定
法币汇率，维持法币对外价值。委员会由中、美、英三方人员组成，
便于三国统一管理中美平准基金和中英平准基金，进行货币与金
融合作。中方委员是上海商业储蓄银行总经理陈光甫、中央银行
业务局局长席德懋、中国银行副总经理贝祖诒，美方委员为美国关
税委员会研究部主任福克斯（A. Manuel Fox），英方委员是英国驻
华大使馆原财政顾问霍伯器（Edmund L. Hall－Patch），陈光甫被
国民政府指定为主席。经中方要求，名义上中美英平准基金委员
会总会设于重庆，另在香港、上海设分会（在太平洋战争爆发前，实
际工作地点主要在香港）。1941 年 8 月，平准基金委员会召开第一
次会议，标志着平准基金会正式成立。总之，平准基金委员会系根
据中美、中英协议而成立，其委员会虽由中国政府任命，其组织实
际上带有国际性，其职权及工作范围，均由中美、中英平准协议规
定，"凡未规定者，需随时商得英、美财政部之同意办理，而不能由
我方单独决定或变更其工作方针也"。②

　　除了成立平准基金，国民政府还于 9 月 15 日成立外汇管理委
员会（Exchange Control Commission），以强化外汇行政管理。外

---

　　①　虞宝棠：《国民政府与民国经济》，第 63 页。
　　②　孔祥熙致蒋介石，1941 年 11 月 29 日，蒋介石特交档案：财政，第 1 卷，金融，8/
48076，国史馆。

汇管理委员会由财政部、四联总处和中央银行主管,孔祥熙任委员长,陈光甫也是委员之一,以加强平准基金和外汇管理委员会的联络。外汇管理委员会具有管理外汇、吸收侨汇、收集金银、支配国外借款,以及出口货物结汇和处理封存资金等职能,与平准基金委员会是平行联系的机关。二者的功能有一些重合,但外汇管理委员会只能管理国统区国民政府的外汇交易和中国银行的业务;而平准会在国统区和敌占区都可以加强外汇控制,主要针对在外国租界或海外的中国银行,以及外国在华银行。经商定,双方在 11月 1 日达成协议,明确了各自的职权划分:凡商业用途(包括私人用途)所需之外汇,悉由平准基金委员会审核出售;凡政府机关(包括政府企业)所需外汇,均由外汇管理委员会负责审核,通知中央银行照售,再由中央银行向平准基金委员会如数补进;除中美、中英合约所规定基金数额外,上海出口外汇及后方出口结汇,均划归平准基金委员会支配;平准基金委员会出售外汇之数额及资金收支状况,须按时报告外汇管理委员会。[①]

二、太平洋战争爆发前中美英平准基金的运作

(一)平准基金委员会面临的困难

　　平准基金面临的第一个难题,是运作地点问题。平准基金主要针对的是上海,但由于上海被日本占领,平准基金无法在上海建立办事处,因为注定会受到日本的干涉;而如果在重庆组建机构,又面临通讯联络困难;最后只有选择香港为主要办公地点。至于

---

　　① 　外汇管理委员会第二次会议议事日程报告事项,1941 年 10 月 27 日,财政部档,中国人民银行总行参事室编:《中华民国货币史资料》第 2 辑,上海人民出版社 1991年版,第 487—488 页。

上海分支方面，美、英政府与上海公共租界工部局作了必要的安排，以防止日本对平准基金委员会活动的干涉，并指定上海美国总领事馆的史密斯（Horace Smith）和英国大使馆的卡塞尔（W. C. Cassels）为联络官，以确保通讯秘密，处理当地的麻烦；上海的中央银行和中国银行则协助委员会工作。① 在这样的安排之下，平准基金委员会开始进行它独特而又艰难的工作——从遥远的香港指挥上海的外汇和贸易控制。遥控指挥的经济战，就成为平准基金运作的一个突出特点。

平准基金遇到的另一个困境，是上海的特殊性。上海被日本占据，但公共租界仍然保留，而且是世界上最大的港口之一，这种国际的复杂性造就出一个完全自由的货币市场，以及一个自由的进口政策。因此，委员会发现，要对如此复杂的外汇和贸易自由市场进行管理，很难找到合适的手段。

1939 年的中英平准基金运行过程中，外国在华银行参与套汇的现象非常严重。1941 年中美英平准基金会开始工作之初，与上海经营外汇业务的各银行关系也不太融洽。许多银行家和商人对基金会的活动抱有敌意，部分是出于无知，部分出于偏见，部分是因为不喜欢官方干预其生意，部分忘记了战争和战争环境的存在。在这种情况下，唯一的办法是由美国和英国政府施加压力，使这些抗拒变为服从。② 当然，委员会对轴心国的银行家和商人无能为力。

由于各方政治权力和各国银行及商人的存在，无论是国民政府还是平准基金会，想在上海加强对外汇和贸易的统制都是十分困难的，因此平准基金会必须不断地寻求与各方面的合作，以消除货币黑市，管理外汇和贸易。

---

① K. P. Chen's Private Papers, Box 5, Rare Book & Manuscript Library, Columbia University, U. S. A.

② 同上。

(二)平准基金委员会的主要工作

平准基金委员会成立以后,工作十分繁忙,基金会派委员前往各地,调查各地财政、金融、贸易情况,并在上海实施汇兑许可制,令银行停止以法币黑市价格出售外汇。同时还研究香港冻结法币存款情况,制定和实施新的外汇管理办法,协调基金会与银行的关系,并为国民政府提供外汇金融数据。

1. 冻结外汇资金

平准基金的建立,必须要和冻结外汇资金结合起来,才能发挥效力。因为如果国内外市场上存在着大量的游资可以继续套购外汇,平准基金拿出来的外汇,很快又会被套空,流到黑市上去,而日本则可以从黑市购买中国外汇,再用到国际市场上去购买军用物资。此外,当时国内资金外逃现象很严重,中央银行的外汇余额日益减少,国人私存的资金和套购出来的外汇,很多被转移到美国的银行中,中国政府无法控制。为解决这些问题,国民政府迫切需要冻结国人在外国的资金,以配合平准基金的运作。

早在1941年2月,中国政府就向美国政府提出,希望能冻结中国私人在美存款,杜绝中国游资遁逃。26日,蒋介石在和美国总统行政助理、访华特使居里谈话时,请他转交给罗斯福总统一封信,要求冻结华人在美国各银行所存外汇款项以及证券股票,并允许由中国政府管理、处置和支配这些资产,或者用这些钱作借款抵押,进一步向美国换取财政援助。这样不仅可以补助中国抗战的经济和财政需求,而且有助于阻断中国游资最重要的遁逃之路。此外,以往中国对美出口贸易所得和在美华侨汇回中国的美金外汇,一向为上海的外汇投机家们所吸纳,如果采取上述措施后,这些外汇将转入中国政府之手,可以用来购买急需的美国货物。蒋介石还特别叮嘱,请美国在采取冻结步骤时不露声色,因为已经有一些在美国有存款者听到风声,将其款项过户到美国人名下,以躲避将来的限制,蒋介石担心消息走漏,会有更多的人隐匿逃避自己的资金。①

中美英平准基金委员会成立后，美籍委员福克斯奉委员会之命，考察了上海财政经济状况，写成调查报告呈送蒋介石。在报告中，福克斯指出，上海外汇自由购买的结果，除满足正常贸易及商业来往所需外，大部分为日本和各国投机分子所得。为制止投机，一些人认为必须进行外汇统制，并妥善保管平准基金，以免被投机者和日本人利用。但是，也有银行家及经纪人反对冻结存放在英美的中国资金，他们担心"封存后资金发放之权，将完全操诸中国政府"。福克斯建议，应让大家明了，统制外汇和封存资金都有英美政府共同参加，由平准基金委员会充分保障上海及中国其他地方的外汇买卖，这样"反对之议自息，而乐与赞助矣"。②

7 月 26 日，为了打击日本支持侵略战争及发动经济战的能力，美国宣布冻结日本在美国的资金。同时，美国财政部同意中国的请求，封存中国人在美、中境内美国开设的银行中的私人资金，遏制套汇资金的来源。被冻结资金的范围包括金银现款、银行存款、信用及有价证券等。英国也采取平行政策冻结中日在英资金。此事传开后，上海方面不免人心惶惑，许多人纷纷结售外汇与其他国家的外商银行。为此，财政部发言人接连发表两次谈话，行政院副院长孔祥熙也于 7 月 30 日报告蒋介石，说自己已通过中央社发表讲话，安抚国人，"不必因而有不安之感"。孔祥熙表示，资金封存后，中国政府及正当商业所需外汇，仍可以有充分供应。美国政府正准备发给中国政府及中央银行许可证，其他普通许可证，也将陆续发给，对于中方政务及商业的正常进行，不会有任何影响。③

---

① 蒋介石特交档案：美政要来访，第 053 卷，08A－01697，国史馆；蒋介石特交档案：美国经济援助，第 040 卷，08A－01621，国史馆；《战时外交》第 1 卷，第 293—294 页。

② 蒋介石特交档案：美国经济援助，第 040 卷，08A－01621，国史馆。

③ 蒋介石特交档案：对美国外交，第 023 卷，08A－01537，国史馆；《战时外交》第 1 卷，第 315 页。

7月31日,福克斯报告蒋介石,根据1940年4月10日修正后的外汇管理第8389号行政法令的规定,美国政府在封存中国资金后,已发给中国政府及各银行特别许可证(第54号至第69号执照),拿到执照的银行可以享受许可证所授予的便利。其中,第60号执照发给中国政府及中央银行,授权二者可将中国人被封存账户内的款项或证券转移到中国政府或中央银行的账户,其所享待遇与未受封存限制时同。第61号特许证发给中国、交通、农民三银行,准许它们为中国与英、美、苏、荷属东印度及美洲各国的进出口贸易及正常商务提供资金,但是不能随意支付、转移或提取被封存的资金。①

8月3日,孔祥熙召集财政部两次长、中央银行副总裁,及平准基金管理委员会陈光甫、席德懋、贝祖诒、福克斯等委员,详细研究美国所发的执照及封存资金的法令。针对国人纷纷结售外汇与外商银行的情况,为保存外汇起见,孔祥熙等商定"对于人民被封存之资金,准其照市转售于中央银行,或在该行开立账户,需用时经核明之后,酌付外汇或折付法币备用。"中央银行随即电达沪行按此项办法照办。孔祥熙又派财政部次长俞鸿钧赴美国驻华大使馆,商量请其致电上海美国总领事,立即将执照副本送交上海四行,以资准备。② 此后,中国方面即宣布由中央银行按照上海外汇市场价格收买外币存款。据贝祖诒9月27日电称,当时收购了大约60万美元。③

中美英合作封存中国在美英资金,并施行许可证制度,和成立外汇平准基金管理委员会相联系,其目的都在于巩固中国外汇基础,稳定法币价值。冻结中国在美英私人资金,使私存外汇难以流动,不仅对黑市外汇的来源有所限制,而且也使套购的外汇不易外

---

①　蒋介石特交档案:美国经济援助,第040卷,08A—01620,国史馆;《战时外交》第1卷,第317—318页。

②　蒋介石特交档案:美国经济援助,第040卷,08A—01620,国史馆。

③　T. V. Soong's Archive, Schedule A, Box 4, 10. His Te—Mou, Hoover Institution Archives, Stanford University, U. S. A.

逃。这一措施配合中美英平准基金的运作，在一定程度上平抑了市场的套汇风潮，稳定了法币汇价。但是，封存法令执行后，中国人民在美英的一切账户即被封存，不能随意支付、转移或提取资金，只有他们"愿将其存款交由中国政府处理，则彼等之存款，即可立即由中央银行启封"。[①] 而发给中、中、交、农四银行的特许证，则保证了"凡各该银行之行处"对外贸易业务上的来往，"均可享受执照上所予之便利"。[②] 这样，国人如果不想自己的资金被冻结，只能把钱转移到中央银行的账户上，而特许证则使四行获得了其他银行不能享有的特权。这些规定，无疑给中国政府及其控制的国家银行以加强其地位的良机。当时出于战争的需要，美、英等国都出台了相应的战时统制的法令及措施，应国民政府请求而封存中国居民外汇资金也属迫不得已，此举对遏止中国资金外流、打击外汇投机，都起了一定积极作用。

2. 研究制定官方汇率

稳定法币汇价，首先必须制定出合理的法币汇率。1939 年成立的中英平准基金实施过程中，法币价值有些高估（法币 100 元合 8.25 便士或 16.0625 美元），中英平准基金为维持此汇价，只能在公开市场上抛售更多外汇，不到 3 个月，基金已售出总额的 2/3。国民政府美籍财政顾问杨格（Arthur N. Young）在给孔祥熙的备忘录中即指出，(1)出售外汇对于平衡货币和支持中国政府的财政金融，都有着重要的意义，但是第一次平准基金的汇率有高估法币之嫌，反而便宜了海外游资和套汇投机分子，投机商及日伪拿着伪币或已经贬值的法币申购外汇，导致大量外汇被套走；(2)法币估值过高，会导致进口过剩，并对国际支付带来危害，影响中国的海外贸易，为了维护中国和别国的贸易，这个错误的高估值应当予以

---

① 福克斯致蒋介石，1941 年 7 月 31 日，《战时外交》第 1 卷，第 316 页。

② 蒋介石特交档案：美国经济援助，第 040 卷，08A—01620，国史馆。

调节和更正。[1]

此外，当时实施的是一种可调控的汇率制度，完全由公开市场支配，因而国内的价格水平、外汇黑市等因素对汇率的影响就十分显著，法币汇率按照市场起伏波动，易造成汇率混乱。[2] 平准基金会需要找出一个合理的汇率作为官方汇价，并将其稳定下来。

根据 1941 年 4 月—8 月汇率变动情况，平准基金委员会着手制定官方汇率。8 月 18 日，平准基金会宣布官方汇率为法币 1 元合美金 5 美元又 5/16 美分（即每美元合法币 18.82 元）、英镑 3 又 5/32 便士（即每英镑合法币 76.04 元）。[3] 在 8 月 16 日，外汇市场闭市价格为美汇 4 美元又 5/16，英汇为 2 便士又 3/4，可见，官方汇率约高于市场汇率 10%。[4] 考虑到外汇黑市的存在，平准基金会制定的这个汇率，实际上是整个 7 月的平均汇率。

3. 满足合法外汇需求

抗战时期，中国对外汇的需求是相当大的，特别是上海。据平准基金的调查报告分析："厂商以前对煤、棉、粮食可以用法币在当地或邻区取得，而现在却要用外汇了。上海工部局以前对外汇仅有间接的需要，而现在对米、煤，以及职工退职金，等等，均需要外汇了。"[5]因此，平准基金会的主要功能之一，就是支付上海和香港的进口申请。

委员会制定的有关上海的政策如下：

（1）为上海工业提供进口原料的外汇，以保证重要的纺织工业

---

① Arthur N. Young，*China's Wartime Finance and Inflation*，1937 — 1945，Cambridge：Harvard University Press，1965，pp. 325—326.

② 同上。

③ 财政部向国民党九中全会的口头报告，1941 年 10 月 6 日，财政部档，《中华民国货币史资料》第 2 辑，第 482 页。

④ Arthur N. Young，*China's Wartime Finance and Inflation*，1937—1945，p. 324.

⑤ 平准基金委员会美籍委员福克斯致财政部长孔祥熙函——检送上海市场调查报告（译文），1941 年 7 月 26 日，财政部档，《中华民国货币史资料》第 2 辑，第 480 页。

和其他中国主要工业的运转，维持并促进上海华人的生计和福利；

(2)上海许多产业投资于美英，因此维持它们符合美英利益，故而为委员会所关心；

(3)上海某些工业，比如纺织工业，向自由中国供应日用必需品，因此向它们提供购买原料所需的外汇，是委员会职责所在；

(4)委员会供应外汇给那些进口原料但出口产品的厂商，可以间接地节省委员会的外汇资源；

(5)委员会提供外汇给重要的日用品，包括大米、棉花、小麦或面粉，以保障在上海的中国人和在上海外国租界的居民的生存；

(6)推动进口以维持中国法币的价值和在上海租界及敌占区的流通，也是委员会的任务之一，这被认为是一项重要的政治措施，同时具有财政意义，因为当时日本资助的银行正在尽一切努力，企图以他们发行的纸币取代中国国币；

(7)与此同时，委员会也努力防范，并采取可能措施，防止委员会供给的进口，大规模地流入投机者或日人手中。①

委员会要求上海各行业贸易或工业协会的代表，就其对外汇的需求和分配达成协议，然后到香港向委员会提出申请，并进行商议。委员会请贸易专家进行详细研究和调查，提出建议，最后作出决定。

到1941年11月底时，委员会向面粉、小麦、碱、苛性钠、木质纸浆、糖浆、摩托车、烟草和木材分配了外汇配额。此外，进口棉花、羊毛、黄麻、糖、纸、药物和淀粉等产品所需的外汇也在计划安排中。截至1941年11月22日，平准基金支付的外汇总量分别为1240万美元及174万英镑，其中，超过90%（也就是1130万美元）的美元外汇是支付给上海和香港的进口申请的。②

此外，上海公共租界工部局（Shanghai Municipal Council）也于

---

① K. P. Chen's Private Papers, Box 5, Rare Book & Manuscript Library.
② 同上。

1941 年 9 月向平准基金委员会提出了外汇请求。经仔细研究,并与工部局的两位代表讨论后,基金会同意在以下两方面供应外汇给工部局:

(1)进口上海租界居民生存绝对必要的日用品:大米,每月26000 吨;面粉或小麦,每月 10 万美元;煤,每月 110 万美元。

(2)维持工部局管理机关运转所需的外汇,包括医院的费用。[①]

这些措施取得了相当成效,一直高涨的米、煤和面粉价格,大为下降,囤积者被上海公共租界工部局和法租界公董局(French Municipal Council)起诉,他们囤积的商品被没收,零售价格控制委员会在工部局和公董局的支持下建立起来,该委员会对所有进口食品和药品规定最高限价,过去不遵守定价的黑市商人也被委员会固定价格。[②] 一时间,曾经快要完全失控的上海商品市场,重新恢复秩序,上海黑市的外汇价格,也随之有很大回落。

4. 建立外汇管理制度

各方面的合法外汇需求应当满足,但如果采取 1939 年平准基金公开抛售外汇的办法,就会造成大量外汇及物资的外流,而且等于听凭投机家和日伪尽情夺取外汇,因此必须建立制度,对外汇申请做严格审查。

当时,上海外汇黑市仍在自由地活动,进口商需要外汇,而出口商把他们的外汇卖给银行,银行再转手以黑市价卖给进口商。此外,外国银行也缺乏与平准基金的合作,他们不考虑其政府的意愿,只顾着自己从中渔利。尽管冻结资产令已颁布,在上海仍然有价值 2000 万美元的美国特别旅行支票未被冻结,继续用于投机和资本外流。[③]

---

① 　K. P. Chen's Private Papers, Box 5, Rare Book & Manuscript Library.

② 　同上。

③ 　同上。

重庆方面有人强烈反对继续在上海出售外汇,因为上海在敌人手中,而公共租界在外国人手里,在上海建立外汇管理系统并有效地控制出售外汇是不现实的。也有人主张应放弃上海,只对国统区的货物进口出售外汇,在昆明建立外汇市场。但是,上海还是有重要意义的,它依然是中国的轻工业中心,并且是中国内地的主要供应来源,因此,它在稳定自由中国的物价以防止进一步的通货膨胀方面,扮演着重要角色。

重庆方面的言论引起了高度敏感的上海外汇市场的紧张。投机者抓住机会到处散布谣言,激起对平准基金委员会的敌视情绪。

1941 年 8 月 18 日,平准基金委员会在香港举行成立仪式后,福克斯立即前往上海,寻求外国银行的合作,并研究上海的形势。他告诉进口商们,过分的外汇要求将迫使中国政府关闭在上海的商店。他在上海的美国人俱乐部发表严厉讲话,批评了他们的错误做法和违法行为,这使他在上海的外国人中很不受欢迎。为了加强美国银行与平准基金委员会的密切合作,福克斯于 9 月初飞往马尼拉,并且打电话给美国财政部寻求支持。他推动了第 58 号许可证的修正,使其更切实可行,并更有利于中国政府。[①]

1941 年 7 月 26 日美国颁发的第 58 号和 59 号许可证,给以下外商很多特许权,没有冻结他们的资产:(1)所有美国、英国、苏联与荷属东印度领土和管辖区域内的进出口商与中国之间的交易;(2)美国、英国与荷兰在中国的银行机构。1941 年 9 月 6 日,美国和英国财政部要求他们在远东的银行,与平准基金委员会进行全面合作。9 月 8 日,在香港和上海的美国和英国银行,宣布同意全力合作,以维持平准基金委员会制定的买卖汇率。[②] 结果,黑市交易得到某种程度的削减,因为所有特许银行,都同意只按照官方汇

---

① K. P. Chen's Private Papers, Box 5, Rare Book & Manuscript Library.
② 同上。

率进行合法的交易。

1941 年 9 月,平准基金委员会颁布《供给商业外汇办法》,部分规定如下:(1)自 1941 年 9 月 15 日起,凡持有美国财政部第 60 号及第 61 号普通执照之银行,供给输入自由中国之准许进口商品所需美元,本基金会按美金 5 元又 11/32 汇率,以现售方式授予之,但此项美汇之出售应合于美国财政部第 61 号普通执照所列各项之规定。(2)凡经英国财政部特许之银行,供给输入自由中国之准许进口商品所需英镑,本会按照英金 3 便士又 3/16 汇率,以现售方式授予之,但此项进口物品需来自英镑集团区域,且获得此种外汇之人,须为英镑集团区域之居民。(3)进口商所需用美元或英镑外汇,应向此特许银行填具申请书,由各该银行分别转送重庆本会总办事处,或自由中国境内各地本基金会特定之代理机构,以及尚待指定的代理机构。进口商必须依照本基金会规定的表式填具申请书,由各该银行负责查明申请书填报事项,详尽核实,备文核转本会办理。(4)为便利输入不在禁止进口之列之小额商品起见,本会授权各该银行负责出售此项外汇,惟每次交易数额,不得超过美金二千。[①]　显然,与 1939 年中英平准基金无限制抛售外汇的运作手法相比,1941 年中美英平准基金成立以后的外汇管理制度,在外汇申购手续和外汇管理办法方面都要严格很多。

最初,上海有 9 家银行获准供给正当商业所需的外汇,即英国的汇丰、麦加利、有利银行,美国的花旗、大通银行,以及中国的四家政府银行(中国、中央、交通、农民),以后又增加了东方汇理等银行,这 14 家银行可以代理申请结汇的业务。进口商可以向上述任何一家银行申请结汇,再经过银行向平准基金委员会申请核准,便可以按照规定牌价付给外汇。后经财政部批准,上海商业储蓄银行、大陆银行、浙江兴业银行、浙江实业银行、中国国货银行、国华

---

① 《银行周报》第 25 卷 44 期,1941 年 11 月 11 日。

银行、中南银行等，也可以与中国银行和交通银行接洽，代理客户申请外汇。这些银行起到了进口商与平准基金委员会的中介作用，在维持汇市稳定中，成为不可或缺的环节。①

1941 年 9 月 8 日，平准基金委员会电令上海外商银行停止黑市汇率挂牌，改由平准基金会规定"优越价格"供汇，扣除银行佣金。10 月 1 日，财政部下令取消中央银行的商业汇率，这意味着以后就只有一种官方汇率。② 这些措施的意图在于抑制套汇、取消外汇黑市。

然而上海的情况并没有按照平准基金委员会的构想发展。"本来以为可以通过出售小额外汇就可以紧缩市场，从而抑制自由市场汇率的大跌，可是实际情况是没过多久，官方汇率和自由市场的汇率就相去甚远。"③据四联总处调查，"自沪外商银行停供黑市外汇后，金价即高涨，汇价缩短，13 日竟涨至空前之高价，现金自 10100 元飞升至 11200 元，美票自 28 元 7 角涨至 33 元 7 角"。④ 13 日至 18 日一周的交易日里，外汇市场风潮迅速扩大，"黄金逐日暴涨千余元，周末已冲出 18000 元大关，棉纱日日涨停板，周末已高至 2500 余元"。⑤ 面对美汇大涨、国币低落的局面，上海金融业对平准基金委员会提出批评："自美国宣告冻结中日资金，平准会出而管理汇市，究其初衷，当不外由稳定汇价进而安定民生，舍此该会实别无存在价值。但目睹今之物价涨风，汹汹之势，将置小民于死地，该会于建立之始，所欲竭意避免者，非即今日所见者耶，则其未能完成使命，自无可讳言。"⑥

---

① 吴景平：《上海金融业与太平洋战争爆发前上海的外汇市场》，《史学月刊》2003 年第 1 期。

② 同上。

③ Arthur N. Young, *China's Wartime Finance and Inflation*, 1937—1945, p. 259.

④ 军委侍从室致四联总处函，1941 年 10 月 22 日，《中华民国货币史资料》第 2 辑，第 485—486 页。

⑤ 《银行周报》第 25 卷 42 期，1941 年 10 月 28 日。

⑥ 同上。

5. 加强外汇统制，取缔黑市

由于外汇管理办法不甚完备，中外奸商、敌伪银行投机取巧，致使黑市外汇转趋猖獗，中国政府经与英、美政府协商，决定彻底管理外汇市场，1941 年 11 月 12 日，英、美同时宣布与中国商定的新的外汇管理办法："凡由我国任何地区运往英美售换外汇之货物，必须将其所得外汇售给平准会，英美始准入口，倘不能提出业已将外汇售给平准会之证明时，即不许入口。反之，凡在我国之中外商人，如向英美订购货物，其应付之货价外汇，必须能证明系由平准会核准使用者，方能购货输出，否则即不准出口。"此项办法的用意在于，"一方面使所有我国出口货所得之外汇，均集中于平准会，消灭黑市外汇之来源；一方面使进口货所需之外汇，均需经由平准会核付，凡私存外汇者，将无法用以订购货物"。新办法实施了半个月就很快见到成效，外汇黑市渐趋稳定，由最高时法币 40 余元换购美金 1 元，逐步跌至 11 月 26 日法币 27 元换购美金 1 元，情形大为好转。①

新的外汇管理方法出台后，中国基本形成了一套较为严密的外汇管理制度：(1)只准特许银行经营外汇业务。(2)银行只能代客向平准会申请结汇，而不能要求平准会一定供给。(3)平准会公布准许结汇进口清单及限额，并全权决定是否结汇。(4)各银行必须按法定汇价结汇，每周将情况密报平准会，并负责注意向平准会申请之外汇是否用于合法商业。(5)商人自特许银行取得外汇时，应将所有出口汇票收入售予银行；商人向银行结购外汇以前，必先取得船位，并将出口手续办妥，所得之外汇，倘未用于原定用途，应一律照购进汇率，归还平准会。② 这些规定将所有购汇、售汇、结汇

---

① 孔祥熙致蒋介石，1941 年 11 月 29 日，蒋介石特交档案：财政，第 1 卷，金融，8/48076，国史馆。

② 《平准会颁布结汇办法》，《银行周报》第 25 卷 36 期，1941 年 9 月 16 日。

等权力收归平准基金委员会，迫使银行退出外汇黑市交易，约束进出口商从事合法贸易，从而稳定官方汇价、消减外汇黑市。

在外汇黑市猖獗时，华侨汇款多进入黑市，以获取较高汇价。为集中华侨汇款，中国政府也商得美、英政府同意，由美、英方面加以限制，美国政府于 11 月 12 日颁布第 75 号许可证，规定中国在美侨商可以无限制汇款回国，但汇款必须经由中国中央银行的委托代理银行办理，在国内按照平准基金会的定价折付法币，其外汇由中央银行收入。英国宣布的办法基本和美国相同，只是汇款数额有限制。这样，华侨汇款可以集中于中央银行，敌伪方面无法直接套取，流入黑市的侨汇也与日俱减。①

在上海存在外汇黑市的同时，香港却存在着法币黑市。抗战以后，香港成为中国大动脉粤汉铁路的一端，是重要的军需品及民用物资出纳口，由于进出口贸易频繁，致使大量法币流向香港，而上海与香港的汇率又有一定差距，在港法币自然趋于投机，香港法币黑市就此产生。最初，当英、美封存中国外汇基金时，香港政府曾下令封存法币存款，由中国银行一家收付法币，但这给中国商民赴港办货带来很多不便，香港政府遂重新放松管理办法。上海商民乃乘机私运法币现钞赴港，套购英美外汇，致使黑市交易盛行，妨碍中国管理外汇。1941 年 10 月，孔祥熙派财政部次长顾翊群赴港，会同平准基金会各委员，与香港地方政府商洽，于 11 月 6 日颁布国防金融补充条例，规定"以后非经香港政府特许，不得向港输入或由港输出国币现钞，指定平准会核定之 26 家中外银行按照规定之汇价，经营对我国各地之汇款"；并规定"凡商号持有国币现钞 3 万以上、个人 5 千以上者，均需申请登记，逐月转换登记证，以便查核；其未经登记者，一律不准存留逾额之法币"。此项条例于 11

---

① 孔祥熙致蒋介石，1941 年 11 月 29 日，蒋介石特交档案：财政，第 1 卷，金融，8/48076，国史馆。

月 14 日开始实行,结果还算圆满,首先,26 家银行需一律按照规定汇价折合收付法币;其次,法币现钞不能自由输出输入;第三,商号及个人所有的法币,均需登记,如有增减,必须说明其来源去路。三管齐下,香港黑市亦转趋稳定。①

由于这次规定冻结了香港的法币存款,禁止向上海汇兑,所以由香港流出到上海的法币,受到一定程度的阻止,但并不能完全阻断法币从香港流出到上海,这是因为,(1)以往从香港流出到上海的法币,并非都要经过银行;(2)现银的输入,并非都是由银行提款;(3)由于香港及上海的法币价值比内地高,许多人便将内地法币走私到香港,又由香港汇款到昆明、重庆等地,再使其流出到上海,从中获利。②

总之,不消灭上海的黑市,法币的投机生意就会存在,亦不能阻止法币向上海流出。而要消灭黑市,就需要平准基金委员会提供十足的外汇资金。但当时平准基金每月仅能提供上海 500 万美元的外汇资金,不过只能满足英美大公司的需要罢了。因此,基金会的措置是被动的、不彻底的,上海当地中文报纸对它的批评也是免不了的。

平准基金委员会打击外汇黑市、维持法币汇率确实起到了一定的成效,而其消耗也是巨大的。在平准基金成立的前 6 个星期,平准基金委员会卖掉了大约 1000 万美元的外汇。从 1941 年 8 月 18 日到 12 月 1 日,平准基金委员会共售出 1570 万美元及 211 万英镑,总计约 2300 万美元,已经超出了中国 2000 万美元的出资额,

①　孔祥熙致蒋介石,1941 年 11 月 29 日,蒋介石特交档案:财政,第 1 卷,金融,8/48076,国史馆。

②　日驻港代总领事木村四郎七致外务大臣丰田贞次郎密函——关于中国平准基金委员会活动情况,1941 年 10 月 13 日,《中华民国货币史资料》第 2 辑,第 484－485 页。

虽然没有动用美方资金,但是却动用了英方资金。[①] 换句话说,3个半月以来,平准基金每月的消耗在 650 万美元。对此,福克斯表示很不满意,他认为对基金的支出应保持在每月 500 万美元以下。

三、太平洋战争爆发后平准基金会的工作

1941 年 12 月 8 日,太平洋战争爆发,香港被日军占领。第 2 天,陈光甫、福克斯、霍伯器、贝祖诒和平准基金会其他工作人员被迫撤离香港,飞往重庆。与此同时,上海外国租界也被日军占领,中国丢掉了最大的商品贸易及外汇市场,中、中、交、农四家银行的总行被迫内迁,国民政府对上海的控制力和影响力更趋下降,在自由市场上出售外汇以回收法币的政策不能继续维持下去。

太平洋战争的爆发,给货币资本市场带来根本性的变化,货币管理的中心任务已不是外汇汇率问题,而是国统区日益严峻的物资进口、外汇平衡和通货膨胀问题。当平准基金委员会在重庆重新组建起来以后,平准基金的工作重心,与战前相比发生了很大变化,一方面改为紧缩非必需品贸易,限制普通民众财产外流,以减少外汇需求量;另一方面改为加强向国统区提供外汇,以促进向中国输入必需品。

中国取消了在上海的外汇买卖,并在上海设法隔离并使南洋华侨资产流入粤闽内地,由政府运用,免为外国银行吸收兑出。同时,中国将外汇中心移至内地重庆中国、交通两银行,在重庆、昆明、韶关各地分行,售出外汇于商人及工厂,以法定价格维持法币信用。"凡购办原料机器药品皆有取得外汇可能,一经核准即以'外汇券'代替'戾纸'(即支票)向外国购物。"外币买卖重心移至内

---

① Arthur N. Young, *China's Wartime Finance and Inflation*, 1937—1945, p. 259.

地城市,法币黑市控制力量由渝方掌握,可以吸收港、沪游资流入内地。①

(一)昆明办事处的建立

平准基金在建立之初,就急于鼓励重要进口货物流入国统区。虽然在第一阶段的工作中,它的重心不可避免地集中于改善上海方面的状况,但它从来没有忘记过在内地工作的重要性。陈光甫一直努力倡导在后方建立办事处,以便利内地商人正当外汇需求。早在7月底,陈光甫就建议在重庆、昆明、柳州、汉阳设立平准会分支机构。但由于沪港等地平准工作繁忙,直至9月下旬,陈光甫才得以再次召开会议,讨论在后方设立平准会办事处事宜。② 9月底,陈光甫派基金会的美国代表泰勒(W. H. Taylor)和贝祖诒的助手前往昆明,调查那里的经济状况以及建立分支的可能性。当时,进口货物主要经过仰光和滇缅公路进入中国,昆明成为最重要的贸易中心,平准会选择在昆明建立分会以促进国统区的进口,自然最合适不过。10月22日,昆明办事处成立,由泰勒主持。③

昆明分会的建立,受到国统区合法贸易和工业团体的欢迎,因为该会可以协助它们以官价获得外汇,用于中国政府准许的进口。只要官方汇率支持下的进口能够持续,货物的价格就有希望稳定下来,而不会像以前那样,价格随着昆明黑市的汇价攀升。

在12月初以前,昆明分会的代表都是打电话咨询在香港的委员会,但被太平洋战争的爆发所阻断。战争的紧急形势使得加速向中国的进口变得更为迫切。陈光甫要求福克斯和平准基金委员

---

① 四联总处抄送之上海情报,T. V. Soong's Archive, Schedule A, Box 4, 10. His Te—Mou, Hoover Institution Archives。

② 宋佩玉:《陈光甫与中英美平准基金委员会》,《社会科学研究》2006年第4期,第156页。

③ K. P. Chen's Private Papers, Box 5, Rare Book & Manuscript Library.

会秘书长冀朝鼎前往昆明，调查情况，提出工作建议，并加强昆明分会的职员。

福克斯等人于 12 月 17 日到达昆明，并逗留至年底，此行的主要成果有：有了可供申请者使用的中英文申请表；建立了银行担保申请者的程序以防止投机；要求申请者提供账目，说明外汇使用的用途，并在货物到达时向委员会报告；运货费补助从 400 卢比一吨提高到 1200 卢比一吨，以便进口商能尽快运输货物；某些申请者滥用外汇于个人需求的行为得到有效阻止。[①]

平准基金委员会派员驻滇后，开始管理当地外汇市场。抗战爆发后，云南因成为国际物资运进中国的重要通道而对外开放，反映在金融市场上是货币多元化，除法币与滇币以外，还有英、法、美、印、缅、越、港等外币，外汇黑市猖獗。1942 年 1 月，国民政府开始取缔云南境内通行的各国外币，经外汇管理委员会决定，"凡云南境内临近缅甸地带所有中国的税款，此后应当收取法币"。但是由于香港、上海沦陷，鉴于昆明进口商及机关采购活动的需求，平准基金委员会允许在云南境内临近缅甸地区，仍少量通用缅币。[②]

1942 年 2 月底，贝祖诒和霍伯器也访问了昆明，对昆明分会的工作以及云南和缅甸的情况作了全面调查，3 月 2 日，当他们离开时，提交了一份修正外汇授予条例的建议，新条例于 3 月 24 日得到采用，昆明分会也改由霍伯器的助手卡塞尔主管。委员会的工作得到极大改进，也大大促进了从缅甸和印度合法进口货物到中国内地。不幸的是，日本很快占领了东南亚各国，并于 4 月底切断了滇缅公路，中国的进口贸易基本暂停，昆明办事处的工作也被迫停止。

---

① K. P. Chen's Private Papers, Box 5, Rare Book & Manuscript Library.

② 中国人民银行总行金融研究所金融历史研究室编：《近代中国的金融市场》，中国金融出版社 1987 年版，第 257 页。

(二)平准基金会在重庆的工作

1941 年 11 月 17 日,平准基金重庆办事处成立,和昆明分会的工作一样,主要是加速处理外汇申请,以促进被批准的进口货物进入中国。那些与银行没有联系的小商人,很难事先获得合同和其他文件申请外汇,基金会帮助他们获得必要的外汇,以促进从邻近国家购买合法的、不在禁止名单上的进口货。申请者可以通过当地商会,向指定或特许的银行提交申请,后者再把申请转交给委员会。委员会批准并拨给外汇后,申请者可在两个月内从缅甸进口他们的货物,或者在六个月内从印度进口。[1]

平准基金委员会加强了对外汇的控制。根据 1941 年 10 月 14 日公布的规定,银行有权自行支付小数额的商业进口用外汇,只要每宗交易不超过 2000 美金或 500 英镑。但现在这种做法被终止了,无论数额多少,所有商业用途的外汇申请,都必须提交给委员会做决定。个人外汇需求超过 200 美元或 50 英镑的,也必须获得委员会批准后,银行才能售予外汇。[2] 这样的外汇管理规定和控制是十分严格的。

昆明和重庆平准基金会分支机构的设立,便利了就地审核大后方人民的外汇需要,有利于增加大后方所需要的物资。但从总体而言,这一时期外汇供给数额已减少很多。太平洋战争爆发前,平准会提供的外汇为美金 1570 万元,英金 211 万镑;自 1942 年 1 月太平洋战争爆发起,至该会 1944 年 3 月撤销时止,基金会共计付出美金 790 万元,英金 210 万镑,港币 176 万元。后者与前者相比,规模已大为缩减。依据平准会的报告,平准会对于内地商业及其他外汇的供应,大致以金属及其制品最多,油脂蜡等占第二位,个

---

[1]　K. P. Chen's Private Papers, Box 5, Rare Book & Manuscript Library.

[2]　同上。

人需要占第三位,棉及其制品占第四位。①

(三)平准基金会的危机和结束

太平洋战争爆发后,上海公共租界和香港沦陷,中国对外贸易受到极大限制,相应的外汇审核和供应需求量锐减,缩减了平准基金会的活动,降低了它的重要性,中美英三方对其存在的必要性产生了分歧。尽管平准基金这样的国际货币机构的建立,在密切中美英财政金融合作方面可以扮演重要角色,但这个潜能始终未被开发出来。重庆国民政府内的许多领导人,都认为既然中国已经成为美国和英国的盟国,而且是"四强"之一,就不应该再忍受任何外力对中国国内财政金融事务的干预。

早在 1942 年,就有人主张应该暂停平准基金委员会的活动,但是美方代表阿德勒(Solomon Adler)于 3 月 5 日致电摩根索,认为这样做会使中国孤立无援,并会削弱美英在中国的影响力,以及加剧中国的通货膨胀。② 摩根索接受了这一建议,中止平准基金的动议暂时搁置。

对平准基金会的另一个打击是福克斯的去世。尽管有许多缺点,福克斯始终在为密切中美财政关系而积极努力地工作着,他于 1942 年 6 月 21 日突然在重庆去世,使基金会失去了一位熟悉情况而又善于处事的美国代表。阿德勒继任为美方代表,在委员会内部组成了一个小集团,经常越过主席陈光甫,直接向财政部长孔祥熙汇报,尤其是在传达美国财政部影响基金会的消息时。这一时期,基金会陷于停滞,陈光甫经常呆在国外。③

1943 年春,因为中美英平准基金协定将于 6 月 30 日到期,撤销基

---

① 宋佩玉:《陈光甫与中英美平准基金委员会》,《社会科学研究》2006 年第 4 期,第 157 页。

② Arthur N. Young, *China's Wartime Finance and Inflation*, 1937—1945, p. 277.

③ K. P. Chen's Private Papers, Box 5, Rare Book & Manuscript Library.

金会问题又重新被提出来。孔祥熙早就想撤销平准基金委员会,而中央银行也认为通过多年的学习研究,他们完全有能力把握中国未来的汇率走势。当然这也跟美国的五亿美元借款有莫大关系,这笔巨款满足了中国对外汇的需求,这也让中国不想再保留平准基金会。

美国方面,国会主张结束平准基金。但是英国政府认为平准基金在中国战后重建中将起到非常重要的作用,主张中美英平准基金委员会继续存在。陈光甫总结了这些意见,在 6 月 29 日写给孔祥熙的信中说:"我国与英美的密切合作是十分必要的,特别是在战后重建方面。合作不仅仅是政府间的,而且还应该在财政部和中央银行方面加强合作,这不仅关系到中国的现在,还关系到中国未来的发展⋯⋯所以平准基金委员会的存在是十分必要的,而且在未来会产生更大的影响。"[1]

孔祥熙开始改变态度,确信应该继续平准基金委员会的工作。中国政府通过在华盛顿的代表,提出修改中美平准基金协定的愿望。美国财政部表示同意,并让中国政府提出具体建议。于是,很多建议提交给在重庆的孔祥熙,其中包括冀朝鼎提出的方案,主要内容如下:1. 委员会由 5 位中国籍成员组成;2. 1 位美国顾问,咨询性质的,没有投票权;3. 法定人数 5 人,实行简单多数表决;4. 删除原协定的第 6、8 和 9 条;5. 任何一方终止或小的修正,都要有 3 个月的通知期。[2]

但是美国财政部的怀特(Harry D. White)反对继续扩大平准基金委员会的业务,他没有听从摩根索的意思,拒绝将平准基金修订案提交国会审议。[3]

事情拖到 8 月 2 日,阿德勒接到美国财政部的电报,指示他辞

①　Arthur N. Young, *China's Wartime Finance and Inflation*, 1937—1945, p. 278.

②　K. P. Chen's Private Papers, Box 5, Rare Book & Manuscript Library.

③　Arthur N. Young, *China's Wartime Finance and Inflation*, 1937—1945, p. 278.

职，因为中美平准基金协定已经过期，并未续约。8月4日，平准基金委员会的中方委员咨询了财政部，决定结束委员会的工作，并偿还英国财政部的英镑借款。但是第二天，当委员会英方代表托马斯打电话给孔祥熙，询问有关1939年和1941年的中英条约时，他惊讶地得知委员会将继续工作。①

　　紧接着是一个完全混乱的时期。由于委员会工作的停顿，外汇申请堆积起来得不到处理。托马斯建议委员会继续提供小额外汇给真正的旅行者及难民，得到孔祥熙的同意。与此同时，阿德勒得到美国财政部的指示，暂时撤回辞职请求。但是陈光甫决定离开，他于8月16日和21日两次递交辞职信，但都被孔祥熙所挽留。②

　　美国方面对于维持协定也渐趋消极，主要原因在于通货膨胀和法币贬值，造成法币官价汇率与重庆黑市汇率差别过大，继续维持原有的固定汇率，对在华美军损失很大。当时，美国政府默许中国政府用美元来支付在华美军军费，因为法币的官方汇价估值过高，中方按照1美元兑换20法币的固定汇率来支付美军费用，实际上并不能满足美方的需要。美方多次与中方交涉，希望中国调低法币的官方汇率，但是都遭到了拒绝。随着美军在华开支不堪重负，美国方面不愿再继续公开维持法币的官价，自然认为平准会已无存在的必要。

　　此外，由于不合理的官方汇价，在中国人海外汇款问题上也产生了危机，由于按照官价，美元可兑换的法币远远低于市价，许多人拒绝兑现他们的汇款。国内外的中国银行都受到指责，美元汇率被要求更改为100法币兑换1美元，即5倍于官方汇价。1943年10月7日，财政部下令贴补官方汇价的50%付给海外汇款，且

---

① K. P. Chen's Private Papers, Box 5, Rare Book & Manuscript Library.
② 同上。

支付从平准基金会转移至中央银行。这一决定影响到中美、中英平准协定,并预示了平准基金委员会末日的到来。①

1943 年 11 月 10 日,中国代表向孔祥熙汇报,怀特告诉他们,美国财政部准备终止 1941 年的中美平准基金协定,因为他们不再希望为官方汇率负责,并想尊重中国的主权,且感觉平准基金委员会不再有用。② 孔祥熙在收到报告后,决定放弃继续维持平准基金委员会。11 月 23 日,美国财政部通知平准基金委员会主席,中国政府已指示在它在华盛顿和伦敦的大使,准备终止 1941 年的协定。11 月 29 日,基金会举行了最后一次会议。11 月 30 日,平准基金委员会停止接受外汇申请,并停止买卖外汇。审查外汇申请的工作移交给外汇管理委员会,而兑换外汇事宜移交至中央银行。③

随着 1941 年中美平准基金协定的终止,1941 年的中英平准基金协定也面临结束。英国试图重新在香港设立委员会,继续 1939 年的中英平准基金,独立处理中英贸易。但是中国拒绝了,按照杨格的说法,这是"因为蒋介石讨厌整个交易"。④

1944 年 1 月 14 日,国民政府行政院致函国防最高委员会秘书厅,报告财政部拟取消平准基金委员会,将其业务并入外汇管理委员会办理,已由行政院第 640 次会议决议通过。3 月 3 日,中英平准基金协定宣布终止,中美英平准基金委员会最后正式宣告撤销。4 月 12 日,财政部呈称,外汇管理委员会已经接管平准基金委员会原管审核商号及个人申请外汇业务。⑤

---

①　K. P. Chen's Private Papers, Box 5, Rare Book & Manuscript Library.

②　Arthur N. Young, *China's Wartime Finance and Inflation*, 1937—1945, p. 278.

③　K. P. Chen's Private Papers, Box 5, Rare Book & Manuscript Library.

④　Arthur N. Young, *China's Wartime Finance and Inflation*, 1937—1945, p. 279.

⑤　平准基金委员会业务并入外汇管理委员会改隶财政部,国防最高委员会档案,党史馆。

四、平准基金运作的实际效果和影响

（一）平准基金的作用和影响

1941 年中美、中英平准基金协定的签订，以及中美英平准基金会的成立，是抗日战争时期中美英金融合作的一个重要步骤，关系到战时中国的货币制度、外汇政策和市场运作，平准基金在维持法币汇率、加强外汇管理（实行外汇管制）、保障对外贸易等方面，都起到了一定的作用。平准基金是一项重要的援华项目，数额虽不大，但是对稳定中国战时外汇价格、取缔外汇黑市、抑制通货膨胀、抵御日本金融货币战等都起到了积极的作用。

平准基金对战时中国经济的重要贡献之一，是维持了法币汇率，而这对与日本进行货币战、维持中国货币制度和金融体制等都具有重要意义。

近代战争往往伴随着经济战而出现，一个国家经济的重心就是金融体制，而以外汇汇兑为本位制的国家货币是金融体制中重要的一部分。抗战时期，中国币制因受敌伪多方破坏，币值日趋低落，因此，维持外汇和法币汇率的意义重大。

首先，维持法币汇率有助于增强法币信誉，打击日本经济侵略。日本侵略中国，目的是与英美争夺亚太地区霸权，在东亚建立日本的势力范围，以中国的丰富资源和广阔市场作为建立所谓"东亚新秩序"的经济基础。在日本看来，要实现这一计划，破坏中国法币，将中国纳入"日元集团"，可以达到事半功倍的效果。中美英联合成立平准基金，通过维持法币的汇价来维持法币的价值和中国经济的运作，使沦陷区法币坚持原有的阵地，可以在全国流通，并在国际上维持法币的信用，有助于粉碎日本想把法币变成"废纸"，将中国纳入日元集团的梦想。自日本占领半个中国、国民政府迁都西南之后，中国政治重心逐渐内移，沦陷区与大后方的政治纽带逐渐被切断,如果经济纽带再不能得到维系,则国家分裂的危险就更为增加。法币作为当时中国的法定货币,坚持法币在全国的使用和流通,也是维系沦陷区和国统区经济联系的一种纽带。

其次,维持法币汇率就等于维持中国进出口贸易。战时中国物资短缺,需要以国外的商品输入和国内的原料出口来维持经济的正常运转。为了获取物资、平抑物价就必须要维持法币的汇率,保持足够的外汇用于进出口贸易,满足抗战、经济及民生需要。而平准基金在上海维持法币汇价,并不只是英美得益,中国也得以由上海等地继续大量购运民生日用必需物资,供应后方需求,于中国未尝无利。福克斯就曾指出,鼓励上海必要的进口活动,不仅关系到在日本封锁中国沿海贸易的恶劣情况下,中国社会物资需求的重大问题,而且也关系到往国统区运输商品的问题。[1]

第三,照顾英美在华利益,从而获取他们的支持。战时中国已经告别了自然经济时期,被纳入世界经济体系中,是英美出口产品、获得原材料的重要市场,因此维持法币汇率,可以将中国和英美的经济利益联系起来,英美为了本国在华贸易和经济利益,也要支持中国抗战以抵制日本,以免日本独霸中国市场,排挤英美势力。这种经济手段也是一种政治和外交筹码。

国民政府其实并不情愿用近一亿美元的外汇,去维护上海、香港汇市,从下表可知,平准基金供汇的对象大都是洋商,对中国商人及大后方经济的帮助并不多,中国之所以继续平准基金,其关键在于试图以此来获取英美军事、政治上的支持。所以有论者指出,"上海为国际金融市场,英美上海实力雄厚,抗战以来,我国财政金融多来英美之帮助,为维持法币对外汇信用,并维持外商利益起见,故亦情愿忍痛牺牲,以维持上海外汇市场,论者谓百弊而无一

---

① Arthur N. Young, *China's Wartime Finance and Inflation*, 1937—1945, p. 338.

利,而不知当局实有不得已之苦衷存焉"。[1]

表 3—1　1938 年—1941 年上海口岸主要进口商品中洋商经营比重估计表[2]

商品名称	上海口岸进口值（千美元）	洋商经营进口值估计(千美元)	洋商经营比重估值(%)
粮食（米）	55720	50148	90
粮食（小麦）	15450	15450	100
粮食（面粉）	8730	4365	50
棉花	143136	138841	97
煤炭	32296	29066	90
石油	44410	44410	100
纸及纸版	29553	26598	90
烟叶	30868	30868	100
金属品	49114	46658	95

　　平准基金对战时中国经济的影响之二,是有助于中国建立有效的贸易和外汇控制,促进了国民政府外汇政策的相应变化。

　　1939 年的中英平准基金建立在中国法币系统之上,而法币制度建立在外汇自由兑换基础之上,这就使建立有效的控制系统变得十分艰难。中英平准基金会通常委托指定的银行审查外汇购买,但银行对其顾客的控制不可能十分严格。1941 年中美英平准基金成立时,为辅助基金会运作,中美英联合发布了冻结中国外汇资产的命令,限制在日本占领区、上海外国租界以及国统区进行法币—美元和法币—英镑兑换交易,平准基金会也制定了外汇审核

①　童蒙正:《中国战时外汇管理》,财政评论社 1944 年版,第 120 页。

②　宋佩玉:《抗战前期上海外汇市场研究 1937 年 7 月—1941 年 12 月》,上海人民出版社 2007 年版。

与统制的办法。虽然这些措施不可能完全控制外汇,但为中国逐渐建立起有效的外汇管理和贸易管理铺平了道路,做好了准备。太平洋战争爆发后,平准基金运作地点移至重庆,对于在中国内地建立健全外汇市场、加强外汇管理也有促进作用。

抗战时期国民政府外汇政策的演变可分为以下几个阶段:(1)自 1937 年 7 月到 1938 年 3 月,实行的是无限制买卖外汇的政策;(2)自 1938 年 3 月到 1939 年 3 月,采取既维持法定汇价又维持黑市汇价的方式;(3)自 1939 年 3 月到 1941 年 7 月,开始加强外汇管理;(4)自 1941 年 7 月到抗战结束,美英封存在华资金,中美英平准基金成立,外汇管制进入新阶段,放弃外汇黑市无限制的政策,代之以外汇审核制度。可见,中英美平准基金对战时中国外汇政策发生根本性变化的影响极大,而此后实施的外汇管理政策,对于防止日伪套汇、资本外逃、外汇投机,以及供应外汇保障进出口贸易等都提供了保证。

1941 年中美英平准基金委员会成立后在中国实施的外汇政策,比 1939 年中英平准基金时,在两个方面取得了进步,一是取消了对上海外汇黑市的支持;二是提高了中国的主权。

国民政府最初实行的无限制抛售外汇的政策,虽然能够在一定程度上和时期内维持法币汇价,巩固法币信用,使法币免于因不断跌落而迅速崩溃的危险,但是由于通货膨胀和大量入超所产生的国际收支失衡、日本的货币战和套汇活动、外汇投机猖獗和资金外逃盛行,法币币值不仅未能稳定,反而急剧贬值,并消耗中国大量外汇储备。1939 年中英平准基金成立后,由于英国为保护在上海的投资利益,坚持维持上海黑市汇价,结果消耗了中国大量外汇储备,反倒便利了日伪大量套取中国外汇。1941 年中美英平准基金成立后,如何支配运用,使中国获得实际利益,便成为中国政府战时外汇政策的关键所在。英国仍然力主维持上海外汇黑市,而美国和中国则认为"此项借款,如用以维持上海外汇黑市,其结果必使此款之一部分展转入于日人之手,而敌伪银行复将吸收法币以为发行伪币之准备,实不啻间接鼓励伪币之流通"。最终,在美国罗斯福总统行政助理居里的支持下,英、美政府接受中国要求,封锁中日两国在国外资产,消除了私人资本出口的机会,有助于断绝黑市外汇来源;中美英平准基金虽然继续供应上海合法商业和进出口贸易所需外汇,但下令银行停止黑市牌价,并实行外汇审核与统制政策,实际上不再支持上海外汇黑市。居里还支持在重庆创办平准基金支援外汇业务,以期重庆逐渐发展成为公开的外汇市场。① 中美英平准基金委员会正式运作之后,为维持法币汇率,售出了较大数额的外汇。从 1941 年 8 月中旬至 11 月底的 3 个半月内,平准基金委员会直接出售外汇总额约为 2100 万美元,这一力度大大超过了以往 3 年的平均售汇额。直到太平洋战争爆发前夕,上海的法币汇率大体上平稳,黑市基本消灭。②

　　以上事实既说明了中美英平准基金运作后中国外汇政策的进步,也说明了前人对此次平准基金的几点评价是值得商榷的。有论著认为,抗战时期国民政府所奉行的外汇政策,是以损害我国国家主权,使我国的外汇统制受制于英美帝国主义之手为代价的。由于不平等条约的束缚,由于英美帝国主义拥有租界和治外法权等特权,国民政府对存在于上海租界的外汇黑市,无权也无力加以控制,在英美政府的压力下,长期维持上海外汇黑市,消耗掉大量的外汇平准基金,不愿意和不敢将我国的外汇市场转移到大后方。两次外汇平准基金委员会独揽中国的外汇统制大权,则是我国国家主权受到损害的又一个表现。还有论著认为,国民政府的外汇政策有利于英美帝国主义维护其在华利益。"巨额借款充作平准基金,而仍为维持英美贸易而消耗殆尽,在英美是一举两得,但是对战时金融来说,是毫无

意义的。"①有学者也指出，这一政策的实际作用只是博得英美商人对上海汇市坚定的喝彩而已，对于中国，不但无益而且有害！

　　无庸讳言，平准基金的运作，确实有益于英美在华贸易利益，以及产业资本、商业资本和银行资本的投资利益，但是，平准基金对中国货币、金融、经济和抗战的支持，也是一个不争的事实，说其只对英美有益而对中国无益甚至有害，显然是不全面的。抗战爆发后，在法币贬值、通货膨胀、汇率下跌、贸易减少的危局下，国民政府向英美求援，建立平准基金维持法币汇价，在主观上是积极的，在客观上也起到了一定的作用。英美之所以同意借款给中国稳定中国币制，除去抗击日本的共同利益之外，也考虑到本国利益。平准基金既然是中、美、英三国共同出资，三方共同管理，自然免不了要照顾到共同利益和各自利益，同时要在部分牺牲本国利益的基础上，谋求共同利益，否则就无法形成国际金融合作的局面，达到共同维持中国抗战以最后共同战胜日本的目的。国际关系无不是建立在各国利益的基础之上，但同时也是建立在共同利益基础之上，有时需要牺牲一些本国利益，以达成各国利益的妥协，才能结成同盟或进行合作。不能指望国与国之间完全无偿的援助以及无私的奉献，援助国与受援国之间、国与国关系之间，如果只是单方获利，恐怕是不可能的。为了一个共同的有利于双方与国际大局的战略目标，援助国在提供援助时，受援国在接受援助时，恐怕都要付出一点代价，只要不是过于危害对方权益，就是可以理解并接受的。

　　再者，把英美对中国的平准政策视为一体，是简单化的看法，至少，英美在是否维持上海外汇黑市上的观点不同，在对香港和大后方外汇市场的态度上也不一致。相对来说，英国较多地坚持本国利益，而美国较为支持中国的立场。进一步说，把两次平准基金

①　童蒙正：《中国战时外汇管理》，财政评治社 1944 年版。

一概视为对中国主权的侵害，也是没有看到历史的进步。抗战前期中国外汇统制受制于英美等国，不是由于国民政府的外汇政策，而是源于近代以来不平等条约的束缚，国民政府并不愿意维持上海公共租界的外汇黑市，也想将外汇中心转移到大后方。虽然在1939年中英平准基金时期，中国的愿望无法实现，但在1941年中美英平准基金运作以后，随着平准会逐渐放弃支持上海外汇黑市直至限制、取缔黑市，随着日军占领上海租界，随着平准会在重庆和昆明建立机构，平准基金和国民政府的外汇政策都不再支持上海外汇黑市，而逐渐转向大后方的外汇市场。尤其是1943年中美、中英平等新约的签订，取消了租界和治外法权等不平等特权，中国致力于修改平准协议和平准会组织，收回国家主权。由于中国外汇管理委员会的建立，以及中美英平准基金委员会由三国委员共同决议，平准会本来也不是独揽中国外汇统制大权，而在最后更是以撤销收场，全部外汇审核与管理职权收归外汇管理委员会，这是中国外汇管理政策的进步，也是中国国家主权提高的表现。

（二）平准基金运作中三方的矛盾

　　中美英平准基金委员会是一个国际组织，在共同出资维持法币与美元和英镑汇率的问题上，中美英三方既有共同目标，也存在分歧，合作从始至终都存在着矛盾和冲突。

　　首先，对于是否供给上海租界外汇问题，始终是国内外争论的一个重要问题。主张有条件供给者认为，国统区工商用品多赖上海供应，供给厂商和进出口商外汇，维持上海生产，即是间接安定国统区物价，维系沦陷区人心，并且削弱伪钞与日本军票的信用，亦是经济作战的一个环节。反对供给者认为，上海已沦陷，国民政府不能控制，供给上海外汇无异于资敌。英美人士则认为维持上海外汇市场，有助于中国与西方各国的关系，使日本孤立中国的阴谋不能得逞；而且认为英美等国应供给中国外汇，协助中国安定金融，以维持抗战实力。

　　蒋介石、孔祥熙等人对维持上海外汇市场从一开始就持否定态度。由于 1939 年中英平准基金曾经有过失败的经验，重庆方面认为，将这次平准基金用在维持上海的法币价值方面有困难，既然如此，则应放弃对于上海金融市场的维持工作，而应该用在以重庆为主的国统区汇兑供应及扩充生产事业方面。[①] 蒋介石于 1941 年 1 月 18 日中英平准基金谈判时，致电中国驻英大使郭泰祺转告英方："对平准基金维持上海黑市场之计划，不能赞成，此徒为日寇套取外汇，而非有利于抗战与经济也。"财政部长孔祥熙也曾上书蒋介石表示："关于外汇事项，四年来弟一贯主张，即以实施管理严行审核及外汇市场应移至后方为中心。"[②]

　　但是，英国坚持维持上海自由外汇市场，理由是："如果放弃对上海法币的稳定工作，就等于从根本上动摇英美在中国数十年来的权益。这样做，不符合英美贷给基金的本来目的，同时此时才提出发展内地产业，确实也没有什么意义。再说，这样一来，会使上海输往内地的物资发生困难，从而使内地外汇资金更加缺乏"。结果还是听取了英国委员的意见，在上海实行汇兑许可制，以便于外商进行交易。[③]

　　第二，在平准基金运作过程中，中美英三方在一些具体问题上，也产生了分歧。尽管中英、中美平准协定对运用基金有很多限制，中国方面还是尽力争取自己的权益，特别是在中美英成为盟国，以及废除治外法权之后。孔祥熙曾说过，"我国管理外汇不能

----

　　① 日驻港代总领事木村四郎七致外务大臣丰田贞次郎密函——关于中国平准基金委员会活动情况，1941 年 10 月 13 日，《中华民国货币史资料》第 2 辑，第 482 页。

　　② 孔祥熙致蒋介石，1941 年 11 月 29 日，蒋介石特交档案：财政，第 1 卷，金融，8/48076，国史馆。

　　③ 日驻港代总领事木村四郎七致外务大臣丰田贞次郎密函——关于中国平准基金委员会活动情况，1941 年 10 月 13 日，《中华民国货币史资料》第 2 辑，第 483 页。

不赖英美在资金上、办法上之协助，故不得不相当尊重英美之意见与利益"，只有委曲求全，事后谋求补救改善。[①]

平准会工作地点设在香港、上海和重庆，即是三方争论但最后妥协的结果。中英协议规定基金应在上海、香港等地运用，其地点自应随之而定，中美协议则规定由平准会自行决定。蒋介石和孔祥熙虽然不得不同意在上海实施法币汇率平准政策，但要求同时"必须在重庆立即建立一个自由的外汇市场"，[②]所以平准会成立之初，孔祥熙即坚持平准会应设于重庆，当时英籍委员尚未获英政府推荐，美籍委员表示同意，故平准会总会名义上即设于重庆。此后"黑市猖獗，急谋应付，各委员会专赴沪、港磋商、接洽"，[③]平准会总部的工作地点实际上设在香港。

中美英平准基金的外汇，按协议规定，主要用于上海外汇市场，中国"不能骤言停止"，只能"以种种方法减少该会在上海、香港出售基金之数额，集中后方运用，以便购入物资，平抑物价"。而且，对于上海外币分配额具体方案，中国也有不同意见。分配给上海的每月500万美元中，进口大米为70万美元、美英烟草75万美元、纺织品100万美元，还有相当多分配给石油。重庆方面认为分配给烟草方面的外汇太多，烟草不属于生活必需品，对于进口这种商品提供如此多的资金，只能保证一些外商获得利润。[④] 经过协商，1941年9月，上海外汇分配数额一再减少，"共售出美金约四百万元，英金五十万镑，十月份起再予缩减，上海工部局恰定今后四

---

①　孔祥熙致蒋介石，1941年11月29日，蒋介石特交档案：财政，第1卷，金融，8/48076，国史馆。

②　Arthur N. Young, *China's Wartime Finance and Inflation*, 1937—1945, p. 242.

③　孔祥熙致蒋介石，1941年11月29日，蒋介石特交档案：财政，第1卷，金融，8/48076，国史馆。

④　日驻港代总领事木村四郎七致外务大臣丰田贞次郎密函——关于中国平准基金委员会活动情况，1941年10月13日，《中华民国货币史资料》第2辑，第483页。

个月必须购存米、煤等项所需之外汇,共仅美金五百五十余万元,其他需要亦当尽量缩减"。[1] 由于中方的争取,在重庆和昆明两地也由平准会设立机构,审核出售外汇。"重庆方面,并按月承做汇沪国币五百万元之汇款,以便商民向沪购货,其在沪应付之国币,即由平准会售出外汇所收进之国币抵充"。这些办法,都超越了协定范围。[2]

又如,重庆方面认为,只在运用平准基金方面稍加一些限制,是极不彻底的。既然在上海实行汇兑许可制,也要在香港实行同样的措施,否则难以获得实效。英国委员反对说,如在香港实行汇兑许可制,就会影响香港的繁荣。但是美国委员同意了重庆委员的意见,英国委员也无法反驳。[3] 结果,香港政厅冻结了法币存款,其他取缔办法也见诸实施。

第三,中美、中英平准基金协议中的许多规定,以及平准基金委员会由三方组成的结构,使中国在利用基金方面不能完全按照本国的意愿进行。中美英平准基金委员会系根据中美、中英协定而成立,其职权与工作范围均在协议中有规定,"凡未经规定者,需随时商得英美财政部之同意办理,而不能由我方单独决定或变更其方针也"。[4] 委员会想要决定的事项,"须分别取得英美籍委员之赞同,英美委员如有异议,即无法成立决议"。根据协定规定,售出平准基金所得的法币,也"须存储于英美财政部同意之地点与银行"。[5] "英美财政部认为必要时,得随时统制我国政府或中央银行

---

① 孔祥熙致蒋介石,1941 年 11 月 29 日,蒋介石特交档案:财政,第 1 卷,金融,8/48076,国史馆。

② 同上。

③ 日驻港代总领事木村四郎七致外务大臣丰田贞次郎密函——关于中国平准基金委员会活动情况,1941 年 10 月 13 日,《中华民国货币史资料》第 2 辑,第 483 页。

④ 孔祥熙致蒋介石,1941 年 11 月 29 日,蒋介石特交档案:财政,第 1 卷,金融,8/48076,国史馆。

⑤ 同上。

收回其全部基金,我国政府放弃抗议或者要求之权利"。①

1943 年中美、中英平等新约签订后,废除了治外法权等不平等权益,中国也希望修改对平准基金协定中的一些限制,并想由中国独立掌握平准基金委员会。最终,平准基金协定没有延长,平准基金委员会在 1944 年撤销,外汇管理权完全收归中国外汇管理委员会,兑付外汇则完全归于中央银行。

第四,对于平准基金的运作效果,中国和英美两国也各有不同看法。重庆方面,本来对于英美两国的支持抱有很大希望,但是对于英美以本国利益为主,不符合中国大后方抗战经济的要求等颇为不满。蒋介石和孔祥熙认为,平准基金的外汇主要供应上海市场,但它提供的每月 500 万美元资金,只不过能满足英美大公司罢了,平准基金对上海和香港的支持远远大于给重庆的帮助。陈光甫也评论说,香港平准基金委员会的功能,似乎只是用外汇补助美国和英国的商人,使他们可以保持其生意如常。② 然而,美国委员福克斯却不这样看。他认为维持上海市场对国统区有很大帮助,因为上海 65% 的税收、45% 的编织物,以及 35% 的机器和机械工具都能进入国统区。反之,福克斯指责国民政府财政部提供的资料不真实,他要求提供有关法币流通额的正确数字,并要求重庆方面停止执行印制法币的计划,以免增加法币流通量,加剧法币贬值和通货膨胀。③

(三)平准基金运作效果的局限性

尽管 1941 年的中美英平准基金,对限制敌伪套汇和资金外

---

① 孔祥熙致蒋介石,1941 年 11 月 29 日,蒋介石特交档案:财政,第 1 卷,金融,8/48076,国史馆。

② K. P. Chen's Private Papers, Box 5, Rare Book & Manuscript Library.

③ 日驻港代总领事木村四郎七致外务大臣丰田贞次郎密函——关于中国平准基金委员会活动情况,1941 年 10 月 13 日,《中华民国货币史资料》第 2 辑,第 485 页。

流、稳定金融市场起到了积极作用,但由于平准基金内部存在的种种问题,使得其实际运作效果有很多局限性,在公开市场公开出售外汇的政策没有取得最后的成功。

事实上,平准基金委员会尚未组建之时,陈光甫就已经意识到维持法币价值的艰巨性和复杂性。首先,货币战主要是在上海进行,而当时上海虽然仍是中国的金融中心,但国民政府已经无法控制。其次,对于是否应该维持上海地区法币的价值,有很多意见分歧,陈光甫本人对此也没有一个清晰的认识,使委员会很难提出一个可行的运作计划。再次,上海地区仅进口棉花、面粉、大米和煤炭所需的外汇就已非常巨大,再加上日伪政权千方百计地利用平准基金的外汇,平准基金每月分配给上海的 500 万美元外汇,根本就不够应付。因此,在陈光甫看来,这是一个没有成功希望但却重要而艰巨的任务。①

平准基金运作的实践说明,货币调节在条件不具备时很难有效,主要原因有二:1. 在由向下的经济趋势决定的货币贬值过程中,货币调节只能消除短期的波动,而不可能始终保持货币的价值;2.货币控制必须有相应措施配合,比如贸易控制,外汇控制,存贷款控制等。因此,平准基金会的努力注定不能完全奏效,在抗日战争中,由于军事作战和通货膨胀都在继续,由于没有有效的措施来配合平准基金的运作,仅依靠平准基金来阻止中国法定货币的贬值,当然是不可能的。

平准基金的外汇若想保持不断,就必须存在一个市场,不仅从基金购买外汇,而且也要向基金卖外汇。平准基金委员会虽然实施了外汇管制,指定银行"所有申请换汇的人必须遵循官方汇率,保证外汇流入,如果违反规定,则不允许换汇",但很多出口商通过黑市交易,通过与进口商的贸易相结合,或者得到某些银行的暗中帮助,摆

---

① K. P. Chen's Private Papers, Box 5, Rare Book & Manuscript Library.

脱了外汇管制的控制。结果,在官方汇率下并没有什么像样的出口贸易,因为货物的出口价格太高了,对于商人而言可以说是无利可图。从 1942 年 1 月到 12 月间,由出口所换取的外汇不过相当于106500 美元,这比同期平准基金委员会出售外汇的 1/2 还少。[①]

　　若想解决这一问题,有必要通过与银行信用挂钩或其他类似手段建立一个严密的货币市场。但实际上,在上海市场有效地加强这样的控制是极端困难的。当时,中央银行系统尚未健全,中央银行尚不具备控制货币市场的地位和功能,中国银行以及香港和上海的银行协会,也无法发展成完善的银行运转系统。诸如控制钞票流动、限制国内汇款等措施,所取得的成功是有限的。由于中外商人和银行经济利益的存在,以及中国政府管理上的困难,这些措施很难保持长期有效。因此,以往的研究者把平准基金运作的不成功,简单地归因于没有自主权的外汇政策,是不全面的,没有看到货币市场规律运行的内在因素。

---

　　① 　Arthur N. Young, *China's Wartime Finance and Inflation*, 1937—1945, p. 242.

第四章　5亿美元贷款与稳定战时物价

　　1942年太平洋战争爆发之前,美国给予中国的易货借款和平准基金,援助了中国抗战,对中国获取抗战物资、维持法币汇率和外汇的稳定起了一定作用。但是随着中国抗战局势日益紧迫,国际交通线阻塞,物资运输困难,国内生产不足,造成中国物资缺乏,物价高涨,法币贬值,国内经济逐渐恶化。太平洋战争爆发后,美国也加入到反法西斯战争中来,在国民政府的努力争取下,美国终于在四次对华借款之后,大大增强了援华力度,于1942年3月,向反法西斯同盟的重要国家中国,提供了5亿美元财政贷款,以支持中国更加有效地牵制日军的进攻。

　　5亿美元财政贷款,一直被看做是美国给予中国的一种政治支持。当宋子文受蒋介石之命向美国提出借款要求时,美国国务院政治顾问亨贝克即指出,蒋介石寻求贷款"纯粹是出于政治目的",美国"应该把中国当做联合国家集团中一个重要一员来给予充分的政治支持"。① 美国驻华大使高斯也说:"为了保持中国继续作为一个反轴心国的国家,一笔巨额贷款具有不可估量的意义……更

　　① 任东来:《争吵不休的伙伴——美援与中美抗日同盟》,第80页。

重要的是,这笔贷款的政治意义将会非常巨大。"①美国国务院在给财政部的备忘录中则指出,"目前向中国提供财政援助的决定性考虑是政治性和军事性的"。②

实际上,中美双方在签订5亿美元贷款协定时,既已明确规定此项财政援助的目的是使中国:"1. 增强其金融货币银行及经济体系;2. 资助并提高必需品之生产与分配;3. 抑制物价之高涨,增进经济关系之稳定或阻止通货之膨胀;4. 防范粮食及其他物品之囤积;5. 改善运输及交通工具;6. 推行社会及经济方案,以确保中国人民之团结;7. 应付军事需要并采取其他适当作战步骤,藉使中国在抵抗共同敌人上之作战力量大为增加。"③可见,贷款除了给中国政治支持以外,主要是为了帮助中国平抑物价,制止通货膨胀,稳定战时财政,加强中国抗战的经济力量,以达到抗战的最后胜利。

一、对美国5亿美元财政贷款使用的讨论

抗日战争爆发后,中国政府每年须支付巨额军费,并支出各项建设经费及难民救济款项等,财政支出陡增,但是收入却锐减。由于东南沿海富庶地区被日军占领,国民政府财政收入的主要来源——税收大为减少。收支的剧烈失衡,引发了严重的财政危机。战争破坏了生产,也阻断了交通,导致军需与民生必需品生产严重缺乏,同时,市场上投机和黑市交易盛行,物价不断高涨,通货膨胀问题愈演愈烈。国民政府采取了各种办法来增加战时财政收入,如整理旧税、创行新税、实施专卖制度、发行公债、田赋收归中央并

---

① The Ambassador in China (Gauss) to the Secretary of State, Jan. 3, 1942, *FRUS*, 1942, *China*, pp. 419—420.

② The State Department Memorandum, Jan. 23, 1942, *FRUS*, 1942, *China*, p. 451.

③ 摩根索致宋子文,1942年2月21日,《战时外交》第1卷,第339页。

改征实物等,并向美、英、苏、法等国借款。为弥补财政赤字,国民政府不断增发法币,到1942年时,每月发行钞票35亿元,其发行率比一年前多出一倍,增发钞票暂时维持了财政收支平衡,却使财政情况越来越糟,法币不断贬值。当时,中国法币每"元"的官价汇率是5分美金,而在中国卷入战争以前,法币1元的官价汇率是3角钱美金。在公开市场上的汇率,中国法币每元对美金钞票合1分钱,以黄金算只合1/3分钱。[①]

　　1942年美国无担保、无利息、无偿还年限、无指定用途、无附带条件借给中国的5亿美元,远远超过了此前美国四次援华借款的总和(1.7亿美元),如何利用好这笔巨款,以切实解救中国的财政和经济困境,是一个重大问题。蒋介石曾表示,将用这5亿美元贷款来"增强吾国之经济基础,换回吾国之法币,管制吾国通货之发行,稳定吾国之物价与战时生活标准,并将用于增加必要之生产",而且还强调这5亿美元贷款"足以改善我国之经济状况"。[②] 孔祥熙也明确指出,"此次借款用途,我方原则主在充实准备,增加币信,发行金公债,吸收游资,平抑物价,增加抗战必需生产"。[③] 舆论则将这5亿美元贷款称为"胜利与自由之借款",希望它成为财政当局渡过难关的支柱。[④]

　　基于这5亿美元贷款的重要性,不论是国民政府官员,以及关心时政的中国社会名流、学者,还是美国政府方面,都对这笔巨款的使用,表示了高度关注。首先对贷款运用进行讨论的是《大公

---

　　① 　摩根索财政部长致罗斯福总统之备忘录,《中美关系资料汇编》第1辑,第513—515页。

　　② 　罗敦伟:《中国战时财政金融政策》,财政评论社1944年版,第209页。

　　③ 　孔祥熙致蒋介石,1942年2月21日,蒋介石档案,特交文电:对美关系,光碟编号:09A—00293,档号:090103,卷号:第004卷,国史馆。

　　④ 　抗日战争时期国民政府财政经济战略研究课题组编:《抗日战争时期国民政府财政经济战略措施研究》,第115页。

报》,它于 1942 年 2 月 7 日举行经济座谈会,邀请经济专家各抒己
见。紧接着,国防最高委员会常务会议在 2 月 9 日的第 77 次常会
上,也展开了相关讨论,委员们大都反对《大公报》的提议。孙科发
言说:"现在外间有人主张自由购买外汇及把英美的公债到中国来
发行。这种办法,是奖励资金逃避,绝不是高明的办法。现在我们
对于英美的贷款,是要想法来好好地运用,不是要拿来收回法币,
更不要把钱送到外国去。还有主张请美国到中国来开银行,这是
等于取消自己的国家地位。"他希望财政当局不要采用上述意见。
林森也提醒财政当局特别注意,"务须慎择外国专家的计划","不
要听报上随便说的话"。① 在这种情况下,财政部组织人员集思广
益,各方都对贷款用途提出了多种意见和建议,仁者见仁,智者见
智,也引发了一场空前的大讨论,反思中国经济中存在的问题,探
讨如何解决这些问题的途径。

(一)关于吸收法币的建议

　　国民政府在税收锐减、开支剧增的情况下,出现了严重的财政
赤字,为了平衡预算和收支,国民政府只能靠银行垫款来增发法
币,这无疑增加了货币流通的数量,大量游资充斥市场,官僚商人
趁机囤积居奇,大搞投机,致使物价一再上涨,引发通货膨胀,法币
一再贬值。为了回笼法币,缓解经济上的种种困难,使 5 亿美元贷
款真正为国民经济服务,国民政府部分官员和一些学者提出,利用
贷款吸收法币,减少法币流通数量,以更好地稳定物价和经济形
势。如何吸收法币,各方提出的具体办法不同,归纳起来,主要有
以下几种方案:

---

① 国防最高委员会常务会议速记录,第 77 次常会,1942 年 2 月 9 日,国防 001
49.1,党史馆。

1. 发行美金公债和美金储蓄券

针对市场上游资过多的情形，一些国民政府官员和专家学者，提出了利用5亿美元贷款发行美金公债和美金储蓄券以吸收法币的建议，孔祥熙和宋子文等都是这一观点的支持者。

孔祥熙提出了发行美金公债的具体办法，即：由全国各地政府银行承办发行美金公债，分别委托机关商业银行或其他店号推销，以便普及到民间；法币折合美金的汇率，应该给予优厚，以鼓励人民认购；公债利率拟定为周息五厘，还本期限为十年；公债到期在若干年后，那时抗战也已经结束，无须管理外汇，公债本息可以自由外汇支付不加封存；公债须向民众推销，发行银行不能购买，以吸收民间通货；在全国各地动员党政军学各界，扩大劝募运动；战时地主与企业家获利最厚，购买力增大，应按照其产价及营业额之一定成数购买公债；凡人民积存货物至相当程度，经物资管理局机关查明属实，得以公债征购之，以充实支付物资增加管理力量；政府银行发行外币储券，应另定办法推销，以不影响公债推销为准。孔祥熙认为，美金公债以美金还本计息，可保存货币购买力，而且公债一经大量销售，即能收缩通货，封存人民购买力，物价就会趋于稳定。募债所得法币也可用于拨解国库平衡预算；减少向政府银行借款，以收缩通货；拨出一部分办理国防工业增加必需品生产。①

宋子文在与银行界人士讨论了利用美国借款的各种办法后认为，最简捷有效的方法是实行美金储蓄，他提出的具体实施方式是：政府另行组织储蓄总机关，或由平衡基金委员会管理借款内拨给外汇，存于纽约准备银行，同时委托国内可靠银行及邮政储蓄局作为代理。储款人向代理所存入法币，由各代理所照规定汇率折合美金收储户帐内，以1、2、3年定期存款为限；存款到期以前，储

---

① 行政院副院长孔祥熙呈建议发行美金储蓄券办法及借款运用说帖，1942年3月8日，国民政府档案，0883. 30/8044.01—01，美英借款运用，国史馆。

户若要提取存款,按照所存法币的数额付给法币但不给利息;存款到期,储户得向原代理所提取,并按存款到期的汇兑率折合成法币。储蓄人可以到平时有关系的银行或邮局储蓄存款,不限制数额;储户可随时提取原存法币,以坚定存款人对法币的信念;施行此办法没有印刷债券等手续。再者,美金储蓄存款,利息有美金保障,且按照美国通行利率,定期 1 年不得超过 3 厘,定期 2 年 3 年可以稍加优待;而法币折合美金的汇率,可以 25 元合美金 1 元为准。金融界人士认为采用这一汇率,不会影响法币的信用,反而会减低汇率,进行低利储蓄,可以显示美金储蓄的优势。①

行政院经济会议秘书长贺耀祖则认为,运用外汇吸收法币最好的方法是发行金公债,因为公债不仅可以将人民的购买力转移到战后使用,而且可以使担保品的外汇集中在政府手中,不至于流散民间。他提出应改良以往公债发行的方法,"不用抽签还本,而仿照库券之制,于半年或一年后,一律还本百分之若干,并优给利息;同时相机开设公债市场,由国家银行从中买卖",以解决过去发行公债的诸种困难,如为期过长、脱手不易、资金呆滞、行市不明等等。但是,他认为公债发行易于集中在少数人手中,对一般人民很少有吸收法币的实效,所以应该在公债之外发行金储蓄券,"委托银行代销,所得之法币,缴存国库,还本付息的外汇由政府支给办理"。他认为金储蓄券期限较短,易于脱手,面额较小,利息较高,可分派于各种按期储蓄,或者为代替商家提供分红之用,这样可以通过节约储蓄的办法来达到收缩通货的作用。②

鉴于以前发行公债,人民销纳有限的经验,邹宗伊建议这次若要发行金公债,应该缩短还本付息的年限,最长不要超过 10 年,且

---

① 宋子文呈采取美金储蓄办法以利用借款意见,1942 年 3 月 5 日,国民政府档案,0883. 30/8044.01—01,美英借款运用,国史馆。

② 行政院经济会议秘书长贺耀祖呈建议运用英美借款意见,1942 年 2 月 18 日,国民政府档案,0883. 30/8044.01—01,美英借款运用,国史馆。

应该废除抽签还本的方法,应该每半年还本 1 次,作 20 次还清,并且提高利率,比银行的利率稍高,这样就可以吸引人民购买公债。金储蓄券适合一般民众零星购买,其销路比金公债好,但也应该注意三个方面的问题,即:金储蓄券与金公债的利率应该保持一定的平衡;金公债的发行对象大部分应该是殷实的富人和金融业者,可以采取派募的方式,金储蓄券的对象是一般大众,应该采取奖励及自由购买的原则;金公债由政府发行,所得法币可以用做战费,金储蓄券可由银行发行,政府用此次借款为保本保息的基金,所得法币可以用做生产及投资事业。[①]

但是朱家骅不赞同发行金公债和储蓄券,他认为中国社会大众心理素来就缺乏对公债的信仰,因此公债往往要折价发行,国库蒙受损失,而金融界的人士却获得暴利;如果向民间摊派,则会滋扰人民,发行也不广泛,认购者会折价脱售,资本家则暗中收买,从而获得暴利。因此利用英美贷款发行金公债,对国库民生都得不偿失。[②]

粮食部部长徐堪认为,现时发行美金公债及美金储蓄,虽然没有较大流弊,然而公债因为还本期间较长,推销不易;储蓄也有限期,而且在现时国际情势中,人民未必乐于储蓄,所以用这两个途径来解决当前的货币及财政困难,估计收效不大。[③]

最后,国民政府根据各方的讨论意见以及当时国民经济的形势,于 1942 年发行了同盟胜利美金公债和美金节约建国储蓄券,试图来吸收法币,稳定物价。

---

① 邹宗伊:《英美贷款之运用问题》,财政评论社编:《财政评论》第 7 卷第 3 期,上海财政评论社 1942 年 3 月,第 27 页。

② 朱家骅呈请运用英美贷款发行金券以稳定币值并预立战后币制初基,1942 年 3 月 6 日,国民政府档案,0883. 30/8044.01-01,美英借款运用,国史馆。

③ 徐堪呈请利用美金借款及征购粮食为准备发行金粮兑换券并拟具条例草案,1942 年 3 月 21 日,国民政府档案,0883. 30/8044.01-01,美英借款运用,国史馆。

2. 向美国购买黄金在国内市场上出售

发行美金公债和美金储蓄券，可以在回笼法币、吸收游资上起到一定作用，但是很多人认为，应该利用一部分贷款，从美国购买黄金，在国内市场上出售，以迎合一般人民重视黄金的心理。自古以来都是"盛世藏玉，乱世藏金"，因此用黄金吸收法币，便被许多人看做是最有效的办法。①

抛售黄金首先是 1942 年 5 月由中央银行理事席德懋提出的。席德懋认为，利用中国人对黄金的传统爱好，抛售黄金会比发行美金公债能吸引更多的购买者。他建议，首先出售中央银行所存的 44000 盎司黄金（价值美金 150 万元），再用贷款中的 3 亿美元进口更多的黄金用以抛售。② 国民政府美籍财政顾问杨格也支持这项抛售黄金的建议，并指出，进口黄金会加强中国通货的地位，国民政府可以掌握充足的黄金来控制价格，而民众贮藏黄金，总比囤积货物为害要少得多。③

在中央银行经济研究处举行的座谈会上，也有人建议运用英美借款中的一部分从美国购买黄金，运回国内出售。假如无法办到，可从印度市场上采购，所需费用也可以从英美贷款项下支付。可动支美金 3500 万元，购买纯金 100 万两，假使每两按法币 2000 元出售，可以回收法币 20 亿元。即使按照当时收金官价 680 元出售，也可以回收法币 6.8 亿元。虽然出售黄金之后，黄金会分散到民间，但战事结束后，领事裁判权和租界都会取消，外国银行会遵守中国法令，外汇管理也会更为便利，重新收集民间存金并非难事。尽管出售黄金之后，部分黄金会流入沦陷区被敌伪所吸收，但战事如果胜利结束，自抗战以来的一切损失，应会被敌伪所偿付，

---

① 金天锡：《论运用英美贷款与稳定物价》，《财政评论》第 7 卷第 3 期，1942 年 3 月，第 34 页。

② 中国人民银行总行参事室编：《中华民国货币史资料》第 2 辑，第 882—883 页。

③ 同上，第 883 页。

所以流入敌伪手中的黄金以后也会被收回。[1]

社会学家朱亦松认为,即使大量的人购买黄金,对于回笼法币、稳定物价也没有多大帮助。因为只有那些富商和大地主才有能力去购买大量黄金,而他们往往是那些囤积居奇,搞投机倒把的人,虽然他们购买了黄金,在一定程度上回笼了法币,但是他们会用黄金作为更大的囤积居奇的准备,仍然可以用更多的资本去操纵市场的物价。他提出了另一种使用黄金的方案,即:政府用黄金支付公教人员及军官士兵的薪俸,以及政府举办各种事业的费用。他认为这个方案可以减少法币发行的数量,也可以提高公务人员、教职人员以及士兵的生活,而使整个社会得到安定。[2]

中国国际经济协会呈上题为《两万万美元黄金如何利用意见书》的密件,详细论述了黄金政策的目标和原则,对以黄金控制物资、以物资收回法币进行了分析,提出金块本位不可实行、黄金证券不能生效,也评论了其他一些不合时需的建议,最后得出结论:"运用公开市场政策出售黄金,纵然达不到最理想的目标,但消极的可保留大部分黄金,俾战后改革币制,稳定币值之需;积极的可部分解决目前问题,减少新法币的发行额,防止物价的激增。审时度势,亦属不得已之良计也。而其余办法,或困难无法实行,或根本不生作用,或滋生流弊,或弃黄金于无用之地。两相比较,当以公开市场政策差胜一筹也。"[3]

从美国购买黄金在国内出售的建议,后来成为国民政府实施黄金政策所采取的一项重要举措。

[1]　中央银行经济研究处座谈会:《再论如何利用英美贷款解除我国当前经济困难》,《大公报》1942年7月10日,第3版,第149页。

[2]　朱亦松:《二万万黄金用途之研讨》,《财政评论》第11卷第1期,1944年1月,第66—68页。

[3]　中国国际经济协会密件:两万万美元黄金如何利用意见书,国史馆档案,档号:08A—01624,光碟号:002—080106—041—005—030a。

3. 无限制买卖外汇

在法币日益贬值的情势下，人民更乐意购买外汇，这样可以使其资产不容易损失，但市场上外汇数额不足，致使外汇黑市交易严重，富贾大商趁机大发横财。为更好地管理外汇市场，消灭外汇黑市的存在，稳定法币与外汇的汇率，有人建议以贷款为基金，恢复外汇无限制自由买卖，准许人民自由购买英汇或美汇。这一建议提出后，立即引起很大争论，有赞同者，也有反对者。

部分反对恢复外汇自由买卖的人认为此项建议流弊很大：第一，敌伪套取，在所难免。第二，人民既然能够自由买卖外汇，就势必会购买其他非必需品，运入后方，造成浪费。第三，人民获取外汇容易，将来会携外汇到海外挥霍，消耗大量外汇。第四，外汇散在人民手中，势必会有汇到国外贮藏的，等将来政府或人民向国外购买物资时，却没有大量外汇可供使用。第五，我国外汇管理，迭经演变，规模粗具，一旦废弃，未免可惜。① 这些确实是当时国民经济中存在和需要顾及的问题。

赞同无限制买卖外汇者，针对上述反对者提出外汇自由买卖的流弊，逐条进行了分析。第一，过去敌伪套取外汇，可以增加其向英美购买物资的力量，所以中国政府必须限制买卖外汇，以防止敌伪套取。现在英美已对日宣战，敌人获得外汇后，也无从购买物资。即使敌人经由第三国之手，转向英美购买物资，但今日英美对于物资输出已加统制，并不难防范。第二，过去国际运输畅通，为避免输入非必要物资而耗损中国政府外汇起见，政府有限制外汇自由买卖之举。现在内运很困难，且政府也加以管制，边境设卡，检查奢侈品的输入，所以不用担心人民会输入奢侈品。至于开放外汇，鼓励人民购运物资，增强我国作战实力，正所以充分利用外

---

① 金天锡：《论运用英美贷款与稳定物价》，《财政评论》第 7 卷第 3 期，1942 年 3 月，第 37 页。

汇,接受同盟国的援助。第三,过去限制外汇买卖,是怕人民购买后,去外国享受,任意挥霍,但是现在国际交通困难,政府限制签证护照,出国已经不易,这种顾虑也早就不存在了。第四,外汇散在人民手中,会流散到国外,这是事实。但是战事结束以后,投机事业很多,国内利润又高,上项资金自会回流,就是英美两国人民的资金,也会源源不断流入国内,参与产业开发。所以战时即使有一部分外汇移存国外,也不值得忧虑。[①]

此外,邹宗伊强调,恢复无限制买卖外汇只不过是放弃审核制度,并非完全放弃外汇管理。他建议中央银行的挂牌汇价可以根据市面情形调整,如果人民购买外汇不踊跃而法币流通数量过多,可以降低外汇价格而提高法币价格,以奖励人民购买,反之则将外汇价格提高,使购存外汇的人能在汇价起伏之间,获得损益,以增加人们购买外汇的兴趣。这样一来政府可以伸缩汇率方法,调节法币流通量,只是这样外汇市场会发生投机风潮。如果在平时,外汇投机盛行,会使汇价波动起伏,影响进出口物价的变动,有害于国内经济产业的推进。但现在国际贸易几乎全在政府统筹办理之下,即使汇价起伏,也与国内经济无关,不过这样政府会受到一些损失。总之,无限制买卖外汇有利有弊,而在目前形势下,放宽外汇审核的限制是必要的。[②]

中央银行经济研究处也认为,在当前虽不能完全开放无限制买卖外汇政策,但是可以放宽外汇审核的范围。政府银行根据汇价大量供给外汇,可以回收很大一部分法币,也可以吸收部分游资并缓和经济困难的情形。因此,可以在放宽审核制度的条件下,允许人民在中央银行挂牌价下买卖外汇。如果按照法币每百元折合

---

① 金天锡:《论运用英美贷款与稳定物价》,《财政评论》第 7 卷第 3 期,1942 年 3 月,第 37 页。

② 邹宗伊:《英美贷款之运用问题》,《财政评论》第 7 卷第 3 期,1942 年 3 月,第 31 页。

美金 5 元计算，售出美汇 3 亿元，可以收回法币 60 亿元，对于稳定物价，应该会有较好的影响。[①]

孔祥熙却认为这种方法并不能稳定物价，因为物价上涨归因于货物缺乏及通货增加，而外汇因不易进口，汇价对物价的影响已经减少，因此恢复外汇买卖对稳定国内物价并无多大用处。在孔祥熙看来，维持法币价值，关键在于管理通货与物资，以及法币的兑现，故而他反对无限制买卖外汇的建议。[②] 孔祥熙还指出，主张重建自由外汇市场的计划，"对吾国作战之努力，不特无所裨益，且徒使投机者从中渔利。"[③]加上此前中国已与美英共同设立平准基金委员会，运用美英借款运作平准基金，维持法币与外汇的汇价，此次 5 亿美元贷款就没有再用于此项用途。

4. 在国内出售美钞

在法币贬值的情形下，人民用手中的法币更多地去购买日用生活品等，致使物资供应紧张，大商人等投机者趁机囤积居奇，物价一涨再涨，法币贬值的速度加快。为了更好地回笼法币，稳定人民对于法币的信仰，解决物资缺乏的困难，有人建议，利用一部分贷款换回美钞出售，吸收一般人民的小额法币。关于这一建议也是众说纷纭。

孔祥熙认为，在初期出售外汇美钞的时候，因为供给的增加，法币的比价可能会趋于稳定，但是时间一长，因为人民争购，法币对外汇美钞的比价会下跌，而且会引起投机，更有甚者，人民会要求用外汇美钞作为支付工具。此举虽可吸收法币，但代价太大，而

---

① 中央银行经济研究处座谈会：《再论如何利用英美贷款解除我国当前经济困难》，《大公报》，1942 年 7 月 10 日，第 3 版，第 149 页。

② 行政院副院长孔祥熙呈建议发行美金储蓄券办法及借款运用说帖，1942 年 3 月 8 日，国民政府档案，0883. 30/8044.01—01，美英借款运用，国史馆。

③ 孔兼财长招待记者说明借款意义用途，T. V. Soong's Archive, Schedule A, Box 5，Hoover Institution Archives。

且外汇美钞有变相成为通货的可能，收缩通货的效用不高，因此孔祥熙反对这个建议。①

邹宗伊从正反两方面论证了这一建议的利弊，考虑得颇为仔细。从美国借款项下拨给一部分美金钞票，在运送方面轻而易举，在国内出售，吸收一般人民的小量法币，其作用可以和黄金差不多。美钞输入国内，不至于在国内市场上流通，一来中国以中、中、交、农四行发行的钞票定为法币，外币在国境内流通，并无法律依据；二来美钞持有人若同时持有法币，也不会愿意将其购入的美钞付出，如果国家银行开办外币存款，势必会有一部分美钞存入银行以获得利息，不会有大批美金钞票存在于人民手中。如果出售美钞，必须在国内有法律或法令的规定，不能用美钞购买物资。人民要用美钞购买物资，必须先向国家银行换取法币，或者把持有的美钞出售给别人换成法币，然后再用法币购买物资，这样美钞的流通就不至于代替法币。但是，美钞既然已经存在人民手中，就不可避免会有人在私下里用美钞购买物资。如果政府禁止太严，就会使美钞的用途减少，政府出售美钞以吸收法币的目的就很难达到；如果不以法律禁止，仅规定中、中、交、农四行钞票为法币，那么一般人民就会私下购买或交换，就会有用美钞代替法币作为筹码的后果。筹码未能收缩，币值也会紊乱，影响物资的稳定。综合利害考量，他不赞同这个办法。②

金天锡提出，现时以中、中、交、农四行的纸币为法定货币，法律上自然不会允许外币代替法币供作交易的媒介。假使美钞需换成法币后再行购买物资，就对原有的通货没有什么影响。并且购买外钞的人，把它看成商品加以贮藏，也不会轻易脱手去购买物

---

① 行政院副院长孔祥熙呈建议发行美金储蓄券办法及借款运用说帖，1942年3月8日，国民政府档案，0883.30/8044.01—01，美英借款运用，国史馆。

② 邹宗伊：《英美贷款之运用问题》，《财政评论》第7卷第3期，1942年3月，第31—32页。

资。假使要预防频繁买卖外币与交易时直接授受外币,不妨对外钞买价和卖价规定一个相当数量的差额,作为银行兑换的手续费,使持有人不愿将自己的外钞随便卖出或买进而遭受损失。再者,即使有少数外钞同时流通,也会立即退出流通界,而被持有人所贮藏。①

讨论的结果是,大多数人认为,出售美钞虽然可以吸收小额法币,但是与出售黄金相比效果不大,所以国民政府在后来也没有实施这一建议。

5. 其他建议

除以上几方面比较集中的意见之外,还有很多关于吸收法币的建议,择要列举如下:

(1)利用英美借款,购买英美公司的股票,在国内出售。

金天锡认为,这是吸收法币的一个良好方法。因为股票本身可以产生效益,不用政府再来支付利息。不过人民对于外国股票的情形不很熟悉,将来取息或出售,也有很多困难,所以不见得能普遍推销。② 谷春帆认为,股票比公债收益高,而且有红利。人民购买股票,可先付款五成,用本息作为抵押,数年后所得股息可以偿清所欠余款。战后会有一个通货紧缩的时期,政府应该把握这一时机,让股票持有人将股票售还政府,这样可以调节通货。不过中国的富人未必愿意去购买,而这个问题也需要和英美政府协商,可行性还有待于验证。③

(2)利用贷款,由中国在英美设置股份公司,公司所发股票在国内销售。

邹宗伊认为,由我国自设重要工业股份有限公司发行外币股

---

① 金天锡:《论运用英美贷款与稳定物价》,《财政评论》第 7 卷第 3 期,1942 年 3 月,第 36—37 页。

② 同上,第 33 页。

③ 谷春帆:《英美贷款之运用问题》,《财政评论》第 7 卷第 3 期,1942 年 3 月,第 21 页。

票以吸收法币,这项办法只能以产业作为背景,与发行金公债、金储蓄券以信用为背景,在性质上是不一样的。[1] 罗敦伟认为,在战时物资缺乏的时候,不应该在国外设立工厂。金天锡认为,中国在外国开设公司,人才技术都有问题。如果用英美人才和技术,难免会对其产生依赖性,倒不如购买英美公司股票来销售。中国在海外创设新公司,没有建立信誉,人民对于这种股票,不见得会购买。此外,中国正需要英美物资的输入,在运输困难的情形下,应该将资金和物资运到国内进行生产,而不是国外。所以这个方法不仅收益不大,也是不值得采行的。[2]

(3)利用一部分贷款在国外投资证券。

金天锡认为,如果购买英美可靠而富于流动性的产业有价证券,把证券所得的收益,偿付国内所发外币公债的本息,是可以采用的。历来各国用一半借款进行投资的先例很多,不过须商得英美政府同意,同时,也不能以全部贷款来从事投资,而应保留一部分,作为公债付息与其他之用。[3] 徐堪却认为,对于美国有价证券,除少数投机家、资金逃避者及有国际知识的人或许乐意购买之外,一般人民对其毫无认识,实在是难以普遍推销。如果过分宣传美债可贵,向人民劝购,更有损中国政府尊严及固有债信。[4] 罗敦伟也认为,因为国际交通困难和国际局势的动荡,一般人民不了解国际金融界和产业界的情形,因此不会轻易向国外投资,故而效力不会很大,而且这是把国人的资产投放到外国的事业方面去,因此也

---

① 邹宗伊:《英美借款之运用问题》,《财政评论》第 7 卷第 3 期,1942 年 3 月,第 28 页。

② 金天锡:《论运用英美贷款与稳定物价》,《财政评论》第 7 卷第 3 期,1942 年 3 月,第 33—34 页。

③ 同上,第 34 页。

④ 徐堪呈请利用美金借款及征购粮食为准备发行金粮兑换券并拟具条例草案,1942 年 3 月 21 日,国民政府档案,0883. 30/8044.01—01,美英借款运用,国史馆。

不应该为政府所提倡。[1]

（4）邀请英美银行到中国内地设立分行，使中国与同盟国间的金融，获得更为密切的关系，贷款的利用也会更加灵活。

赞同的人提出，"外汇持有人，必须得有国际金融机关的联系，方可自由转换运用其外汇资产"。[2] 反对者则认为，这个理由是不充足的，因为中国银行虽然已经与外国的金融机关有联系，但是之前发生过英美冻结中国人在英美外汇资产的事，使国人的外汇资产无法自由转换。而且中国的外汇数量并不是太大，只要中国国有银行及私家银行协同办理即可。外国银行即使收存了法币，也会再次放出法币，而不会大量库存，收不到回笼法币的目的。再加上中国存在治外法权和租界，金融管制不会发生太大效力，因此没有让外国银行参与的必要。[3]

（5）借入英美战时公债，在中国国内推销。

这个办法等于中国代替英美销售公债，不过销售所得款项归中国政府所有，至于公债的还本付息，则由英美政府负责。这种做法未必能够收到多少效果，因为英美公债为期较长，利息又低，国人未必愿意承购。而且随着战事的进行，人民对于英美公债的信仰也比从前有所降低。[4]

（6）推广外币存款。

过去政府银行所办外币存款都是定期的，以后应加推广，兼办活期，准许人民随时用法币折合外币存入，并可以随时提取。这比储蓄券的运用更为灵活，因此也会更受人民欢迎。

这些建议可谓五花八门，体现出国人对中国经济、物价和财政

---

[1]　罗敦伟：《英美贷款运用方法总检讨》，《财政评论》第 7 卷第 3 期，1942 年 3 月，第 14 页。

[2]　同上。

[3]　同上。

[4]　邹宗伊：《英美借款之运用问题》，《财政评论》第 7 卷第 3 期，1942 年 3 月，第 33 页。

形势的迫切关心,都在积极讨论和出谋划策,但所提建议大多不切合实际,因此虽热闹一时,但最后基本都未被政府采用。

(二)关于改革币制的建议

法币贬值、市场上流通数量过多,已经是中国的痼疾,国民政府多次试图解决这一问题,也曾在 30 年代改革法币制度,但都因种种原因而未能奏效。要制止法币贬值,需要相应进行币制改革,但必须有坚实的财政基础,国民政府囊中羞涩,自然无法实施币制改革。现在,有了美国提供的 5 亿美元财政贷款,如果只是利用它吸收法币,并不能从根本上解决法币贬值问题。因此,有人建议改革币制,利用贷款实施金本位制,收回旧法币,发行金法币,使金法币的价值与战前相等。所有公务人员的薪俸,一律以金法币支付。这是想把货币价值,恢复到战前的水准。

朱家骅认为,近年来物价剧涨,并不是由于法币发行额过大,而是由社会恐慌心理造成的。现在社会对法币的恐慌心理已经牢不可破,如果不从币制本身作根本改革,产生一种稳固之币制,以安定人心,安定物价,上述现象将愈演愈烈,终至无法收拾。故而,他提出了改革币制的原则与办法。

关于改革的原则,第一,今后中国币值应与美国币值密切联系。第二,采行复本位制以稳定币值,今后可以在法币之外,另外发行一种金券,使之与法币并行流通,用金券信用,维持法币的价值。金券与美元联系,可利用美元信用,使其价值安定;再使法币与金券间法定之兑换率稳定,则法币价值也会趋于平稳。第三,停止继续发行法币,收回法币,实行金单本位。这样既可以维持法币与金券的法定兑换率,又可以在将来实行金单本位时,容易全部收回法币。①

---

① 朱家骅呈请运用英美贷款发行金券以稳定币值并预立战后币制初基,1942 年 3 月 6 日,国民政府档案,0883. 30/8044.01—01,美英借款运用,国史馆。

关于改革的办法，他提出，用全部英美贷款作为十足准备以发行金券，最高发行额为 30 亿元，对外价值规定与美国联系，等于美金 1/4，对内价值规定与法币的兑换率为 1∶20。金券 1 元规定含纯金 2.94 格兰姆，美金 1 元含纯金 11.75 格兰姆。金券 1 元等于 1/4 美金，即含纯金 2.94 兰姆。币制要改用金本位，使人民对金券的信仰更加坚定，也可稳定对外汇兑。以美金贷款为准备的金券，准许其自由兑换美金。有人认为自由兑换美金，会有资金逃避、准备提空的危险，但依照过去的经验，如果严格实行，并有十足准备或准备充足，人民决不会挤兑。金券发行后，应与法币并行流通，应绝对停止增发法币，公私用途仍暂时用法币计算，士兵薪饷及公务员薪给可逐渐依照战前原额搭发金券，以示优遇而利于抗战。金券暂分 2 元、5 元、10 元、20 元四种，由美国公司承印，用飞机输入。①

关于发行金法币一项，徐堪认为，如果不以政府所能掌握的物资为一部分准备，而直接与实物发生联系，则仍不容易安定粮物价格，势必会造成金币继续增发，粮物价格继续增涨，金币继续贬值，那么现行法币与物价比值会更加低落，到时新旧币都出现紊乱的形势。② 因此他建议，必须利用取得物资与英美借款之信用，建立一种新币值信用，并进而奠定战后币值的根基，同时须能巩固现行法币的信用，以根本改变人民对币值的观念；新币值必须是征购物资的中介，同时也是一种民生必需实物的代表，人民随时可以换取定量的实物，而民生必需实物最重要的是粮食，因此此项新币制的代表物，最好与粮食相联系；新币制必须对交换其他民生日用必需品也具有普遍而长期的固定比值，以稳定一般物价；现行法币流通

①　朱家骅呈请运用英美贷款发行金券以稳定币值并预立战后币制初基，1942 年 3 月 6 日，国民政府档案，0883. 30/8044.01—01，美英借款运用，国史馆。

②　徐堪呈请利用美金借款及征购粮食为准备发行金粮兑换券并拟具条例草案，1942 年 3 月 21 日，国民政府档案，0883. 30/8044.01—01，美英借款运用，国史馆。

广而数量多,必须与新币制有一定的比值,以恢复法币信用。①

　　根据以上五项原理,徐堪拟定出金粮兑换券条例草案11条,其主要内容有:由中央银行发行金粮兑换券,以关金1元为单位,其1元合纯金为0.8886708公分,与美金1元合纯金量相等;面额分为1元、5元、10元、50元、100元六种;以黄金美元和稻谷小麦等粮食各五成,作为十足准备;该兑换券可用做买卖粮食,可向中央银行或委托之银行兑换美金或法币;管制粮食价格,一律以金粮兑换券单位计算;粮食价格由粮食部分区订定,国民政府公布所有粮食买卖,均按定价交易,其他民生日用必需品按照前项规定公布定价,以金粮兑换券依照定价交易等。②

　　他认为,运用兑换券收购民间的粮食,以美金为准备,并与美金同值,可以减少券料的支出,并增加粮食与实物的所得;掌握粮食的数量应该高于发行兑换券的准备,以供政府自由运用;估计可能收回法币54万万元;以后收购粮食工作,可以更加顺利地完成。此项兑换券是有十足准备的优良通货,粮户既可以自由使用,来换取生活必需品,也可以换取自由外汇美金,而且政府向人民购粮,人民向政府供应机关购粮一律按照定价交易,储存粮食的人也不用囤积居奇,而乐于出售;粮价从此可以稳定,不会再发生黑市,进而平定物价、工价,由此可以确查余粮,奠立粮政基础;也使人民建立对新币制的坚强心理,同时稳定现行法币的价值;可以平均人民负担,平衡战时财政;此项兑换券既是民间购买粮价的通货,又是信用的确立,必然会有大部分在外流通或者储存在银行让其增长利息,不会完全兑换成美金,那么原来提充准备的美金,大部分也可以经常保持。③

　　贺耀祖认为,利用美国贷款整理旧法币,实行法币的金本位,

---

① 徐堪呈请利用美金借款及征购粮食为准备发行金粮兑换券并拟具条例草案,1942年3月21日,国民政府档案,0883.30/8044.01—01,美英借款运用,国史馆。

② 同上。

③ 同上。

虽然是一项根本改制办法,但是他不赞同此项办法。因为政府的经费,公务员的薪金,都是按照金法币计算的,而通货膨胀对工农商业的影响比较小,但对工薪阶级的影响却比较大;其他各国进行货币整理,一般都在战后实行,因为战时的财政收支不稳定,而且改弦易辙对社会人心的影响也很大;即使政府改行金法币,预算也还是不能够得到平衡,而为了维持新发行的金法币,必须又要以资金为保证,所以新金法币的价值也难以得到稳定。再者,对于公务员的救济可以从平价、使用物品供给等方面入手解决,以增加他们的购买力。所以他认为现在没有必要更改币值,不应该用美国贷款来调整现有法币价值,应该等到将来情势变迁后,再进行考虑。[①]

罗敦伟认为,发行金单位的新法币并不是解决物价高涨的良好办法,因为物价问题是由于物资缺乏引起的,而不是单纯的法币数量过多,因此即使发行新法币能回收一部分旧法币,但是对于物价的长期稳定也没有多大帮助。而且一旦新法币再次发生问题,政府的信誉会一再跌落,是得不偿失的。[②]

一国货币的改制或整理,多在平时,因为这种改制,在经济与社会方面引起的变动太大,决不是对外作战的国家能负荷起的。并且改制或整理后,假使国家收支还是不能平衡,仍须增发新币以资应付,结果,新币的购买力还是要降低,所以在财政状况没有稳定以前,要树立新的币制是很困难的。于是,利用 5 亿美元借款改革币制的想法,最后只好暂时搁置,留待战后。

(三)关于增加物资供给和物资生产的建议

鉴于国内物资匮乏,导致投机者囤积居奇,致使物价不断上

---

① 行政院经济会议秘书长贺耀祖呈建议运用英美借款意见,1942 年 2 月 18 日,国民政府档案,0883.30/8044.01—01,美英借款运用,国史馆。

② 罗敦伟:《英美贷款运用方法总检讨》,《财政评论》第 7 卷第 3 期,1942 年 3 月,第 15 页。

涨,很多人建议应该利用贷款来增加物资供给和物资生产,以解决物资缺乏和物价上涨的问题。

1. 增加物资供给

关于物资供给的建议,其一是利用贷款,增购运输飞机,由英美及其属地运入必要物资。当时滇缅公路的交通面临断绝,有必要利用飞机输入物资,再运到国内交通所能接通的地方。凡是国内不能生产或是自给的重要物资,如工作母机、精密仪器、医药用品,及贵重材料等,由此次借款项下拨购,再由航运飞机迅速运入。但是关于这一点的可行性,罗敦伟提出了分析,他认为在当时的形势下,英美未必会供售给中国很多架飞机,即使供售了飞机,需要购进的医药用品、精密仪器以及贵重器材等,运输量也很大,飞机未必能够承担。[①]

其二是转向苏联与其他国家购买必要物资。苏联还没有享受租借法案的利益,购买英美货物还需用英镑、美金,因此很需要英美外汇,从苏联等国购买物资是可行的。此外,中国可以与苏联协议,共同改进西北交通及空运,以输入必需物资。

其三是用外汇抢购沦陷区的物资。政府既然掌握了巨额外汇,可以直接利用外汇或外钞去抢购沦陷区的物资。当时沦陷区的物资比后方低廉,敌人也一时没有方法来破坏法币,所以法币可以源源不断地流入沦陷区,物资源源流入后方。政府应鼓励商人购运,除按定价收购外,并得酌给奖金。如有必要,也不妨以外汇前往抢购。[②] 罗敦伟赞同向沦陷区抢购物资,但是强调必须加以严密管制,由政府全盘管制购进的物资;必须抢购国内十分缺少而且目

[①]　罗敦伟:《英美贷款运用方法总检讨》,《财政评论》第 7 卷第 3 期,1942 年 3 月,第 15 页。

[②]　金天锡:《论运用英美贷款与稳定物价》,《财政评论》第 7 卷第 3 期,1942 年 3 月,第 35 页。

前急需的物资,否则会让敌人得到他们需要的外汇但于我无利。[1]

其四是利用贷款,完全购入军需物品。但金天锡认为,向外购买军需物品,可以利用租借法案,不必动用贷款来支付现金。[2]

其五是立即开辟中印交通新线路,由加尔各答经过大吉岭进入康藏,改良旧有的中印线路,以增加物资运输,完成这条新的交通线路及运输的费用可以从这次借款项下拨付。[3]

2. 增加物资生产

战时多数物资生产和生产事业的资金都不足,如果由政府银行举办贷款,会增加法币流通的数量,并刺激物价的高涨。而另一方面,好多人握有大量法币而无适当地方投放,大都趋于囤积投机。如果利用这次贷款,吸收人们手中的法币,将其投放于生产事业,可以增加物资的供给,而不至于增加法币流通的数量。因此有人建议,利用贷款,吸收大部通货回笼后,应该立即大量投放生产事业,以增加国内物资的供给,同时向英美及其属地购买必要的生产器材,在国内积极从事生产,增加物资的供给。

贺耀祖认为,运用贷款最理想的办法就是增加国内物资生产,即:从外国购买大量生产工具及必要物资运回后方,用以加强生产,增加供给。虽然太平洋战争爆发后,增加了运输困难,但是在缅甸境内,还有不少重要物资与生产设备,印度与西北之间的交通线,也正在整理和利用,因此可以划出一部分外汇,用于积极抢运,并且同缅甸政府协议,协助缅甸境内的工厂,迁入我国安全地带。[4]

---

[1]　罗敦伟:《英美贷款运用方法总检讨》,《财政评论》第 7 卷第 3 期,1942 年 3 月,第 14—15 页。

[2]　金天锡:《论运用英美贷款与稳定物价》,《财政评论》第 7 卷第 3 期,1942 年 3 月,第 35 页。

[3]　邹宗伊:《英美借款之运用问题》,《财政评论》第 7 卷第 3 期,1942 年 3 月,第 24—25 页。

[4]　行政院经济会议秘书长贺耀祖呈建议运用英美借款意见,1942 年 2 月 18 日,国民政府档案,0883. 30/8044.01—01,美英借款运用,国史馆。

金天锡赞成利用贷款,收购缅甸战区的器材,积极从事生产,并利用吸收所得的法币,投放于生产事业。[1]

罗敦伟提出,应制订生产的全面计划,定制各种生产工具并购入最缺乏的原料,同时实行"优先制度",根据物资使用的轻重缓急及需要程度,决定用贷款优先购买的货物,以更好地增加物资生产。[2]

3. 物资的分配和管制

侯哲莽强调,应该在增加物资供给的同时,实行物资的管制和分配。物资供给多了,容易被商人套取导致囤积居奇,一般民众也会买进卖出,导致物价的上涨,因此,应该加强物资的分配统制,为此,他提出了一整套方案。

首先是对于消费者的组织。因为消费者一般都分散在各地,组织起来比较困难,所以应当分若干步骤来进行。先是公务员、工人以及学生,他们最迫切需要平价物品,又最容易组织,应当按照他们所属的机关和工厂分别组织起来。第二步是市民中的小生产者,他们缺乏大量资本,同时又是供给市民日常用品的生产分子,如果能够供给他们平价物品,可以间接收到平价的效果。此外才是组织一般市民。

其次是对于消费者的管理。应该采取消费合作社的形式,尤其要注意合作社的业务管理。第一,采取定量分配制,按照人口的多少,规定一定的数量,不能采用随意买卖的办法,合作社对于社员的消费量,必须认真调查,如果不按实在数量供给,许多物品仍旧过量发售,消费者就可以得到个人囤积甚至转卖的机会。第二,严格限制社员跨社和家属重复登记,一人以加入一社为限,以免需

---

[1]　金天锡:《运用英美贷款的补充意见》,《财政评论》第7卷第3期,1942年3月,第38页。

[2]　罗敦伟:《英美贷款运用方法总检讨》,《财政评论》第7卷第3期,1942年3月,第16页。

要量估计不确实,这种情形在兼职多和本人与家属不同住的场合最易发现。第三,限于社员购买,不能对非社员交易。万一有必要,也可以采取预备社员制度,使他们将来可以成为社员;同时社员购买必须采取购买折,购买折的使用仅限于本人,不得转借。第四,供给消费合作社的物品要有计划地统一管制。各消费社有自行采购的,但是正常的进货来源还应该是政府的平价机关,平价机关应该和这些消费合作社联系起来,不能各自为政。实行以上诸点管理,政府必须有极大的决心,加强合作行政机关和物资机关的力量,严格取缔一切不符合上述规定的消费合作社,并设法使其普遍建立,从平价机关到消费合作社形成一个统一的密切的体系,这样物资分配才能得到适当的解决。[①]

罗敦伟主张利用一部分贷款作为实施全面物资管制的基金,以便使商业活动掌握在政府手中;利用一部分贷款作为工矿贷款的资金,同时把过去所有贷款都统一到一个机构中,应根据军事第一、胜利第一的原则,因时、因事、因地制宜分配贷款。凡是领到贷款的生产机构,其生产品必须受物资局或其他机构的管制,支配到平价市场上,当然也给予生产者一定的利润,不过他们所获得的利润也应该在管制之下。这样一来,贷款达到了增加生产的目的,生产者有了资本,产品有了正当的销路,物资管制机关有了物资,企业家获得了利润,消费者得到了消费品,生产利润又回到生产事业,扩大了再生产。总之,这样既平抑了物价,回收了相当部分的法币,扩大了银行的库存,国家也掌握了一部分的资金,同时也扩大了物资生产,因此对于经济的发展是有帮助的。[②]

张嘉璈也不赞成从美国购运黄金收回法币,他主张"应以物资

---

① 侯哲莽:《运用英美贷款的补充意见》,《财政评论》第 7 卷第 3 期,1942 年 3 月,第 44 页。

② 罗敦伟:《英美贷款运用方法总检讨》,《财政评论》第 7 卷第 3 期,1942 年 3 月,第 18 页。

为对象",即以黄金为保证,"而发行一种证券,收购物资。一面设立基金保管委员会,以社会公团代表为委员。一面设立物资局,专任照市价收购物资。如黄金价涨,可多购物资。政府既把握多量物资,即可稳定物价。如但用以收回法币,则法币在市面流通已经太多,势将有利于操纵法币者"。[①] 他曾经当面向蒋介石提出上述意见,但未被采纳实行。

(四)美国方面的建议

为赢得共同抗战的胜利,美国向中国提供了 5 亿美元的贷款,而且条件空前优厚,无利息,无担保,无偿还日期,这笔巨款交给中国,能否得到有效利用,而不是打了水漂,自然是美国政府极为关注的事情。为使借款发挥最大功能,达到它应该达到的目的,美方也积极为国民政府出谋划策,并且希望中国能够接受美国的建议。

美国政府官员普遍认为,降低物价以控制通货膨胀,应该是中国政府的首要目标。通过贷款担保债权以吸收游资,是急需要解决的问题;增加必要物资的生产来稳定物价,是最有效的措施。

关于贷款的使用,在官方和非官方之间提出了大量的建议,主要包括:(1)进口美钞在中国出售;(2)无限制自由买卖外汇;(3)在中国出售美国政府债券;(4)重建工业并鼓励国内生产;(5)用做货币发行准备;(6)以外币信贷担保出售公债,收回相当数量的货币以供政府使用。[②]

美国外交部政治顾问亨贝克主张,应在中美坦诚友好讨论的基础上建立规则,以确保贷款使用的途径;应制定贷款使用项目一览表,以供美国向中国提出建议而扩大贷款的有效利用。他还建

---

① 姚松龄编著:《张公权先生年谱初稿》上册,(台北)传记文学出版社 1982 年版,第 342—343 页。

② The Ambassador in China (Gauss) to the Secretary of State, Feb. 14, 1942, *FRUS*, 1942, *China*, p. 467.

议中国政府成立"评价审查委员会"或"计划委员会"，由中国人和美国人共同组成，各方代表讨论总结贷款的可行性佪用方法，以期最有效地运用贷款。[①]

美国向中国提出有关使用贷款的建议，希望中国采纳，同时还希望中美共同决定贷款的用途，美国有监督和审查贷款用途的权利，以保证5亿美元巨款能得到有效利用。为此，美国曾经努力想在中美协定中加上一个条款，规定该项信用贷款的使用要经过磋商。但是中国对此却有不同看法，一来中国政府认为，贷款已经给予中国，中国即应拥有自主决定如何利用贷款的全权，而无需与美国讨论并听从美国的建议，当然也不需要随时向美国汇报贷款的用途；二来中国政府更不能接受美国监督和审查，认为这有损中国主权。由于中国政府的坚决反对，美国让步了。中国官员虽然非正式地作出了磋商的保证，但实际上很少理会美国的意见，中国政府对于5亿美元贷款的使用，完全要自己做主。双方在这些问题上的分歧，为后来贷款实际运用过程中中美之间的矛盾埋下了伏笔。

尽管从一开始中国政府就不愿意美国过问和插手贷款的使用，美国政府仍然时刻关注着国民政府对贷款的动支情况，驻华大使高斯随时向美国财政部和国务卿报告国民政府抛售黄金、实行黄金存款、发行同盟胜利美金公债和美金节约建国储蓄券的情况，并对这些政策提出了不同的意见和看法，双方从讨论贷款使用阶段就已出现的互不理解，遂愈演愈烈，最终出现了严重的争执，这些情况都将在下面的章节进行论述。

5亿美元借款乃前所未有，是为支持中国抗战而提供的，必须善为利用，这不仅为政府所关心，也为各方所关切，因此讨论涉及

---

① Document Prepared in the Department of State, Feb. 28, 1942, *FRUS*, 1942, *China*, p. 474.

的问题十分广泛,提出的方案也非常之多。在经过充分讨论、集思
广益之后,国民政府认为,太平洋战争爆发后,中国的作战范围已
经扩展,支出也随之扩大,财政收支更加无法平衡。虽然征收新
税、提高原有税率等,收入增加仍感不敷,只有运用借款健全财政
准备,开展储蓄,抑制物价高涨,减少通胀危险。因此国民政府决
定用这笔借款作为发行钞票之巩固准备金,以增强法币之信用;发
行以美元为准备的国内公债,增加储蓄存款,吸收已发行的法币;[①]
实施黄金政策,抛售黄金,举办黄金存款和法币折合黄金存款等业
务,此外还购进原棉及纺织品等必要的生活物资,以解决战时物资
缺乏的问题,稳定经济。

表 4—1　5 亿美元动支情况(单位:百万)[②]

拨款日期	用途	数额
(一)1942 年 4 月 15 日	设立偿付美金公债券的准备基金	200
(二)1943 年 2 月 1 日	购买黄金	20
(三)1943 年 3 月 2 日	购买钞票及供应品	20
(四)1944 年 10 月 13 日	购买黄金	20
(五)1945 年 5 月 22 日	购买黄金	60
(六)1945 年 6 月 12 日	购买黄金	60
(七)1945 年 7 月 18 日	购买纺织品	10
(八)1945 年 7 月 27 日	购买黄金	60
(九)1945 年 8 月 3 日	购买钞票	35
(十)1945 年 2 月 7 日	购买纺织品	1.5
(十一)1946 年 3 月 13 日	购买原棉	13.5
	总计	500

---

① 孔兼财长招待记者说明借款意义用途,T. V. Soong's Archive, Schedule A,
Box 5, Hoover Institution Archives。

② 《中美关系资料汇编》第 1 辑,第 497 页。

二、5亿美元贷款与战时中国黄金政策

(一)抗战前后国民政府黄金政策的演变

国民政府的黄金政策在抗战前后经历过多次变更。最初黄金和白银是允许自由买卖的,1935年11月3日法币制度实行后,为充实货币发行的准备金,政府规定了法币收兑民间金银的办法,白银首先收归国有。抗战爆发后,财政部顾问杨格建议由国家银行继续收购民间白银和黄金。为稳定法币信用,充实黄金准备,财政部于1937年9月30日公布《金类兑换法币办法》,又于10月10日颁布《金类兑换法币办法施行细则》,由中、中、交、农四银行以法币收兑金类。1938年5月,"四联总处"下设收兑金银处,在城乡各地广泛收兑黄金;经济部内增设采金局,在川、滇、康、湘等地,采炼金砂,充实国库。前者收兑黄金数量为698000余市两,后者产量为21300余市两。1939年8月29日,财政部公布《取缔收售金类办法》,取缔黄金交易,收购民间金类。1939年9月15日,财政部公布《加紧中央收金办法》,宣布黄金收归国有,且颁布禁令,严加限制,不许自由买卖。[①] 11月又公布《收购生金办法》,征购内地所产砂金。至1942年,总计收兑生金666217两。[②] 当时由于金价较高,刺激了黄金生产。据统计,西部几省年产黄金20万两,黄金货源较足。同时国家在收购上垄断了渠道,禁止私人、典当行业和金银工匠收购和相互自由买卖。

1942年后,随着法币发行量的逐年扩大,物价猛涨,币值波动,对国民经济造成很大影响。在经过一再缜密研究之后,国民政府决定用在国内市场抛出黄金、外汇的办法,来回笼法币,吸收市场

---

① 李荣廷:《我国后方之战时金融》,《民国经济史》银行周报30周年纪念刊,第425—431页,转引自《抗日战争》第5卷经济,第222页。

② 财政部统计处编:《中华民国战时财政金融统计》,(出版地不详)财政部统计处印制,1946年,第98页。

上过多的游资,抑制物价。1943 年 3 月,"四联总处"奉命撤销金银收兑处,停止黄金收兑。1943 年 6 月,财政部通令,停止施行原先颁布的取缔黄金买卖各项法令,准许人民自由买卖黄金。①

(二)利用 5 亿美元借款实施的黄金政策

美国虽向国民政府提供了 5 亿美元贷款,但因为交通运输困难等原因,中国无法用这些钱从美国购买战略物资运回国;而在中国国内,由于不断增发钞票,通货膨胀愈发严重,中国政府拟议买卖黄金,以便大量收回流通中的钞票,收缩通货,平定物价。国民政府与美国商定,从 5 亿美元贷款中划出 2 亿美元,以 35 美元兑换 1 盎司黄金的价格,从美国国库购得黄金 570 万两,连同国民政府原来存于美国的黄金 50 万两,陆续运到重庆。②

中国向美国借黄金成功后,即由财政部妥筹运用办法,在讨论时曾有人提出,用美元换购黄金运华,作为法币准备;或指定此项黄金为准备,另发一金券流通。这样,巨额黄金可保存于政府之手,不致流散民间,而货币准备,亦臻充实。其他主张也很多,"其中有可采行者,亦有偏重理想,一经试行,反致贻误者",③因此需要详细商讨,慎重抉择。

国民政府一再约集专家及有实际经验的人员,缜密研究,通盘考虑,又根据中国国际经济协会呈送的研究意见,交由财部主管方面详加复核,最后由孔祥熙将原呈意见及复核意见一并送呈蒋介石审阅。孔祥熙提出,目前急切之事在于如何截止法币继续增发,否则无论以何物作为准备,也难以变更人民重物轻币的观念,因此如果保持黄金作为法币准备,同时仍然继续增发法币,难以达到运

---

① 《财政部致各区银行监理官训令》,中国人民银行总行参事室编:《中华民国货币史资料》第 2 辑,第 416 页。

② 参见《四联总处重要文献汇编》,四联总处秘书处编辑出版,1947 年 10 月,第 99 页。

③ 孔祥熙致蒋介石,1943 年 11 月 15 日,《战时外交》第 1 卷,第 354 页。

用黄金的目的。至于另发一种新券，在战时预算未能平衡以前，能否始终保持新旧币的比值，实属疑问。而且法币流通全国，已有长久历史，在此抗战紧要关头，骤然采取非常举动，似有不妥。孔祥熙认为，目前法币发行数目，已逾饱和限度，今后无论如何不应再大量增发法币，运用黄金，即是使其能发挥代替法币增发的作用，同时也要使政府能保持此项黄金，不使流散。为达到这些目的，孔祥熙主张，一面利用黄金，收回市面上的法币，以应付财政收支不敷；一面利用黄金收购物资，可节省法币之发行；一面由中央银行发行黄金存单，使巨额黄金，仍能把握于政府手中。①

在孔祥熙看来，果能按照这些设计兼筹并顾，运用得宜，一、二年之后预算盈亏，或许可以不再借助于大量发行法币，发行既不大增，物价自然可以稳定，通胀亦可平抑，而财政经济金融上的难关，当可减轻。据此，孔祥熙拟具了 8 条办法，讨论了多时的贷款运用，终于落实到具体的黄金政策上。

具体实施办法是：美国运到中国的黄金由中央银行保管，并委托中央银行指定银行，随市价卖出黄金，并负责平衡各地金价；各银行卖出黄金，其交付方式分为现货和中央银行黄金存单两种；中央银行黄金存单，除随时可以提取现货外，如持有人满 3 个月以上始行提取者，视其存期长短，由中央银行分别酌给利息（利息以黄金给付），以上黄金存单，并得按照票面所载金额，随市折合法币，作为公务上及银行保证金，但不得作为货币流通；由财政部令中央造币厂鼓铸 1 两、5 两、10 两金抗战荣誉章，定价出售；政府收购大宗物资，如纱、花、布、油料、燃料等类，得以黄金按市价给付一部分价款；开办物品交易所，准做黄金现期货交易，并准公私银行抵押买卖黄金；重申禁令，严防携运黄金出口及前往沦陷区；依照现行

---

①　孔祥熙致蒋介石，1943 年 11 月，《战时外交》第 1 卷，第 358 页。

办法,严防大宗法币流入后方,以杜绝套购黄金。[1]

1943年7月,中央银行委托中国农民银行及中国国货银行出卖黄金。开始时售出数量不大,直至1944年3月底为止,总计只有8万多两。自1944年4月起,售数渐大,至是年10月达最高峰,当月即出售18.7万多两。11月3日现货改为期货后,售数渐减。至1945年5月28日停售为止,共售出黄金114.5万多两,在此期间售出黄金估计收回法币250亿元以上。[2]

表4-2　1943年7月—1945年5月国民政府售出黄金数量及
收回法币数额估计[3]

时　期	售出黄金 (两)	平均牌价 (每两、元)	收回法币数额 估计(百万元)
1943/7—1944/3	81,716	16,750	1,369
1944/4—12	885,142	20,750	18,367
1945/1—5	178,595	29,500	5,269
共计	1,145,453		25,005

在1944年7月以前,中农、国货两银行出售的是黄金现货,按照中央银行牌价,购金者付款后,即可取得黄金。但自同年7月下旬起,黄金现货因运输关系,不能源源供给,此后便改为期货,"即购金者先期向两行交款订货,俟黄金运到,即凭给据,按交款先后,次第付货,其期限,长短不定"。[4]

黄金政策实行后,黄金售出量不断增加,现货、期货都供应不足,而且黄金一经出售,便不易收回。国民政府为解决这个问题,

---

① 孔祥熙致蒋介石,1943年11月,《战时外交》第1卷,第358页。

② 杨荫溥:《民国财政史》,第141页。

③ 同上,第142页。

④ 李荣廷:《我国后方之战时金融》,《抗日战争》第5卷经济,第222页。

"庶一面可收法币回笼之效,一面仍可把握黄金于政府手中,以应战后需要",[1]决定开办黄金存款及法币折合黄金存款。黄金存款,以黄金存入,其存额不得少于十足纯金 1 市两,分 1 年、2 年、3 年 3 种,利率为 1 年周息 2 厘,2 年周息 3 厘,3 年周息 4 厘,逾期不续计息,到期后本息均以黄金付还。法币折合黄金存款,也是以十足纯金 1 市两为单位,一律以法币缴存,按照当日中央银行牌价计算,分为定期半年、1 年、2 年、3 年,利率为半年周息 4 厘,1 年周息 6 厘,2 年周息 8 厘,2 年周息 1 分,逾期不计利息。到期时,本金以黄金付还,其利息按照存入时的法币数额计算,以法币支付。[2]

　　1944 年 9 月 13 日,国民政府公布了《黄金存款及法币折合黄金存款办法公告》。9 月 15 日,由中央银行委托中国银行、交通银行、中国农民银行、中央信托局、邮政储金汇业局,在重庆、成都、昆明、贵阳、桂林、西安、兰州 7 地,举办黄金存款及法币折合黄金存款。1945 年 3 月,财政部为解决东南各省钞券供应问题,与四联总处及中央银行商议,在有四行两局的东南各省,也开办法币折合黄金存款。截止到 1945 年 5 月 22 日,法币折合黄金存款一项,共收存黄金 162.4 万多两,收回法币 390 亿元以上。[3]

表 4—3　1944 年 8 月—1945 年 5 月国民政府以黄金存款形式售出黄金数量及收回法币数额估计[4]

时期	收存黄金存款（两）	牌价（每两、元）	收回法币数额估计（百万元）
1944/8—10	28,631	17,500	501

---

　　①　十二中全会对经济报告之决议,1944 年 6 月 28 日,国防最高委员会档案,第 3 门,第 2880,党史馆。
　　②　中国人民银行总行参事室编:《中华民国货币史资料》第 2 辑,第 423—424 页。
　　③　杨荫溥:《民国财政史》,第 142 页。
　　④　同上。

时期	收存黄金存款（两）	牌价(每两、元)	收回法币数额估计(百万元)
1944/11—12	169,290	20,000	3,386
1945/1—3	970,768	20,000	19,415
1945/4—5	456,104	35,000	15,964
共计	1,624,793		39,266

据财政部统计,自实施黄金政策以来,截至 1945 年 6 月,共收回法币 800 余亿元,[1]在紧缩通货、调节法币发行方面收到一定成效。由于各地银根均趋紧迫,为安定金融市场起见,财政部决定自 6 月 25 日起,各地一律停办法币折合黄金存款。[2] 7 月 30 日,财政部公布《黄金购户存户献金办法》,强行规定凡在该办法公布前已购入黄金及存入法币折合黄金存款的购户存户,在兑取黄金时,均应依照该办法捐献所存黄金数额的 40%,[3]声称是遵奉国防最高委员会决议案,以此充实反攻军费。12 月 27 日,四联总处第 299 次理事会更以各地金价不一为借口,决定按官价以法币支付到期的法币折合黄金存款本息,存款人本应到手的黄金竟化为乌有,手中所执的只是贬值日甚的法币! 显然,国民政府是在自败信誉,豪夺存款人利益。如果说国民政府办理黄金存款、法币折合黄金存款业务,是以经济手段争取存款、回笼法币的明智长远之计,那么国民政府陡行"献金办法",则可说是以行政手段强行掠夺、自乱章法的愚蠢短视行为。[4]

---

① 中国人民银行总行参事室编:《中华民国货币史资料》第 2 辑,第 425 页。
② 中国人民银行总行参事室编:《中华民国货币史资料》第 2 辑,第 426 页。
③ 中央银行经济研究处编:《金融法规大全》,商务印书馆 1947 年版,第 187 页。
④ 崔国华编著:《抗日战争时期国民政府财政金融政策》,(台湾)商务印书馆 2004 年版,第 379 页。

(三)黄金政策实施过程中中美之间的意见分歧

经中美协商,美国同意从 5 亿美元贷款中拨出 2 亿美元,购买黄金,陆续运华,藉以搜购物资,稳定物价,出售黄金,收回法币。但是,从中国实施黄金政策开始,国民政府官员和美国政府方面,就因意见不一而展开了多次争论。

1. 一次性全额付足还是分批支付

中国政府要求美国以全数 2 亿美元划入联邦准备银行中央银行帐户,陆续在此帐户分别付出运华。但美国财政部钱币司长怀特(Harry White)建议,将中央银行现存的 2 千万元黄金,先行运华,并先以 50 万两黄金,铸造中、美两国合作纪念品,其余之数,分批运华。美国财政部长摩根索也认为,如果同意中国请求,"则美财政部须筹得巨款,购买黄金,唯恐惹起国会质问",只允诺在联邦准备银行开立中央银行 1 千万美元黄金周转户,黄金运出后,美财政部随时补足,其余仍存美财政部账上。孔祥熙则认为,美国黄金系国有,无庸筹款另购。中方并非不信任美国财政部,只是为了避免将来另生枝节,希望将已经确定给中国的全数黄金 2 亿元,即行列入中央银行账户,免得每次都须向美国财政部接洽,延误时间。① 经宋美龄与罗斯福总统商洽,摩根索财长与孔祥熙换文承认,决定陆续拨运。第一次拨运 2500 万美元,第二次商妥拨运 2000 万美元,但因 1944 年冬欧洲军运紧急,运输困难,实际只运一半,孔祥熙只好派席德懋、宋子良、冀朝鼎不断催促。②

1945 年春,这种状况并未得到改善,以致重庆出现黄金发售欠付情况。中央银行向财政部长俞鸿钧报告,由于美国 3 月份装运的黄金尚未运往印度,重庆市各行局应付到期黄金的库存只能付至 4 月 20 日为止。截至 4 月 18 日,现售黄金欠付 311430 两,折金

---

① 孔祥熙致蒋介石,1943 年 11 月,《战时外交》第 1 卷,第 353—354 页。

② 孔祥熙致蒋介石,1945 年 5 月 16 日,《战时外交》第 1 卷,第 396 页。

存款未付者则达到 1307902 两,关系到国民政府的信用。俞鸿钧多次致电孔祥熙、席德懋等,请他们催促美方从速运金来华,以应急需。①

在宋子文、孔祥熙等人多方努力下,美国财政部同意由联邦准备银行在 5 月和 6 月每月拨 3500 万美元黄金运往中国。② 根据中美双方协商后的安排,第一批黄金 144520.664 盎司(价值 5058223.24 美元)于 5 月 27 日从纽约出发,通过船运运往印度加尔各答,③再由中国航空公司空运至重庆。此后各批黄金的运输细节,也由席德懋出面,与美国财政部和联邦准备银行协商讨论,陆续拨运。

2. 运华后的黄金如何使用

关于运华后的黄金如何使用,美国财政部长摩根索认为,中国政府在任何决定与行动之前,必须有一个正式的请求。他向中国当局陈述,对于如何以最好的方法使用黄金,必须详加考虑,特别因为在中国现时情况下,用黄金作为制止通货膨胀的方法,本身包含着巨大的费用、困难及危险。中国政府这种措施将牺牲大量外汇,而这些外汇在战后是可以支付复兴与善后工作所需进口货物的。④

关于使用金币及金条的优劣问题,摩根索认为,用金币方式公开售卖黄金是行不通的,他提议,黄金应以 1 盎司或两盎司的小条,向中国民众出售,以便能深入于中国民众最广阔的范围;假如

---

① From Central Bank of China, Apr. 21, 1945, T. V. Soong's Archive, Schedule A, Box 4, 10. His Te—Mou, Hoover Institution Archives.

② His Te—Mou to T. V. Soong, May 1, 1945, T. V. Soong's Archive, Schedule A, Box 4, 10. His Te—Mou, Hoover Institution Archives.

③ His Te—Mou to T. V. Soong, May 26, 1945, T. V. Soong's Archive, Schedule A, Box 4, 10. His Te—Mou, Hoover Institution Archives.

④ Memorandum by the Secretary of the Treasury (Morgenthau) to President Roosevelt, July 15, 1943, FRUS, 1943, China, p. 426.

中国政府愿意的话，在每一金条上刻上某种花纹，使它能够表示出是来自美国的财政援助。[①]

3. 质疑出售黄金的效果

对于国民政府出售 2 亿美元黄金的成效，怀特表示怀疑。他指出，黄金将是中国战后的一大笔资产，如果能够保存起来，可以作为经济建设以及整理通货的基础。现在出售黄金，虽然能发生少许心理上的影响，但是并不能真正缓和物价的上升，或者改变由于物资极度短缺所造成的基本经济情势。非但如此，很多黄金会被人囤藏而消失。他认为，在出售黄金影响不十分大的情况下，由中央政府印制法币，比以兑换黄金去吸收法币要更合算，这样中国才能从黄金的利用中获得最大的利益。[②]

但是中国政府的顾翎群表示，出售黄金已有若干有利的影响，如果停止出售，会使物价暴涨。针对美国政府中有人提出中央银行出售黄金价格与黑市价格的差别问题。顾翎群和宋子文解释说，这主要是由于黄金在重庆供应缺乏所导致的，如果有充足的黄金供应，这个差别是可以消除的。[③]

在摩根索的眼中，中国物价上涨和通货膨胀的根本原因是由于物资的缺乏，因此，对于中国出售黄金能否加强法币信用及稳定物价，摩根索持保留态度。他直言不讳地在有关阻抑中国通货膨胀办法的建议书中指出，"中国最近以每安士（英两）黄金等于 550 美元之价格（约等于美国黄金官价之 15 倍），出售黄金，收回法币。查美国运华黄金已逾 1 千万美元之数，中国并已出售其一部分约值 200 万美元，唯此项办法之试行，尚未达到能充分证明其有成效

---

①   Memorandum by the Secretary of the Treasury（Morgenthau）to President Roosevelt，July 15，1943，*FRUS*，1943，*China*，p. 426.

②   关于中国当局购买黄金的会议记录，1944 年 10 月 2 日，《中美关系资料汇编》第 1 辑，第 529 页。

③   同上。

之阶段"。"就管见所及,过去此项办法之实施,其结果不过使熟悉
内情者、投机者及囤积者得更厚之利润,而本可用为建设之资金,
反因是而浪费"。①

当时,中国政府向美国提出,希望再给予 10 亿美元的新贷款。
鉴于中国政府运用 5 亿美元贷款并未达到抑制通货膨胀的效果,
摩根索不同意再借款给中国,他提出两个建议:(1)美国在华支出
每月约合法币 4 亿元,按照黄金或美元在公开市场所能得到的价
格换取法币支付,这个数额可达中国每月法币发行额的 10％以上。
(2)将中国所购黄金,按原定运输量加倍运出,可由每月 600 万美
元提高到 1200 万美元。按照目前黄金市价,这个数额约等于现在
所发行的法币 35 亿元。②

摩根索认为这两项办法足以阻抑通货膨胀,但是中国不同意。
蒋介石认为,美国财政部的建议,"实类似一种商务上之交易,而非
一同盟国与他同盟国所应有之办法,如果付之实施,不唯不能加强
中国抗战之力量,反而损毁中国人民对于法币之信仰,以加重经济
之困难而已"。蒋介石坚持,美国给予中国 10 亿美元的借款,这样
中国才能应付今后战时预算入不敷出的一部分,并可以应付在华
美军的一部分费用,如果美国财政部不接受这项提议,那么在华美
军的一切费用应由美国政府负担。③

中美双方在经过激烈争执之后,达成了妥协,10 亿美元新贷款
一事不再提,美军在华开支问题也得到解决,但是,争吵却导致美
国停止黄金运华,使中国付出了巨额代价。④

---

① 罗斯福致蒋介石,1944 年 1 月,《战时外交》第 1 卷,第 360 页。

② 同上,第 360—361 页。

③ 蒋介石致罗斯福,1944 年 1 月 15 日,《战时外交》第 1 卷,第 361—362 页。

④ 因任东来文对此有详细论述,故本文不再赘述,详情请见任东来:《被遗忘的危
机:1944 年中美两国在谈判贷款和在华美军开支问题上的争吵》,《抗日战争研究》1995
年第 1 期。

（四）黄金舞弊案与中美之间的争论

中国政府决定用美国提供的借款实施黄金政策时，并未与美国财政部商洽，美方对此已颇为不满；当黄金政策实施以后，美国财政部不断询问中国出售黄金的详情，并提出反对意见。正当美国对中国出售黄金以稳定物价、遏制通货膨胀的效果一再表示怀疑之时，中国发生了黄金舞弊案，不仅在中国国内引起轩然大波，而且更激化了中美两国关于黄金政策的争执。

1945 年 3 月 28 日，财政部长俞鸿钧召集中央银行、中央信托局、中国银行和交通银行负责人会议，宣布自 3 月 29 日起，提高黄金储蓄的价格，由每市两 20000 元提高到 35000 元。但就在 3 月 28 日当天，重庆市售出的黄金期货和黄金存款突然比平时多了 1 万两左右，[①]下午售出之数竟达 3 万两之多。此事引起舆论怀疑，国民参政会通过议案，要求政府宣布 3 月 28 日售出的黄金一律无效，彻查并严惩走漏黄金加价消息者及舞弊银行主要负责人，查明大量购买黄金者究属何人，并将其购买黄金之法币充公。[②]

财政部长俞鸿钧与四联总处秘书长刘攻芸向蒋介石报告了调查黄金舞弊案的情况，蒋介石作了批示，对各经办行局主管经售人员予以撤职处分，并听候法院侦查。[③]

据调查，中央银行业务局长郭景坤于会议结束后向其好友李祖永透露消息，李祖永便在当日下午签发 3 张汇丰银行支票，合计国币 6600 万元，分列 24 户名单，派该公司职员分别到中央银行业

---

① 祝世康：《轰动重庆的黄金舞弊案》，中国人民政治协商会议全国委员会、文史资料研究委员会编：《法币、金圆券与黄金风潮》，文史资料出版社 1985 年版，第 131—132 页。

② 重庆《商务日报》1945 年 4 月 9 日，中国人民银行总行参事室编：《中华民国货币史资料》第 2 辑，第 427 页。

③ 《中央日报》1945 年 4 月 19 日，中国人民银行总行参事室编：《中华民国货币史资料》第 2 辑，第 427 页。

务局、中央信托局，办理购存黄金手续，一共购得 3300 两黄金。财政部总务司长王绍斋，在是日下午亲自到中央信托局，从财政部总务司暂存户公款中提取国币 40 万元，化名购存黄金 20 两。交通银行副理沈笑春，用本银行支票国币 50 万元，化名购存黄金 25 两。中央信托局信托科主任胡仁山利用职务上的便利，持大同银行支票，购存黄金 27 两，合计国币 54 万元。杨管北向中南银行借得本票一纸，计国币 6000 万元，转向金城银行调换转账申请书，此时银行办公时间已过，遂勾结交通银行襄理沈慰之，化名 6 户，向该行购存黄金 300 两。许子毅在 5 时以后，持同心银行转账申请书，计国币 50 万元，勾结交通银行储蓄股主任冯韶，向该行购存黄金 25 两。[①] ……据统计，28 日夜间购存黄金储蓄的有 40 多家私营银行、银号，数十家大公司、大企业，至于官僚富商、银行职员乘机营私者更不计其数，每户多者 2000 多两，少者也在 40 多两。[②]

　　黄金舞弊案发生后，中央日报、大公报等各大报纸纷纷报道，美国方面也极为关注。在重庆的美国人和奥姆斯特德将军（General Olmstead）的帮助下，黄金投机受到全面调查，据悉财政部长俞鸿钧的太太并未卷入此案，肇事者大多是"小鱼"，还有一些黄金交易有待于披露，孔祥熙的女儿是否参与黄金舞弊无法评判，而宋子文则对影射他利用职权谋取私利的批评感到愤怒。[③] 4 月 23 日，美财政部要员会见宋子文，询问"中国出售黄金，究系售与何方？以前售价何以如此之低？究竟政策如何？"并表示在不明情况

---

　　① 《黄金舞弊案提起公诉》，重庆《商务日报》1945 年 7 月 2 日，中国人民银行总行参事室编：《中华民国货币史资料》第 2 辑，第 429 页。

　　② 于凤坡：《1945 年重庆法院审理黄金储蓄案内幕》，《法币、金圆券与黄金风潮》，第 174—175 页。

　　③ Memorandum for the President，May 12，1945，Papers of Harry S. Truman，Rose Conway File，Box 15，Harry S. Truman Presidental Library，U. S. A.

之前,美方不得不持观望态度。① 5 月 7 日,宋子文报告说,美财政部"因我国出售黄金价值太贱,亦不知售与何方,种种不当流弊滋多,故反对运金赴华,最大限度只能交我已经出售之期货,未售者恐不能续交"。②

5 月 8 日,宋子文偕贝淞荪、林维英往晤美财长摩根索,摩根索对中国出售黄金一事,提出两点建议:(1)组织基金委员会,由美国人参加基金,总额美金 5 亿元,其中 2 亿 4 千万以美借款未用余额抵充,另由中国提出现款 2 亿 6 千万。(2)以后黄金不售期货,如售现货,应以中国在美之美金购买。对于第一项办法,宋子文认为,"美国不出一文而有权过问,实属片面主张"。对于第二项提议,宋子文告诉摩根索说,"基金为长久之计,不能救急,目前必须用黄金吸收法币",宋子文坚持要求"以往已售中国之黄金,应即运华,以后在美金二亿元范围内,亦应照售运华"。摩根索强调运输困难,认为"在海口未通,物资不能大量运华前,通货膨胀无法抑止",宋子文立即责问摩根索之意是否任凭中国金融崩溃,二人会谈不欢而散。③

当日,宋子文向蒋介石报告:"摩今日态度极坏,对以往借款未用余额 2 亿 4 千万,意存抵赖,根本原因系对于中国政府过去运用美金公债储券及黄金等事极不满意。"宋子文表示,"中国金融财政非黄金运华无法支持,关系太大,故拟取坚决态度,即使与摩决裂,亦所不顾",如果摩根索不答应中国要求,他将直接商请美国总统。④

5 月 9 日,摩根索在致宋子文的备忘录中明确提出,"中国政府应即限制今后继续出售黄金之政策"。摩根索从"黄金运输之困

---

① 宋子文致蒋介石,1945 年 4 月 23 日,《战时外交》第 1 卷,第 386 页。
② 宋子文致蒋介石,1945 年 5 月 7 日,《战时外交》第 1 卷,第 386 页。
③ 宋子文致蒋介石,1945 年 5 月 8 日,《战时外交》第 1 卷,第 387 页。
④ 宋子文致蒋介石,1945 年 5 月 8 日,《战时外交》第 1 卷,第 388 页。

难,物价上涨中其所能发生效果之低落,与一般舆论对此项政策之批评,以及其对运用外汇资金,希冀能有最大之成就"等几方面观察,认为"此种出售黄金之政策,实非所宜"。摩根索直言不讳地说:"对于美国借款中价值 2 亿美元之公债储券及黄金,流入少数人之手,而化为私人之利益,毫无补于中国经济实际上之改善一点,在此间业已引起一般不良之印象,此实最为不幸者也。"他要求中国政府"查究并取消投机及非法之黄金购户,同时就可能范围保证正当购户能得到其所购之黄金"。①

摩根索还指出,稳定币值及遏制通货膨胀必须有全盘计划,不能只依靠出售黄金等单项措施,而应包含下列各种方法:①货币与银行业务之调整;②出口税之稳定;③财政及其行政之改革;④物资之增产与其分配之改善。摩根索表示,美国愿全力支助遏制中国通货膨胀的有效计划,建议设立一个 5 亿美元的货币稳定基金,美国随时准备与中国洽商并提出建议。他深信,成立这一基金,将增强中国政府的财政状况,并将增进国内外对将来经济及财政稳定的信心。②

宋子文在和摩根索晤谈后,即托霍布金斯、韩德逊向总统进言,希望美国不要"因小失大,借题赖账",否则中国如果发生动摇,"必为共党所乘,将来美国在太平洋不能安枕,如财长坚持,危险甚大"。第 2 天中午宋子文再与摩根索进行私人谈话时,后者的态度即已好转,"显系总统示意所致"。宋子文重申:"黄金美方原已应允,并为我方急需,不能借题反悔,至对过去公债、储券、黄金运用不当,美方尽可提出证据,如有弊端,中国政府应当严办,并公开宣布,以祛众疑,政府并考虑对公债、储券、黄金征所得税,以弥补损

---

① 摩根索致宋子文,1945 年 5 月 9 日,《战时外交》第 1 卷,第 389—340 页。

② 摩根索致宋子文,1945 年 5 月 9 日,《战时外交》第 1 卷,第 389 页;Memorandum for Dr. T. V. Soong, May 8, 1945, T. V. Soong's Archive, Schedule A, Box 6, 14. Morgenthau, Henry, Hoover Institution Archives.

失。政府尤其钧座决无意容许任何人发国难财。"摩根索见宋子文态度坚决,语气反趋和缓,询问宋子文每月究竟需要多少黄金运华,宋表示,"已售之一百七十余万两应即交运,以后每三个月至少需一百万两"。摩根索又提出 5 亿元平衡基金事,宋子文仍不同意,理由有二:"(一)中、美单独成立基金,与国际货币会议所定国际平衡基金办法冲突,英、苏、法等国将引起责难;(二)现在物资不能进口,基金无从利用,与目前困难无补。"①

面对美国舆论和议会对中国财政的指摘与质问,宋子文一方面表示,"中国政府正力求进步廉洁,绝不惧他人指责,如有事实,当澈底查办";另一方面不得不致电蒋介石,请政府允准对美金公债、储券、黄金抽取所得税,"以免财长再为藉词推诿"。②

5 月 12 日,蒋介石指示宋子文,必须与美国先商决物资运济与平定物价后才可洽商基金计划,以及美金公债与黄金抽税事。③ 宋子文接到指示后,继续极力和美国财政部交涉黄金运华的问题。他向摩根索提交了黄金装运日期单,将所有到期及将来出售之黄金,确定日期,要求其务须按期运出,并托外交部及国外经济局转告财长,要求黄金非履行交货不可。④ 宋子文还面谒杜鲁门总统,商谈关于黄金及其他物资应立即运华等问题,杜鲁门表示:"如美政府已允,自当履行,当即与摩财长一谈。"⑤

面对黄金弊案暴露出的中国利用美国借款出售黄金及发行储券、公债种种弊端,摩根索不愿意再向中国运输黄金,并且提议设立 5 亿美元平衡基金或建设基金,以便将中国在美国的一部份外汇加以约束。但宋子文认为黄金出售还是有成效的,而且"实为政

①　宋子文致蒋介石,1945 年 5 月 9 日,《战时外交》第 1 卷,第 390—391 页。

②　同上,第 391 页。

③　蒋介石致宋子文,1945 年 5 月 12 日,《战时外交》第 1 卷,第 392 页。

④　同上,第 393 页。

⑤　宋子文致蒋介石,1945 年 5 月 14 日,《战时外交》第 1 卷,第 393 页。

府控制经济成功之枢纽",不能仅因弊案发生而否定,"四月一日至五月五日,出售黄金收回法币数目达一百零八亿元之巨,倘同时有大量存金能出售现货,则价格尚可提高,政府所可吸收法币或有弥补每月所需增加发行之一大部分"。现在如果黄金不能运华,一则已售黄金到期无法兑现,有失政府威信;二则别无有效方法可源源吸收大量法币。因此宋子文表示一定要殚心竭虑,作最后努力。①

二人各执一词,相持不下。5 月 14 日晚,美国著名广播评论家雷蒙特·斯文(Raymond Swing)广播黄金案的详情,以及大公报抨击国民政府的评论。宋子文认为,值此正与美方交涉运济黄金之际,美方广播此案,显然出于摩根索授意,意图藉此阻延对华运送黄金。15 日晨,宋子文见事情迫切,来不及请示蒋介石,紧急召见斯文,请他继续广播,表明中国政府正力求廉洁之精神,已饬令财政部严厉彻查,依法惩办,并且说明出售黄金为目前抵制通货膨胀之最有效方法。②

5 月 16 日,美国国务院代理国务卿(Acting Secretary)致函财政部长摩根索,表示国务院详细研究了中国外交部长宋子文关于运输 1.9 亿黄金的请求。国务院赞同财政部的意见,认为中国出售黄金并不能有效阻止通货膨胀,相信摩根索提出的设立 5 亿美元平衡基金的办法,无论短期还是长期运作,都可能使中国受益。但是,中国政府相信,持续并加速黄金销售,会立即产生政治、经济和心理上的效果,对于当前严峻的形势至关重要,因此强烈要求美国按照 1943 年中美两国协议运送黄金。既然中国政府认为立即运送黄金比建立平衡基金更重要,并且中国的稳定与其在反抗共同敌人的战争中的军事努力才是美国最为关注的,国务院建议财

①　宋子文致蒋介石,1945 年 5 月 15 日,《战时外交》第 1 卷,第 394 页。

②　宋子文致蒋介石,1945 年 5 月 15 日,《战时外交》第 1 卷,第 395 页;T. V. Soong to Raymaond Swing, May 15, 1945, T. V. Soong's Archive, Schedule A, Box 9, 3. Swing, Raymond, Hoover Institution Archives。

政部按照宋子文提出的时间表运输黄金到中国。[①]

　　17 日上午,宋子文访晤摩根索,对黄金交涉作最后谈判,摩根索坦率见告,他本人并不赞成中国出售黄金,但既然前日宋子文谒见杜鲁门总统时,总统已经允诺,并嘱咐他履行,他也只好遵从,准备照中方开出的运金清单实行,但希望"嗣后黄金出售勿再引起各方不满",并希望国民政府考虑 5 亿美元基金事。根据中方开出的运金清单,从 1945 年 5 月到次年 1 月,美国将通过空运和船运,共向中国陆续运送价值 1 亿 8922.4 万美元的黄金。[②] 至此,中美两国黄金运华交涉以中方获得圆满成功而告结束。据美方统计,日本投降前运到中国的黄金共计 1 亿 5 千 8 百 60 万美元。1943 年运到的计有 1 千零 50 万美元,1944 年运到的计有 1 千 5 百 20 万美元,其余的是在 1945 年的前 8 个月中运到的。从 1943 年底到 1945 年 6 月 30 日止,国民政府共计售出黄金约值 1 亿美元(每盎司以 35 美元计算)。[③]

表 4—4　黄金运输时间表 [④]

日期	月运输量	每千 means 空运和船运份额		价值
1945 年	(单位:盎司)	空运	船运	(单位:美元)

　　① The Acting Secretary of Department of State to Secretary of the Treasury, May 16, 1945, Papers of Harry S. Truman, President's Secretary's Files, Subject File, Foreign Affairs File, China, 1945, Box 173, H. S. Truman Presidental Library.

　　② 宋子文致蒋介石,1945 年 5 月 17 日,《战时外交》第 1 卷,第 397—398 页;Morgenthau to T. V. Soong, May 16, 1945, T. V. Soong's Archive, Schedule A, Box 6, 14. Morgenthau, Henry, Hoover Instution Archives。

　　③ 1942 年的 5 亿美元财政援助以及其他战时财政关系,《中美关系资料汇编》第 1 辑,第 496—498 页。

　　④ Schedule for Shipment of Gold, Papers of Harry S. Truman, President's Secretary's Files, Subject File, Foreign Affairs File, China, 1945, Box 173, H. S. Truman Library.

日期	月运输量	每千 means 空运和船运份额		价值
1945 年	(单位:盎司)	空运	船运	(单位:美元)
5 月	1,000,000	300	700	35,000,000
6 月	1,000,000	500	500	35,000,000
7 月	800,000	300	500	28,000,000
8 月	600,000	200	400	21,000,000
9 月	500,000	200	300	17,500,000
10 月	500,000	300	200	17,500,000
11 月	500,000	300	200	17,500,000
12 月	300,000	100	200	10,500,000
1946 年 1 月	206,400	106.4	100	7,224,000
总计	5,406,400	2306.4	3100	189,224,000

鉴于美国舆论对中国黄金舞弊案的批评,为"免酿成国际上不名誉事件,且恐美财政部将借此赖账",代理行政院长宋子文向蒋介石提议,应该严厉彻查案件经过,违法人员必须从严处分;今后黄金发售事宜,应该设立委员会处理,委员定为 3 人,以财政部长俞鸿钧为主任委员,另外聘请美国驻重庆的安达拉(Adler)为委员之一,这样可使美国财政部随时明了中国售金详情。蒋介石批示,"惩处罪犯人员,必依法律并公开执行",并批准了设立售金委员会的建议。①

国民政府迫于各方面的压力,由财政部出面,会同四联总处介入此案。财政部长俞鸿钧召集内部人员,到承办此项业务的行局查账,列出了购存户的字号及负责人名单,但是名单上没有指明那天开会泄漏机密消息的人,也没有说出那夜官商勾结,通宵购存黄金储蓄的详细事实。司法行政部长谢冠生带话给当时负责审理此

---

　　① 宋子文致蒋介石,1945 年 5 月 18 日,1945 年 5 月 19 日,《战时外交》第 1 卷,第399、400 页。

案的于凤坡说，"这个案子要审慎地办理，不可太扩大，得让步就让步，免得影响了大家做官"，侦查的情况要随时向他报告，由他签呈意见，然后才能提起公诉。

监察院、审计部也到中央信托局去查账。司法院到承办各行局查阅账簿和购存黄金储蓄的单据存根，调阅有关卷宗，也分别传讯了各行局有关负责人，①最后拟定其中情节严重的，准备提起公诉，但是却将案内重要的人物除外。如中国通商银行董事长杜月笙，原来是上海青红帮头子，抗战时期在重庆商界、金融界相当有势力，而且和官方勾结，这次利用黄金加价企图再发横财，事发后逃到安徽藏匿，财政部偏袒他，因此在公诉的名单中没有他的名字。再如中央信托局长钟谔是交通系的人，又推卸责任到中央信托局业务处，因此财政部也没有对他提起公诉。对于参加黄金储蓄增价会议的人，除已经查出泄漏消息者外，其余的人不再继续追究；中国银行和交通银行经理暂免追究；私营银行、企业负责人绝大多数也从缓处理。

最后主要对郭景坤、王华和张博提起公诉，因为中央银行是泄漏黄金储蓄增价消息的主要单位。中央银行业务局长郭景坤是孔祥熙的人，但孔祥熙此时已经下台，所以他没有了靠山；中央信托局也是舞弊最严重的单位，业务处经理王华和主任张博负有不可推卸的责任。案件提起公诉后，由重庆地方法院庭长纪元、龚遵一先后担任审判。在审讯期中，日本宣布无条件投降，抗战胜利，人民都沉浸在一种胜利的喜悦之中，也渐渐淡漠了对这个案件的关注。乘此机会，法院确定了公审日期，开庭审理此案。②最后的宣判也是出人意料的，为首的郭景坤和王华仅判有期徒刑 3 年半，其

---

①　于凤坡：《1945 年重庆法院审理黄金储蓄案内幕》，《法币、金圆券与黄金风潮》，第 175 页。

②　同上，第 176 页。

余的人也都是二、三年的轻刑。[①] 按当时法律规定,贪污罪应判 10
年以上徒刑,此案的判决却这么轻,一时轰动全国的舞弊案就这样
祸首逍遥、重罪轻判而从此烟消云散。

(五)对黄金政策实际效果的评价

政府收入无法支付庞大的战争开支,只得求助于货币发行,是
抗战时期法币贬值、物价飞涨的原因之一。为回笼货币,稳定物
价,国民政府用美国 5 亿美元借款中的 2 亿购买 570 万两黄金运回
国内,投入市场,抛售黄金,这些政策对收缩通货、回笼货币、稳定
物价起到一定作用。以往在评论国民政府的黄金政策时,多强调
政府官员及豪门亲贵营私舞弊、投机取巧、谋取暴利等负面影响,
评价较低,对其正面效果较为忽视。实际上,对黄金政策应该进行
一分为二、实事求是的分析。

首先,国民政府通过黄金政策取得的财政收入是很可观的。
如果将这一政策实施的两年中所获得的收入,与该两年的税收数
字作一比较,就可以看得比较清楚了。

表 4—5　1944—1945 年国民政府售出及存款兑出黄金估计收回
法币与税收比较[②]

年份	售出及存款兑出黄金数量(千两)			收回法币数额的估计(百万元)			收回法币合同期税收的百分数	
	售出	存款兑出	合计	售金回收	存款收回	合计	税收(百万元)	合占税收的百分比
1944	967 *	188	1,155	19,736	3,887	23,623	30,849	76.3%

---

①　于凤坡:《1945 年重庆法院审理黄金储蓄案内幕》,《法币、金圆券与黄金风潮》,
第 177 页。

②　杨荫溥:《民国财政史》,第 143 页。

年份	售出及存款兑出黄金数量(千两)			收回法币数额的估计(百万元)			收回法币合同期税收的百分数	
	售出	存款兑出	合计	售金回收	存款收回	合计	税收(百万元)	合占税收的百分比
1945	178	1,427	1,605	5,269	35,379	40,648	99,984	40.6%
合计	1,145	1,615	2,760	25,005	39,266	64,271	130,833	49.1%

　　＊1943年下半年有几万两(大致不会超过4.5万两)售出,因无法划出,故并入本年计算。

　　从上表可知,黄金政策实施两年中所获得的收入,约合该两年税收的50%,而1944年更占到76%多一点,这一政策有助于国民政府财政是毋庸置疑的。不过这个政策的运用也有其限度,因为法币发行不停地增加,而黄金来源有限,以有限的黄金当然无法吸收无限的法币。同时,政府在运用技术上不能圆滑进行,造成黄金与物价相互追逐不休的态势,导致投机猖獗,减少了黄金政策的效力。[1]

　　其次,国民政府利用黄金回收了一笔相当数量的法币,应当予以肯定。

　　1943年11月—1945年5月,国民政府出售黄金现货及期货1,145,453两,开办黄金存款1,624,793两,两项合计黄金2,770,246两,二者共回收法币640余亿元。[2] 这一时期,各种方法收回的法币共约800余亿元,实施黄金政策收回的法币,约占回笼法币总量的80%以上。同期法币发行数额为:1942年底344亿元(比上年增发193亿元),1943年底754亿元(比上年增发410亿元),1944年底1895亿元(比上年增发1141亿元)。[3] 1937年底到1945年6

<hr>

　　① 许毅主编:《从百年屈辱到民族复兴——南京国民政府外债与官僚资本》(修订本),经济科学出版社2006年第2版,第249页。
　　② 杨荫溥:《民国财政史》,第142页。
　　③ 同上,第157页。

月,法币发行额总计为3978亿元,1943年11月—1945年5月这一年半中回笼的640亿元法币,约为抗战8年期间法币发行总量的16%。如果按1943年底至1945年6月的法币增发量计算,则这一时期出售黄金回收的640亿元法币,约为法币增发量的20%。法币的回收,在一定程度上减少了法币的流通量,有利于法币的稳定和金融政策的推行,[1]对于吸收游资,抑制通货膨胀起了一定作用。

表4—6 中国抛售黄金的收入款和增发钞票数的比较

(单位为法币百万元):[2]

季度	抛售黄金的收入款(法币)	增发钞票数(法币)	抛售黄金的收入款占增发钞票数的百分比
1943年第四季度	114	14900	0.8
1944年第一季度	979	20500	4.8
1944年第二季度	2534	26900	9.4
1944年第三季度	6067	27400	22.1
1944年第四季度	11360	39300	28.9
1945年第一季度	29700	57400	51.7
1945年第二季度	42000	150900	27.8

表4—7 战时国民政府举办法币折合黄金存款的数额

(单位:市两,国币元):[3]

储蓄时期	付金时期	黄金数量(市两)	价值(国币元)
1944年8月	1945年2月	370	6475000
9月	3月	9336	163380000

---

[1] 抗日战争时期国民政府财政经济战略研究课题组编写:《抗日战争时期国民政府财政经济战略措施研究》,第113页。

[2] 中国人民银行总行参事室编:《中华民国货币史资料》第2辑,第883页。

[3] 财政部统计处编:《中华民国战时财政金融统计》,第104页。

储蓄时期	付金时期	黄金数量（市两）	价值（国币元）
10 月	4 月	19210	336175000
11 月	5 月	105079	1969667500
12 月	6 月	64156	1283117500
1945 年 1 月	7 月	233562	4671240000
2 月	8 月	259176	51835200000
3 月	9 月	488246	9808130000
4 月	10 月	255627	8942180000
5 月	11 月	305649	10692570000
6 月	12 月	466921	19604720000
总计		2207332	109312855000

从表 4—5 可以看出，国民政府抛售黄金吸收的法币，在它同时发行法币的数额中所占比重还是比较大的。从表 4—6 可以看出，国民政府举办的法币折合黄金存款，也吸收了一大部分法币。

国民政府实施黄金政策目的是为了平抑物价，收回法币，在讨论时设计初衷是好的，在初期也取得了一定成效，但是在实施过程中，由于各种原因，黄金政策没能持续发生功效，反而在一定程度上对物价上涨起了推波助澜的作用。

第一，黄金价格不断上涨，带动物价不断上涨，形成了黄金投机市场。

国民政府从美国购买的 570 多万两黄金，按当时美汇官价，每市两只值法币 700 元，①但最初出售的黄金官价即在 1 万元以上，以后逐月上升，到 1945 年 3 月 29 日，已上升到每市两 3.5 万元，而停售黄金期货的 6 月 8 日，更上升为每市两 5 万元。② 这之间的巨

---

① 杨荫溥：《民国财政史》，第 145 页。
② 同上。

大差额使国民政府获利很大,也使不少达官贵人从中获取了暴利。

出售黄金的官价不断上涨,加速了法币的不断贬值,物价也随之不断上涨。这样一来,黄金的上涨带动了物价的上涨,国民政府实施的黄金政策非但没有很好地抑制物价的上涨,反而对物价上涨起了推波助澜的作用。

表4—8　1937—1945年国统区重要城市零售物价指数与黄金价格比较表[①]

年月	零售物价平均指数	黄金售价
1937年7月	104.5	120
1938年7月	149.5	200
1939年7月	252.2	320
1940年7月	557.4	800
1941年7月	1,212.2	2,400
1942年7月	4,210.4	4,000
1943年7月	16,682.4	12,333
1944年7月	50,315	19,333
1945年5月	216,786	84,000

资料来源:《四联总处档》

由于黄金涨势很快,投机者看到黄金有利可图,于是很多人都开始从事黄金投机,形成了以重庆为中心的黄金投机市场。

表4—9　中央银行出售黄金的官价和重庆的市价比较(单位:元)[②]

中央银行出售黄金官价		重庆黄金市价	
时　期	黄金每市两折合法币价格	时　期	每市两市价(平均)
1943年11月8日	12000		

---

　①　中国人民银行总行参事室编:《中华民国货币史资料》第2辑,第385—386页。

　②　李荣廷:《我国后方之战时金融》,根据《抗日战争》第5卷经济,第223—225页两统计表合成。

中央银行出售黄金官价		重庆黄金市价	
时　期	黄金每市两折合法币价格	时　期	每市两市价（平均）
12 月 3 日	13000		
1944 年 1 月 28 日	14300	1944 年 1 月	14000
2 月 1 日	15000		
2 月 4 日	16000		
2 月 7 日	17500		
2 月 8 日	19800		
2 月 15 日	20500	2 月	18350
		3 月	21500
4 月 24 日	18500	4 月	18750
		5 月	19050
		6 月	18900
7 月 17 日	17500	7 月	18000
		8 月	20250
9 月 26 日（法币折合黄金存款自 9 月 15 日起开办）	17500	9 月	21250
	（9 月 26 日起加搭乡镇公益储蓄一成，实售 19250 元）		
	（10 月 30 日又加搭乡镇公益储蓄一成，实售 21000 元）	10 月	21750
11 月 16 日	20000（加搭乡镇公益储蓄二成，实售 24000 元）	11 月	30400
		12 月	34050
		1945 年 1 月	34700
		2 月	36350
1945 年 3 月 29 日	35000（期货停搭公益储蓄二成）	3 月	49000
		4 月	71500
5 月 28 日	停售期货	5 月	80250
6 月 8 日	50000	6 月	135400
6 月 25 日	停办法币折合黄金存款		
7 月 31 日	兑付黄金存款及积欠期货。献金标准 170000 元，存户献金四成。	7 月	196000

　　从表 4—9 可以看到,黄金官价和重庆市价,已经形成一种竞相提高的形势。对此局面造成的后果,战后即已有论者针砭时弊,今天看来仍不失恰当:"战期政府借出售黄金,以收缩通货,抑平物价,用意未尝不佳,唯因运用技术不当,每因黄金官价提高,物价即随之波动,形成黄金与物价角赛之局面。且自三十三年 9 月 15 日开办法币折合黄金存款以来,每经一度黄金提价,金融市场即遭受牵制,存户纷纷挤提,银行存款减少,黑市利率上涨。银风趋紧,如此循环不已,不止一次,整个后方金融,悉被黄金政策侵蚀,当局虽于事后设法补救,如准许银钱业持公库证拆借,及其他类似工贷、农贷及商贷等等救济办法出现,然经济组织,已被黄金蹂躏得残缺不全,亡羊补牢,虽非绝望,然已晚矣。"[①]

　　第二,黄金政策的实施,结果是让国民政府大发横财。黄金当时铸条出售,金条一般都在 10 两以上,最大的金砖在 400 盎司以上,价格很高,一般市民不敢问津。买几十砖、几百砖的,主要是官僚富贾。他们不仅依靠黄金作为贮藏已得财富的工具,而且运用黄金作为投机图利的工具,低价进,高价出,转手之间,获利百万。由于当时黄金经常提价,黄金市价成倍上涨,因此黄金投机的利润很高。黄金市价在官价提高后均大涨一次,因此谁能在涨价之前先买进一批黄金,在涨价之后吐出,即可赚一大笔钱。政府高官既是黄金价格的决策人,又是黄金市场的投机家,可以随时通过提高官价来推动黑市上涨,因此在黄金投机中必操胜券。大户投机者,大都和中央银行有关,消息灵通,办法很多,黄金大多弄到他们手中。

　　在当时复杂的国际国内环境下,国民政府为了抑制物价和稳定经济形势所实施的黄金政策,在一定程度上回笼了法币,减少了通货的数量,在抑制物价上涨的努力上取得了一定的成效,这是应

---

　　①　李荣廷:《我国后方之战时金融》,《抗日战争》第 5 卷经济,第 225 页。

当予以肯定的。根据财政部 1945 年 6 月 29 日向行政院报告,实行"黄金政策以来,截至现在为止,收回法币已达 800 余亿元,对紧缩通货,调节发行,已收相当成效"。但是,黄金政策虽然回笼了部分法币,仍然远远赶不上政府发行法币的速度,也无法从根本上控制物价。1944 年,法币发行增加了 1141 亿元,物价比战前上涨 587倍;1945 年上半年,法币发行又增加了 2083 亿元,物价比战前上涨2133 倍。[1] 仅仅依靠实施黄金政策,显然无法阻止法币的大量发行以及物价的继续高涨。

三、5 亿美元贷款与战时中国公债政策

(一)抗战期间公债政策的演变

抗战以来,沿江沿海富庶城市相继沦陷,致使国民政府税收锐减,不足以应付浩大的战费、购械、救济、医药、建设等项开支。尤其是太平洋战争爆发以后,国际交通线路阻塞,国外物资运输困难,国内物资缺乏,投机者囤积居奇,致使各种投机活动盛行,造成物价飞涨,市场上游资充斥,通货膨胀更加严重。为解决战时财政预算不平衡和财政赤字的问题,国民政府多方寻求解决的方法。

战时财政不外增开税源、发行公债、增发通货三种。发行公债,提倡节约储蓄,一直被国民政府当成筹措资金、周转国库、满足军需、稳定物价、进行建设和救济的重要手段之一,大力推行。自抗战以来,财政部公债司先后于 1937 年和 1938 年发行过短期国库券 5 亿元、救国公债 5 亿元、国防公债 5 亿元、金公债(包括关金债票 1 亿单位、英金债票 1 千万镑、美金债票 5 千万元)5.5 亿元、振济公债 3 千万元。1939 年,国民政府除借外债以应急需外,在国内

---

① 　杨培新:《旧中国的通货膨胀》(增订本),人民出版社 1985 年版,第 68 页。

又发行国库证 4 亿元,建设公债、军需公债各 6 亿元。上述库券及公债总计约法币 36.8 亿元,[1]但实际销售额远远低于此数,只有发行数额的 15% 左右。[2]

此外,国民政府于 1938 年 7 月通过"节约储蓄纲要",同年 12 月及 1939 年 9 月,又先后颁布《节约建国储金条例》及《节约建国储蓄券条例》,由国家三行两局负责经收,劝储目标为法币 80 亿元,但截至 1942 年止,仅收足 30 余亿元,除由政府强迫劝购外,一般人民对此多不感兴趣。除国币储蓄外,还实行过外币定期储蓄,期满后仍以外币支付本息,但当时外币来源短缺,储额不多,截至 1943 年底,仅有 26 万余元,折合美元 13000 元,效果也不理想。[3]

公债行销不多,主要原因在于抗战期间国内物价上涨,法币贬值,公债利率与物价上涨率比较,其实际利率为负。因此人民多重物轻钱,都愿囤积物资,而不愿储蓄购债,除了派募,国币公债不易推销。当时国人对法币信心减弱,只对美金有信心,以往债券销售中,也是美金债券销售最畅,法币最微。国民政府针对此点,乃决定从美国的 5 亿美元贷款中动用 2 亿美元,发行美金储蓄券和美金公债,以吸收游资,回笼市场上过剩的法币,平衡预算,稳定物价金融。

(二)美金节约建国储蓄券和同盟胜利美金公债的发行

为平衡预算,稳定物价,健全金融,吸收游资,达到民主同盟国家的胜利,财政部公告发行美金节约建国储蓄券和同盟胜利美金公债。

---

① 抗战以来我敌发行公债之比较说明,国民政府财政部档案,中国第二历史档案馆编:《中华民国史档案资料汇编》第五辑第二编,财政经济(二),第 291 页。

② 战时国债之统计分析,国民政府财政部档案,《中华民国史档案资料汇编》第五辑第二编,财政经济(二),第 326 页。

③ 李荣廷:《我国后方之战时金融》,《抗日战争》第 5 卷经济,第 225 页。

　　1942 年 3 月 31 日,行政院公布《发行美金节约建国储蓄券办法》,11 月 13 日又公布修正办法,规定由中央、中国、交通、农民四银行以及中央信托局、邮政储金汇业局为发行机关,发行美金节约建国储蓄券。由财政部指拨美金 1 亿元为基金,存入中央银行,以备各行局结付储蓄券本息时支用。美金储蓄券按照法币 100 元折合美金 5 元的比率,由储户以法币折购;美金储蓄券分 10 元券及不定额券两种;储蓄券的年限分为定期 1 年、2 年、3 年 3 种,为便利储户起见,在购买时可以不用预定年期,存满 1 年后可以随时兑现本金,每 6 个月计算一次利息,存满 1 年周息 3 厘,2 年 3 厘半,3 年 4 厘,3 年以上的不继续计算利息;美金储蓄券分为记名和不记名两种,记名券应填送印鉴,到期凭印鉴兑付,如有遗失,可以挂失及补办,不记名的不用印鉴,可以自由转让及赠与;储蓄券到期时,储户可以向原发售行局支取本息,需要法币的,按照支付时中央银行牌价折付法币,需要美金的则支付美金,需要继续存储的,可以改存美金定期或活期存款;免征利息所得税;可以用做公务上的担保金。[①]

　　为推进美金储蓄券劝储工作,国民政府专门成立了节约储蓄会,一共有 26 个分会,880 多个支队,以及 5600 多个劝储队。[②] 重庆分会将"五七"至"五九"定为美金储券扩大劝储日,3 天的目标为 200 万美元,其负责人称:"劝储日举行的意义,在于提高民众购买公债之热忱,并以突击之成绩,加强宣传之意义。"[③]劝募的这 3 天,中央、中国、交通、农民四行及中央信托局、邮政汇业局无限制推销美金储券。

----

　　① 　中央银行经济研究处编:《金融法规大全》,第 184 页;财政评论社资料室:《中美新贷款协定签订及其运用——我运用借款发美金储券》,《财政评论》第 7 卷第 3 期,1942 年 3 月,第 114 页。

　　② 　《节储成绩优良》,《大公报》1942 年 5 月 6 日,第 543 页。

　　③ 　《扩大劝储美金储券》,《大公报》1942 年 5 月 6 日,第 543 页。

　　重庆市长吴国桢公布了从 5 月 7 日到 9 日 200 万美元目标,分配如下:四行局各负责美金 1 万元;同业公会每会负责 5 千元,合计 56 万元,将本年节储额三分之一先购美金储券;商业银行每家负责美金 5 千元,合计 20 万元;钱庄每家美金 3 千元,合计 12 万 6 千元;工厂经理每家负责美金 3 千元,合计 42 万 3 千元;各区镇绅士合计美金 41 万 2 千元,也将本年储额的三分之一先购美金储券。以上合计不足 200 万元,剩余的由节储会自行负责办理。孔祥熙的代表闻亦友秘书和财政部俞鸿钧部长、顾翎群次长也发言,说明推行美金节储的必要性,"这是收回法币的最好办法,这是不被冻结的自由美金!"[①]

　　到 5 月 8 日,陪都的认购额已达到 150 万美元。为了扩大购储,四联总处决定优待美金储户,凡是持有美金储券的,利益绝对受到保障,"一年后如美金行市增高,美金储蓄券可无限制兑取美金;一年后如美金贬值,持美金储蓄券者准以美金向国家行局按照当时外汇牌价折换法币"。[②]

　　美金储券的劝募对象以工商业者为主,多半采取半强制的方式进行,再配合税收机关,劝募工作完成很快。[③] 截至 1942 年底,美金储蓄券共收国币 4.85 亿元,折合美金 2425 万元。[④] 当时美金储蓄券行市,节节上涨,人人乐于购买,用以换取外汇,截止到 1943 年 8 月 2 日,该项储蓄券宣布发行结束,发行总额达 9159 万美元。[⑤]

　　为紧缩发行,收回法币,稳定币值,平抑物价、扶助工商起见,

　　① 　《节储美金收回法币》,《大公报》1942 年 5 月 6 日,第 543 页。
　　② 　《劝购美金储券》,《大公报》1942 年 5 月 9 日,第 555 页。
　　③ 　《节储成绩优良》,《大公报》1942 年 5 月 6 日,第 543 页。
　　④ 　李荣廷:《我国后方之战时金融》,《抗日战争》第 5 卷经济,第 225 页。
　　⑤ 　中国近代金融史编写组编:《中国近代金融史》,中国金融出版社 1985 年版,第 239 页。

自 1942 年 5 月 1 日起，中央、中国、交通和农业银行又发行同盟胜利美金公债，定额为 1 亿元，以美国对华 5 亿美元贷款的 1/5 为基金；美金公债的债票分为美金 5000 元、1000 元、500 元、100 元、50 元、20 元 6 种，均为无记名式；公债的利率定为年息 4 厘，自发行之日起，每 6 个月付息 1 次；美金公债还本付息时，按照票面额付给美金，并可依照持票人申请，依照到期时的中央银行挂牌市价折合法币支付；美金公债从民国三十三年（1944 年）起开始还本，分 10 年还清，每 6 个月各抽签还本 1 次，每次偿还数目依还本付息表的规定；美金公债债票可以自由买卖抵押，可以作为公务上交纳保证金时的替代品，也可以作为银行的保证准本金；美金公债可按照票面额折合国币缴存，其折合率由财政部于发行日公布。[①]

财政部公布的同盟胜利公债美元与法币的折合率为：美金 20 元票，售价国币 333.34 元；美金 50 元票，售价国币 833.34 元；美金 100 元票，售价国币 1666.67 元；美金 500 元票，售价国币 8333.34 元；美金 1000 元票，售价国币 16666.67 元；美金 5000 元票，售价国币 8333.34 元。[②]

与民国政府历次发行过的公债相比，此次美金公债有许多优惠和便利。按照财政部规定的美金公债折合率，每百元法币折合美金 6 元，而当时中央银行的挂牌价是每百元法币折合美金 5.28 元，这对于认购者是有利可图的。到还本付息的时候，持有者可以按照票面额领取美金，随意支取，而不受冻结封存资金法令的限制，因此购买此项美金公债，是获得美汇的大好时机。同盟胜利公债还本付息的期限也较短，从 1944 年开始，半年抽签还本付息 1 次，分 20 次还清，而以往发行的公债都要分 20 到 30 次不等。此次

---

① 财政社资料室：《中外财政金融消息汇报——民国三十一年同盟胜利美金公债条例》，《财政评论》第 7 卷第 5 期，1942 年 5 月，第 105—106 页。

② 尹文敬：《中国战时公债》，重庆财政评论社 1943 年版，第 119 页。

美金公债的债票也是事先就印制好的,购债人向银行缴款时,即可领取到债票,与以往发行公债先给收据,日后再凭收据领取债票相比,在手续上也更为简便。持票人还可以随意出卖或向银行抵押借款,财政部还成立了证券交易所,便于美金公债的交易和流通,这比以前也是一个进步。①

为了推销同盟胜利美金公债,国民政府成立了公债筹募委员会,孔祥熙任主任委员,顾翎群和张万生任副主任委员。在各省也设立筹募委员会分会,由各省政府协助推行。筹募的方式分为派募和劝募两种,派募以有钱有田者为对象,包括工商业者、土地房产管业人、自由职业之收入丰厚者;劝募的对象包括各界人民收入丰厚者(特别注重财政赠与及财政承继之受益人)、公私团体之基金存款或公积金、已经派募尚有余力购债者。②

为了鼓励人民踊跃购买公债,财政部特别制定了"认购公债奖励办法"。对于团体的奖励为:购债满 500 万元者,明令褒奖,并颁给匾额;购债满 200 万元者,颁给匾额;购债满 100 万元者,颁给奖状。对个人的奖励是:购债满 200 万元者,明令褒奖,并颁给一等景星勋章;购债满 100 万元者,颁给一等景星勋章;购债满 60 万元者,颁给二等景星勋章;购债满 40 万元者,颁给三等景星勋章;购债满 20 万元者,颁给四等景星勋章;购债满 10 万元者,颁给五等景星勋章;以下类推,直至满 1 万元,颁给奖状。③

(三)发行美金公债和储蓄券的效果及美金公债贪污案

如前所述,抗战以来,中国虽发行数种公债,但实际推销出去

① 熊国清:《国人对于购买两种同盟胜利公债应有之认识》,《中央银行经济汇报》第 7 卷第 9 期,1943 年 5 月,第 8 页。

② 同上,第 12 页。

③ 财政评论社资料室:《中外财政金融消息汇报——认购公债奖励办法》,《财政评论》第 7 卷第 5 期,1942 年 5 月,第 105 页。

的很少,同盟胜利美金公债发行之初,购买者也是寥寥无几。详见下表:

表4—10　内债实销额与原债额比较①

借款名称	原债额	实销额	实销额占原债额之百分比(%)
二十七年国防公债	国币 500,000,000	33,111,050	6.62
二十七年金公债关金债票	关金 100,000,000	5,510	0.01
二十七年金公债美金债票	美金 50,000,000	47,772,850	95.55
二十七年金公债英金债票	英金 10,000,000	92,090	0.92
二十七年振济公债	国币 30,000,000	50	0
二十九年建设英金公债	英金 10,000,000	700,455	7
二十九年建设美金公债	美金 50,000,000	11,750,620	23.5
二十九年军需公债	国币 1,200,000,000	91,025,760	7.59
三十一年同盟胜利美金公债	美金 100,000,000	35,510	0.04
合计	国币 1,730,000,000	124,136,860	7.18
	美金 200,000,000	59,558,980	29.78
	英金 20,000,000	792,545	3.96
	关金 100,000,000	5,510	0.01
折合国币	9,330,000,000	1,378,830,260	14.78

注:(1)除三十一年同盟胜利美金公债之实销额系截至1942年底外,余均为截至1942年8月底止。(2)折合国币比率系根据1942年底折合率(1美元＝国币20元,1英镑＝国币80元,1关金单位＝国币20元)折算。

---

① 战时国债之统计分析,国民政府财政部档案,《中华民国史档案资料汇编》第五辑第二编,财政经济(二),第329—330页。

表 4—11　1942 年 5—12 月同盟胜利美金公债销售额①

月份	销售额（美元）
5—8 月	21,130
9 月	610
10 月	4,420
11 月	8,770
12 月	580
合计	35,510

为了向民众宣传购买公债和储蓄券,1942 年 9 月 15 日开始,国民政府发起了一个购买美金公债和储蓄券的宣传周,呼吁购买公债和储蓄券不仅是一种义务,也是爱国的表现,更是为了稳定物价和通货,而且购买的公债和储蓄券由美国贷款作担保,到期后可以兑换成美元。当时普通民众大多无力购储,豪绅富贾虽握有大量游资,却多用来抢购物资,囤积居奇,也不愿购买公债和储蓄券。因此运动周结束后,出售的美金公债和储蓄券数量不多,截止到 29 日,才达到 5498000 美元,合计法币 109960000 元,收效不大。②

国民政府虽然规定在兑换手续上,是先发行美金胜利公债,然后收取法币,但是在实行过程中,却是先让人们缴纳法币,然后领取美金公债。人民因此存在戒备心理,认为多购不如少购,少购不如不购。因此,美金公债自发行起到 1943 年秋,除四川、西康、甘肃、青海数省的成绩勉强可观外,其余各省销售情况大都很差,实

---

① 战时国债之统计分析,国民政府财政部档案,《中华民国史档案资料汇编》第五辑第二编,财政经济(二),第 338 页。

② The Ambassador in China(Gauss)to the Secretary of State, Nov. 18, 1942, *FRUS*, 1942, *China*, pp. 547—548.

际售出的美金公债总计只有 5000 万美元，还有一半没有销售出去。[①]

再者，购买的美金公债到期后，只能凭抽签还本付息，机会绝少。如果中签，才可持券请开美金汇票，取出本息；否则只能取息，或在市场出售。通常是抽签日期一过，市价即行激落，因此美金公债行市，常在美金储蓄券以下，因后者只要到期，即可开付美汇，而前者则除中签外，仅能取息，而不能取本金。[②] 一般民众不知道何时才能真正兑得美金，因此在购买之后，多愿折本脱售，致使黑市上的美金公债，曾由 20 元跌至 17—18 元。后来因为政府滥发纸币，通货膨胀更加严重，法币日益贬值，美汇价格开始上涨，美金公债的价格也随之上涨，由原来的 17—18 元，逐渐涨至 20 多元，以至30 元。[③]

太平洋战争爆发以后，中美并肩作战，美国驻华军队日增。当时中国官定外汇率，美金每元仅合法币 20 元，而此时后方物价，已较战前上涨 2000 余倍，美军持美钞支付日常费用，实感不敷。中美双方为美军在华开支以及美元与法币的汇率问题，争论多次，国民政府口头应允驻华美军在市面自行出售美钞，换取物资。但最初美钞市价，仅略高于美金储蓄券和美金公债的市价，并不受投机家注目。其后，美国来华驻军日益增多，美钞流通额骤然增加，而一般人对美钞的兴趣也愈发浓厚。尤其是 1944 年、1945 年两年间，战事愈趋紧张，法币膨胀无已，后方物价亦追踪上升。为保持

---

① 陈赓雅：《孔祥熙鲸吞美金公债的内幕》，寿充一编：《孔祥熙其人其事》，中国文史出版社 1987 年版，第 144 页。（另据《战时国债之统计分析》说，同盟胜利公债自发行日起，至 1943 年 10 月底止，共销售美金 1235 万余元，约占原债额的 12%。《中华民国史档案资料汇编》第五辑第二编，财政经济（二），第 337 页。）

② 李荣廷：《我国后方之战时金融》，《抗日战争》第 5 卷经济，第 226 页。

③ 陈赓雅：《孔祥熙鲸吞美金公债的内幕》，寿充一编：《孔祥熙其人其事》，第 144页。

财富,不因法币贬值而遭受损害,很多人对美钞趋之若鹜,美钞遂成为金融市场宠儿,与美金公债、美金储蓄券及黄金三者,并驾齐驰,行市涨落无常。在战事结束前一个月(1945 年 7 月),美钞飞升,曾激涨至美金每元合法币 3000 余元,其上涨率尤在同期间黄金市价之上。兹将重庆自有市价以来美金公债、美金储蓄券及美钞行市变动趋势,分别列表如下。①

表 4—12 战时重庆美金储蓄券美金公债美钞行市变动统计表

(单位:国币元)

年度 月份	美金公债(大券)			美金储蓄券			美钞(大票)		
	最高价	最低价	平均	最高价	最低价	平均	最高价	最低价	平均
1944 年 1 月份	70	50	60	82	62	72	84	84	84
2 月份	122	80	101	142	84	113	245	84	164
3 月份	125	116	120	135	130	132	255	235	240
4 月份	120	100	110	131	120	125	235	210	220
5 月份	108	93	100	128	125	126	210	190	200
6 月份	106	90	98	140	125	132	200	185	190
7 月份	110	98	104	137	134	135	204	190	197
8 月份	113	103	108	738	127	132	208	188	198
9 月份	115	104	109	165	138	151	255	214	204
10 月份	121	106	113	160	170	180	292	242	267
11 月份	250	119	184	400	190	295	680	295	487
12 月份	230	202	216	330	300	315	645	495	570
1945 年 1 月份	270	250	260	340	330	335	560	470	515
2 月份	286	268	277	335	320	327	604	500	552
3 月份	410	267	338	480	325	402	675	670	677

① 李荣廷:《我国后方之战时金融》,《抗日战争》第 5 卷经济,第 227 页。

年度 月份	美金公债(大券)			美金储蓄券			美钞(大票)		
	最高价	最低价	平均	最高价	最低价	平均	最高价	最低价	平均
4 月份	540	495	517	540	500	520	777	700	738
5 月份	740	526	633	750	530	640	985	720	827
6 月份	1900	920	1410	1850	910	1380	23C0	1110	1705
7 月份	2600	1950	2215	2600	2000	2300	3150	2500	2850
8 月份 *	2050	1150	1600	2300	1200	1750	2750	1620	2185

＊1 日至 14 日

注：①美金公债大券,以面额 500 美元为起码单位。美金储蓄券原分 1942 年 7 月 31 日及 8 月 3 日以前发行之 2 种,本表数字,系采用 7 月 31 日者。

②本表数字,悉为逐日收盘行市。

　　美金公债发行一年有余,售出仅达半数,但美钞价格狂涨,却带动了美金公债黑市价格的上涨。如此一来,"不仅发行之目的未达,而对外观感亦多不利,近来美方对此颇为注意,屡来询问"。见此情况,身为行政院副院长、财政部长和中央银行总裁的孔祥熙,于 1943 年 10 月 9 日致函蒋介石,以"如不筹维办法,将来再请援助恐有妨碍"为由,申请宣布结束美金公债的发售,"以硕全政府之信誉"。孔祥熙"特将结束日期及今后运用办法密为陈报",并表示"当督促行局主管人员妥为办理,以期早日完成,密定本月十五日结束"。① 果然,财政部于 10 月 15 日"密函"国库局,命令停止出售美金公债,剩下的 5000 万美元债票,由中央银行业务局购进。接到财政部密函之后,中央银行国库局长吕咸命令各省中央银行分行,迅速将剩余的美金公债如数上交国库局。国库局收到之后应该是上缴国库的,但是吕咸却拟一签呈,称"查该项美券销售余额,为数不赀,拟请特准所属职员,按照官价购进,符合政府吸收游资

---

　　①　孔祥熙致蒋介石函,1943 年 10 月 9 日,蒋介石特交档案:财政,第 2 卷,金融,财政 2－3,3/48098－1,国史馆。

原旨，并以调剂同人战时生活"，于 1944 年 1 月送交孔祥熙审批，孔祥熙在呈文上批了个"可"字，但没有签名，只是盖了一个"中央银行总裁"的官章。这样，吕咸就取得了合法手续，第一批购入美金公债余额 3,504,260 美元，照官价折合法币 70,085,200 元，送归孔祥熙一人独吞。第二批购入美金公债 7,995,740 美元，照官价折合法币 159,914,800 元，吕咸分二成半，孔祥熙分七成，其余人得半成。孔祥熙等以官价 1 美元折合法币 20 元购进美金公债，再以市价出售，按当时市场价格最低 1 美元折合法币 250 元计算，他们就有巨大的差价可赚，其公式为：$(250-20) 元 \times 11,500,000 = 2,645,000,000 元$。[①] 仅这两次，孔祥熙、吕咸等贪污数目即达 1150 万美元（折合国币超过 26 亿元），造成严重的美金公债舞弊案。

　　根据以往的资料和研究，一般认为黄金舞弊案是 1945 年 7 月国民参政会开会时被揭发出来后，蒋介石才被迫下令调查的。现据笔者在台湾国史馆查阅到的蒋介石特交档案记载，实际上早在 1945 年 4 月，中央银行发行美金公债舞弊案抄件就已上报给蒋介石，蒋发现美金公债余额 1100 万美元没有按规定如数上缴国库，即于 4 月 10 日致电当时人在美国的孔祥熙，令其追缴并呈报，电文称"拟查美金公债剩余部分有壹千壹百余万元，预定户在停售受，付价给券，不合手续，应即将此壹千壹百余万元之债券，饬令该行经管人员负责，为数追缴归还国库"，不得贻误，并将追缴之确数呈报。孔祥熙于 4 月 11 日覆电表示："此事当时经过实情为何，弟不详悉，已将钧电转主管局长迅剋遵办并严令责成负责，追缴齐全，俟弟病稍愈，即当回国亲自处理。"[②]

　　7 月 7 日，第四届国民参政会在重庆开会，时任参政员的陈庚

---

　　① 陈赓雅：《孔祥熙鲸吞美金公债的内幕》，寿充一编：《孔祥熙其人其事》，第 144—146 页。

　　② 央行发行美金公债舞弊案抄件，1945 年 4 月，蒋介石特交档案：财政，第 2 卷，金融，财政 2—3,3/48099，国史馆。

雅，根据一些爱国人士搜集提供的资料，认为"中央银行国库局有侵蚀美债 1150 万余元舞弊行为嫌疑"，准备制成提案，请大会讨论通过，送请政府严办，后由傅斯年等联名提出质询案"请彻查三十一年同盟胜利美金公债发行余额大舞弊嫌疑案"。① 7 月 12 日，蒋介石审阅了中央银行舞弊案全文，研究处置办法，决定将被贪污的美金公债全数追缴归还国库，然后再由他负责解决，否则唯有任参政会要求彻查。蒋介石认为，"此固于政府对国际信誉大损，然为革命与党国计，不能不如此也"。当日，蒋介石召见孔祥熙面谈，"再严正申诫，嘱其设法自全"。② 14 日，蒋介石再次与孔祥熙谈话，孔承认蒋介石所掌握的证据，"并愿追缴其无收据之美金公债全归国库也"。③ 15 日，蒋介石对"参政会傅斯年等突提出对中国银行美金公债舞弊案，而庸之又不愿开诚见告"一事，感到"忧愤不置"，痛感"人心陷溺，人欲横流，道德沦亡，是非倒置，一至于此"。④ 17 日，蒋介石约见财政部代理部长俞鸿钧等，"告以中行舞弊案批驳要点"，令其调查此案内情。⑤ 18 日，蒋介石接阅参政会对孔祥熙之弹劾案，"苦痛无已"。⑥ 19 日，蒋介石给孔祥熙连发三函，对美金公债销售中的种种疑点提出质问：

1. 孔祥熙称，人民购买公债，"均系款债对交"，自报户名，按照出售公债惯例，无须详细记载。蒋介石认为，用现款购买公债可以如此，但当时公债是认购或预售，"而认购之户一不缴纳分文定金，二不填具认购单据，中央银行亦不给予准许认购若干之证件，三无

① 陈赓雅：《孔祥熙鲸吞美金公债的内幕》，寿充一编：《孔祥熙其人其事》，第 147 页。

② 蒋介石事略稿本，1945 年 7 月 12 日，国史馆。

③ 蒋介石事略稿本，1945 年 7 月 14 日，国史馆。

④ 蒋介石事略稿本，1945 年 7 月 15 日，国史馆。

⑤ 蒋介石事略稿本，1945 年 7 月 17 日，国史馆。

⑥ 蒋介石事略稿本，1945 年 7 月 18 日，国史馆。

确实姓名住址之记录",那么"认购户究竟凭何证据向中央银行交款取券,行方人员又凭何根据付给其债券"呢？蒋介石斥责说:"此种情形,即一普通商号对私人定购些微货物,亦决无此理,何况政府机关之国家银行。办理巨额外汇债票之收付,乃竟如此草率,何能认为合法有效?"

2. 认购公债户领取债券的时间为 1943 年 11 月 23 日以后至 1944 年 6 月,距 1943 年 10 月 15 日停售公债之日少则月余,多则 6、7 个月。这期间,美金公债价格高涨 1 倍至 10 余倍之多,而认购各户仍按国币 20 元折合美债 1 元之原价交款取券,结果得享暴利。

3. 美金公债除去售出 4310 万余元,及国库局缴交业务局 5401 万余元外,尚短 287 万 4 千余元,"此款着落如何？应即详细查明具报"。

4. 据报 1944 年 8 月 19 日,国库局曾收进美债 35 万 5 千元,账上仅列国币 710 万,"该项债券下落如何,并盼查报"。

蒋介石担心,"凡此各情,倘使外间得知加以指摘,实难有圆满理由可资答复"。"为稍减当前情势之应付困难",蒋介石指示孔祥熙"迅速处理即日具报勿延为要",要求他责成经办人员,将公债停售之后无凭无据认购出去的 1660 余万元美金公债,全数缴还中央银行,"限期严密办妥"。同时要求将中央信托局所保管各慈善团体预定的美金公债 250 万元,及该局同人储蓄的美债 101 万零 500 元,连同中央银行国库局代为保管的美债 77 万元,"统应扫数交还中央银行归入公账为要"。①

7 月 22 日,孔祥熙回复蒋介石,对国民参政会的质疑作出解释,说明参政会质询的美债 1150 万余元,"系由各地分销处分三次解缴而来":

1. "350 万零 4260 元一笔,原由国库局交业务局,当经业务局

---

① 蒋介石事略稿本,1945 年 7 月 19 日,国史馆。

将应行缴库债款国币 7008 万 5200 元送交国库。其中票面 202 万 4760 元系以前认购各户交款交割。"此项债票已于 4 月间奉蒋介石密电令追缴，如数交中央银行保管。余数 147 万 9500 元系由中央银行自购，以有价证券科目列收银行账目存库。

2. "765 万零 660 元一笔，系由国库局交业务局，当经业务局将应行缴库债款国币 1 亿 5301 万 3200 元送交国库。该项债券原拟用以补助各机关办公经费之不敷，嗣因未付实行，仍归中央银行所有，并同（甲）项余数 147 万 9500 元以有价证券科目列收现存行库。"

3. "35 万 5 千元一笔，系由中央银行同仁认购，共收债款 710 万元，列收库帐，债票仍由行存库保管。"[①]

面对如此棘手的美金公债案以及孔祥熙的强词辩解，蒋介石深感苦恼，整夜"为庸之事不胜苦痛忧惶，未得安睡"，22 日下午，蒋介石与陈布雷谈到孔祥熙时，又"恐此美金公债或落于外人手中，更觉悲伤，因之午睡亦不成寐，痛愤极矣"。[②]

7 月 24 日，孔祥熙对蒋介石 19 日三函中提出的疑问一一辩解称：

1. 发行美金公债历时年余，因销数有限，不得不努力设法劝导推销。且当时债券分散各地，不能预计何时到重庆，债券交付无确定日期，故主管部门没有让认购者预缴价款或交纳定金，只请其"俟券到缴款交割"。

2. 因债券发行本属无记名式交易，一向无记录账册，仅记债券面额款项数目。当时只求推销，凡有认购，自乐于接受，没有详细手续。券款交割之后，承购人自难寻找。

3. 当时虽因黑市美金公债涨价，但以认购在先，"自不应以黑

---

① 蒋介石事略稿本，1945 年 7 月 22 日，国史馆。
② 蒋介石事略稿本，1945 年 7 月 22 日，国史馆。

市价涨而不交割，致失国家银行之信用"。

4. 已遵蒋介石之命，转饬主管部门限期缴回债券，但据主管陈复，有很多实际困难，无法完全办到。"究竟如何办理，尚请考虑决夺"。至于中央信托局代认购客户保管的 250 万元，国库局代保管的 77 万元，"俟全案办法决定，自可并同处理"。但信托局同仁储金部分之 101 万零 500 元，是按照工作人员每月薪金强迫储蓄 4％积存而来，"自未便并案论及"。①

同一天，蒋介石批准孔祥熙辞去中央银行总裁一职，并手谕孔祥熙："该行经办人员办事颟顸，本应严惩。姑念抗战以来努力金融，苦心维持，不无微劳足录。兹既将其经办不合手续之款如数缴还国库，特予从宽议处。准将国库局局长吕咸、业务局局长郭锦坤免职，以示惩戒为要。"②

当天，蒋介石在跟宋子文谈及此事时，表示了对孔祥熙的不满，后悔未及早撤孔。蒋说："中央银行总裁人选，非绝对服从余命令，而为余所能信任者不可，此二十年来所得之痛苦经验，因此不能施展我建军、建政而且阻碍我外交政策莫大也。去年对美之外交恶化，几至绝境者，可说皆由庸之操纵中行，不愿告余实告存数，使余不能不对美作强制要求也。庸人不可与之再共国事矣。撤孔之举，犹嫌太晚矣。"③

面对民众的愤怒、参政会的指责，以及傅斯年的倒孔，蒋介石不得不下令调查，最终免去了孔祥熙等人的职务，并责令他们退还贪污的债券，美金公债案由此终结，国民政府《惩治贪污条例》也总算不只是一纸空文。但是，中国浴血抗战、千辛万苦得来的、美国无偿提供的巨额美金援助，却因此而未能发挥它应该发挥的作用，

---

① 蒋介石事略稿本，1945 年 7 月 19 日，国史馆。
② 蒋介石事略稿本，1945 年 7 月 24 日，国史馆。
③ 蒋介石事略稿本，1945 年 7 月 25 日，国史馆。

中国的财政经济未能因此而改善，金融物价反而更趋紊乱，美援的良好初衷，未能获得良好的客观效果。

发行公债和储蓄券，本是战时为了快速大量积聚财富而采取的非常措施，是战时财政收入的来源之一。公债筹款既能充做战费，又可吸收游资，加强金融控制，如果推行得法，还可收到稳定币值与物价的效果。美金公债和美金储蓄券发行时，财政部预计可吸收 40 亿元的法币，对于平衡财政收支可起到一定作用。理论上虽然设想很好，但战时公债的实际销售和作用却远非如此。据统计，截至 1943 年底，国民政府共发行内债 415 亿元，但实际销售额仅为 15％，不过 62 亿元，因此公债只占每年国库收入的 1％左右而已。美金储蓄券 1 亿美元基本售尽，同盟胜利美金公债 1 亿美元截至 1943 年 10 月停售时，仅售出 12％，对于战时财政收支来讲，不过杯水车薪。

实际上，国家发行巨额公债，一般要具备几个条件，即：工商业发达，国民富裕，有大量流通资本；有充足稳定的货币，有组织完备的金融市场；政府信用良好。① 当时的国民经济并不具备这些条件，由于长年战争，工商业减产，物资缺乏，物价高涨，民众已经无力购买公债；金融市场更是混乱不堪，投机者兴风作浪，致使物价不断高涨，法币不断贬值；而政府随时变更政策，信誉已经荡然无存，但凡有钱者大多囤积物资，唯恐法币贬值。因此公债发行很难进行并且产生良好效果。公债向国民推销不出去，只能向银行抵押，而银行抵押越多，通货发行就越大，结果通货更加贬值，公债亦随之贬值，更增加公债销售的困难，并且更失政府信誉，如此形成恶性循环。国民政府为了回笼法币、平衡赤字，利用美国 5 亿美元贷款为基金，发行同盟胜利美金公债和美金储蓄券，所做的努力是

---

① 熊国清：《国人对于购买两种同盟胜利公债应有之认识》，《中央银行经济汇报》第 7 卷第 9 期，1943 年 5 月，第 8 页。

值得肯定的,但是推销公债方法未能尽善,以及实施过程中出现的舞弊现象,使出售美金公债和储蓄券的效果大打折扣。

四、5 亿美元贷款为何没能产生应有效果

美国向中国提供 5 亿美元信用贷款,其目的在于加强中国战时财政与金融经济力量。为表示美国对中国的积极援助,借款没有利息,也没有规定具体用途,中国无需提供任何担保品,直接由美国财政部项下开立中国政府账户,国民政府可以自由支配,仅须依照需求向美国申请提用。在使用过程中,美国方面也给予了极大的关注,不断提出建议和意见,希望中国政府能很好地利用这笔贷款,来改善中国日益恶化的财政经济形势,以期获得抗战的早日胜利。这表明美国对中国抗战和战时财政金融的关注和重视,也表明美国对中国提供经济援助的意愿。如果说以前的几次易货偿债借款,美国有从中获取经济利益的考虑,那么此次 5 亿美元借款,条件空前优厚,可以说美国并没有想从中获利,美援是单纯的、真诚的。

国民政府及社会舆论鉴于此次借款数额之大和意义深远,开展了多方面的讨论和研究,也由此引发了对中国战时经济中存在的种种问题的反思,以及如何解决这些问题的讨论,在此之前也是从未有过的,国人的参政意识和公民意识也在逐步增强。在经过一番研究和讨论之后,国民政府根据当时经济的严峻形势和国际交通阻塞的困难,最后把贷款的大部分用于实施黄金政策和公债政策,以期能够回笼法币,吸纳游资,抑制物价,稳定经济形势。初期抛售黄金,举办黄金存款和法币折合黄金存款,发行美金储蓄券和美金公债,收回了大量法币,减少了通货流通的数量,这对抑制物价上涨和稳定经济恶化的形势是有一定作用的,有助于当时财

政的稳定。

虽然国民政府采取的一系列措施，在开始阶段有一些作用，但由于开支增加的幅度很大，政府还是依靠发钞来解决开支，从而产生了 2/3 的财政赤字，物价和发钞水平在抗战后期仍然快速上涨。不仅如此，由于具体操作过程不尽完善，也由于国民党官员的腐败而出现的舞弊事件，致使国民政府没能利用好美国贷款，改善中国当时的经济状况。当时美国驻华大使高斯即认为，美国贷款除了给中国人心理上的影响外，对解决中国经济问题的实际贡献很小。[①] 李荣廷在战后也评论说："吾人回想抗战期间后方金融之演变，可得称颂者，虽不能谓为绝无，而处处发现破绽。加速金融市场之紊乱者，诚层出不穷。法币在战争期间，平均约贬值 4000 余倍。一个脆弱的国家，作战八年之久，并不算稀奇。不过，如果在战期当局对金融政策，能提纲挈领，善为运作，稳定物价于适当水准，不使再度上涨或下落，再以美金公债、美金储蓄及抛售黄金诸种方法，互相配合，相信至战后今日，金融当已早上轨道，物价亦可安定。不图战期，当局头痛医头，脚痛医脚，金融政策，未能与财政经济政策配合。一方企图限价及取缔囤积居奇，以抑平物价，他方又在任意提高黄金官价，政府仅获得些微利润，而物价及正当工商业受黄金变动之刺激，益现破绽，此种恶果，绝非当局最初所能逆料。"[②]

总之，当时中国经济面临的问题主要是通货膨胀严重，物价增幅太快，法币流通过大，财政赤字严重。为了帮助中国缓和经济日益困难的形势，改善中国的财政经济状况，稳定物价，解决财政赤字以及收支不平衡，美国提供 5 亿美元贷款，初衷是善意的、良好

[①]　The Ambassador in China (Gauss) to the Secretary of State, July 15, 1942, *FRUS*, 1942, *China*, p. 530.

[②]　李荣廷:《我国后方之战时金融》,《抗日战争》第 5 卷经济, 第 228 页。

的。国民政府利用5亿美元贷款,采取黄金政策和公债政策,其出发点、愿望和努力是值得肯定的,而且也曾经在吸收法币、稳定物价上起过一定作用,但最终运作的结果却不如人意,既未符合美援的初衷,也未能有效解决中国经济问题。由于当时经济已经到了崩溃的边缘,国民政府财政亏空过于巨大,5亿美元远远不足以应付巨额财政支出,政府收入无法支付庞大的战争开支,只得继续求助于货币发行;也由于战时大后方出现的通货膨胀,是经济尤其是工业发展不足的表现,物资极度缺乏导致的物价上涨问题无法有效解决;更由于国民政府采取的具体措施和技术不当,而一些政府官员及豪门亲贵,营私舞弊,投机取巧,谋取暴利,使政策执行大打折扣。这些因素交织在一起,致使5亿美元没有发挥其应该发挥的最大效果。

第五章　美国顾问团与增进战时生产

抗日战争后期,美国对华经济援助的形式除借款和物资援助外,增加了另一种重要方式,即设法促进中国大后方的战时生产,这缘于美国对经济援助认识的一个转变。在援华初期,美国主要向中国提供借款和物资,这属于"输血"式的援助;而在后期,美国逐渐认识到,仅靠"输血"无法支持中国战时经济,要从根本上解决中国的经济困难,必须有"造血"式援助,即加强中国后方生产能力和经济建设。因此,在抗战后期,中美之间在战时生产等方面进行了经济技术合作,这对战时中国的经济建设产生了一些积极作用,对国民政府战时经济政策也有一定影响。

一、美援的新方式——战时生产顾问团援华

1944 年,已遭受多年战争摧残的中国经济急剧恶化,通货膨胀等危机频频显现。为了解中国现状并设法解决问题,让中国在对日战争中继续发挥积极作用,并尽可能快地取代日本在远东的经济地位,维护战后世界的和平和繁荣,美国总统罗斯福决定派美国战时生产局局长纳尔逊(Donald M. Nelson)访问中国。

纳尔逊于 1944 年 9 月、11 月,两度率团前往中国,试图促进中国战时生产,扩大对华援助,帮助国民政府度过危机。纳尔逊带来的美国专家,组成了美国战时生产顾问团(American War Production Mission),作为美国政府支援中国抗战所作努力的一部分,帮助国民政府有效组织生产,并商讨战后的经济重建事宜。

代表团来华后,深入实际,了解中国的战时经济情况,提出促进战时生产的建议,帮助国民政府成立战时生产局(Chinese War Production Board),并通过该局,使其制订的生产计划得到实现;为促进国民政府战时电力的生产,纳尔逊还积极倡导实施长江三峡计划。

(一)纳尔逊代表团访华背景

抗日战争进行到 1944 年时,重庆国民政府在经济、军事等方面的危机日渐加深。经济上,通货膨胀日益严重;工业设备不足,熟练工人缺乏。军事上,军队战斗力削弱,豫湘桂战役溃败。这一切使国民政府的威望跌落到最低点。面对如此局势,美国总统派战时生产局局长纳尔逊率团前来中国访问,帮助国民政府成立了中国战时生产局。

关于这一行动的背景,中外学者各持己见。中国学者李安庆、孙文范认为,"中国战时生产局正是在国民党统治陷入严重危机和美蒋矛盾空前紧张的形势下问世的";[1]美国学者柯伟林(William C. Kirby)认为,"纳尔逊使团是在中美政府对于如何进行对日战争分歧最严重的时刻被派往中国的";[2]台湾学者林美莉认为,"促使战时生产局制度行之于中国的重要因素,实是中国政府对美国租

---

[1] 李安庆、孙范文:《抗战后期的中国战时生产局》,《社会科学战线》1989 年第 1 期,第 157 页。

[2] [美]柯伟林:《民国时期中外经济技术合作一例:美国战时生产顾问团援华》,张宪文等编:《民国档案与民国史学术讨论会论文集》,档案出版社 1988 年版,第 559 页。

借法案的配合"。① 这些论述各有侧重，但均没有进行综合分析。实际上，这是美国在综合考虑了其政治、经济和军事利益之后作出的决定，其原因是多方面的。

首先，美国军事战略家认识到了中国的战略重要性。此时，中国对日本的抵抗力在日益削弱，而一旦中国崩溃，将会给美国带来危险。如果中国战败，陷入中国抗日战场的日本军队将脱身并投入到对美国的战争中，美国以后对日本进行反攻将会更加困难和复杂。因此，对美国来说，中国的重要性是无法衡量的，让中国在对日战争中继续发挥积极作用，可以缩短对日战争的时间。②

其次，罗斯福总统认为，让中国尽快取代日本在远东的经济地位非常重要。纳尔逊也认为，中国从战争中摆脱出来，作为主要的工业国家代替日本，对美国和整个世界来说，都是很重要的。但当时日本已经占领了远东的主要工业区，世界上很多国家的经济，开始和日本越来越接近。这对于战后国民政府代替日本贸易市场，领导亚洲，是极为不利的。③

再次，美国认为，从维护世界和平来看，中国成为一个强大、稳定、民主的国家，无论是在战争期间还是战后，都会成为美国的一个很有价值的同盟国；一个弱小、动荡的中国，则没有任何价值，并且有可能成为冲突的根源。此外，中国是苏联最大的邻国，中国的动荡或者中苏之间不良好的关系都会影响到美苏关系。④

最后，纳尔逊赴华还与当时美国国内政治形势有关。纳尔逊作为美国战时生产局局长，判断战争将近结束，主张逐渐开始恢复

---

① 林美莉：《战时生产局的成立与活动——以租借法案的配合为中心》，《国史馆馆刊》（台北）复刊第 15 期，1993 年 12 月，第 167 页。

② American War Production Mission in China，Box 39，Section 1，p. 7，Roosevelt Presidential Library.

③ 同上。

④ 同上。

平时生产,与副局长威尔逊(Charles E. Wilson)意见不同;军部方面对纳尔逊的主张也表示反对,认为战争紧急,仍应照旧增加军需生产。罗斯福总统左右为难,决定借机派纳尔逊访问中国,其职务由威尔逊代理。纳尔逊听到消息后,表示短期2、3周,尚可一行,久待即拟辞职。① 经过协商,罗斯福宣布,纳尔逊离美期间保留原职,战时生产局政策也不变更,纳尔逊遂接受总统任命。

此外,纳尔逊此时访华,是与特使赫尔利(Patrick Hurley)将军同行的,这是美国为解决中国经济和军事问题而同时采取的举措。二者互相补充,致力于同样的目标,但是方式和侧重不同。纳尔逊主要研究中国经济状况,以挽救中国经济危机;② 赫尔利则主要集中在军事和政治方面,协调军事全局,以消除蒋介石与史迪威之间存在的问题。③

可见,美国是非常重视中国战时经济问题的,其关注程度不亚于军事和政治,因此才会在派赫尔利作为军事代表赴华解决军事问题的同时,派纳尔逊前往中国解决经济问题。在美国看来,中国经济如果崩溃,将连累对日作战和整个世界战略,因此必须设法帮助中国解决困难,改善生产和交通状况。纳尔逊起程前,曾对中国驻美大使魏道明表示:“现在中国政府经济问题,殊多困难,经济方面,以生产及交通为最要,生产步降趋势,倘能挽回并提高,不仅予人民以新希望,其他若干问题,亦可连带解决。”④

(二)纳尔逊代表团访华使命

代表团访华的具体使命,在1944年8月18日罗斯福致纳尔逊

①　孔祥熙致蒋介石,1944年8月22日,《战时外交》第1卷,第178页。

②　American War Production Mission in China, Box 39, Section 2, p. 13, Roosevelt Presidential Library.

③　President Roosevelt to Generalissimo Chiang Kai — shek, Aug. 19, 1944, FRUS, 1944, China, GPO, 1967, p. 250.

④　魏道明致蒋介石,1944年11月8日,《战时外交》第1卷,第200页。

的信中,有明确指示:

1. 了解蒋介石委员长及其顾问们对当前经济局势的看法,以及他们打算做些什么。

2. 向蒋委员长和其他政府官员表示个人对当前经济局势的看法,强调中国经济状况对其继续进行战争的能力的影响。

3. 对中国战后经济状况特别是美国政府与战后中国经济的关系,进行研究、分析并作出评价;研究战前日本的工业部门中,哪些可用于加快中国的经济发展。

4. 向蒋委员长及其顾问们保证,美国并不打算控制中国的经济,只想在承认中国主权完整的前提下,获得适当的经济利益。从长远来看,将由中国人自己来掌握其国内经济。

5. 使命完成之际提交一份报告,就美国政府对华经济政策提出意见,指出中国工业经济中的哪些部门应该获得公开或非公开的贷款,哪些部门只需由美国私人投资者加入,需对美国公民的投资作出哪些限制。

6. 将所有情况告知美国驻华大使。

7、这一使命应在 4 至 6 个月内完成。①

纳尔逊代表团于 1944 年 9 月 6 日抵达重庆,22 日离开。按照上述指示,代表团在中国开展了如下工作。

1. 会晤各方代表,调查经济形势

15 天中,纳尔逊和蒋介石、宋子文、翁文灏等就中国经济问题会晤数次;和国民政府交通部、财政部、粮食部、外交部、农林部、资源委员会、招商局等有关官员也多次会谈,研究各部提供的经济资料;和美国驻华大使、中国航空公司、美国花旗银行以及其他美国在华公司的代表商讨中国的经济问题。纳尔逊的助手洛克、杰克

---

① President Roosevelt to the Chairman of the War Production Board, Aug. 18, 1944, *FRUS*, 1944, *China*, p. 249.

逊也多方收集资料,以便有助于纳尔逊的工作。

经过多方会谈以及调查,纳尔逊深感"中国的经济情形甚为严重",[①]中国方面远远没有发挥其运用自身资源进行生产的能力。以军工生产为例,"情况尽管'相当不错',但实际上只发挥了中国军工总生产能力的 55%。以钢产为例,理论上中国年钢产量可达11.7 万吨,但目前年钢产量只有 8000 吨的水平"。[②] 造成这一状况的原因在于重庆国民政府各有关部门之间缺少协作,以及生产无利可图、资金限制、物资缺乏等。除此之外,还存在其他不利于中国战时生产的因素,使情况更加恶化,其中一个因素就是运输不足。例如,中国现有的卡车仅有 6000 辆,这比美国一个小城市所拥有的还少;并且在这 6000 辆卡车中,由于原料缺乏、零件缺乏,也只有一半可用。[③]

代表团还发现,国民政府部门过多,重叠设置,以致效率低下,办事困难。美国对外经济事务局驻重庆的代表告诉纳尔逊,在工作的时候他们不得不与 20 个不同的中国部门合作。[④] 此外,中国的工业多数是政府经营,政府对私营企业的态度缺乏同情,很少从工业界挑选人员参加政府,也不听从他们的建议,不允许私营企业生产军需品。许多企业因缺乏资金,生产陷入困境,政府却因害怕引起通货膨胀而不给予贷款;企业也为了避免政府不断派人调查以及高利率而不愿贷款。[⑤]

为准确了解并向总统汇报中国的经济情况,代表团还绘制多

---

①　蒋介石与纳尔逊谈话记录(一),1944 年 9 月 19 日,《战时外交》第 1 卷,第 184 页。

②　Memorandum of Conversation, by Mr. John D. Sumner of the Embassy Staff, Oct. 4, 1944, FRUS, 1944, China, p. 261.

③　蒋介石与纳尔逊谈话记录(一),1944 年 9 月 19 日,《战时外交》第 1 卷,第 185 页。

④　American War Production Mission in China, Box 39, Section2, p. 22, Roosevelt Presidential Library.

⑤　American War Production Mission in China, Box 39, Section2, p. 23, Roosevelt Presidential Library.

种表格,从各个方面具体说明中国战时的经济形势。下面所列出
的表格中,表1是国统区部分工业产品的产量,数据表明国统区没
有足以支持战争的发达的资源和工业。表2是中国航空公司1944
年运到中国的各种物资的吨数,从表中可以看出,多数是军需物
资,战时生产所需的物资数量极其有限。表3表明军火工业的实
际生产能力远远低于预估的生产能力。表4是重庆部分商品的零
售价格,显示出国统区经济的潜在弱点。这些数据表明中国的经
济形势日益削弱。[1]

表 5-1 国统区和全中国(1)部分工业产品的比较

工业	单位	1937 年中国(1)工业的产量	截至 1944 年 7 月国统区工业的产量
煤	吨	20,897,273	2,457,568
铁	吨	155,640	31,310
钢	吨	44,860	—
酒精	加仑	2,780,000(2)	—
苏打粉	吨	32,404(3)	—
纸(机器制造)	吨	94,000	360
水泥	桶	2,800,000	12,000
面粉	袋(4)	27,600,000	600,000
棉花	纺锤(可用的)	5,533,000	67,000
电力	千瓦	561,299	19,140

注:(1)不包括东北;(2)仅限于医疗和化工;(3)1933 年的产量;(4)1 袋合
22.5 千克

资料来源:国民政府资源委员会、经济部。

---

[1] American War Production Mission in China, Box 39, Section 2, pp. 15－21,
Roosevelt Presidential Library.

表 5-2　1944 年中国航空公司通过驼峰运输到中国的物资

项目	单位:吨
军火物资	6,174
钞票	2,109
航空物资	568
运输设备及信号器材	3,030
医疗设备	1,236
QMG 物资	897
工业材料和采矿设备	863
燃料和石油	2,250
其他物资	142
供应美国陆军的物资	472
总计	17,741

表 5-3　1944 年 9 月部分军工产品预估生产量和实际生产量的比较

军火项目	估计每月的生产能力(1)	9 月以前实际生产量占预估产量中的比例
步枪	11,600	55%
轻机枪	1,130	84%
重机枪	250	98%
82 毫米迫击炮	210	67%
60 毫米迫击炮	250	100%
37 毫米反坦克枪	5	4%
弹药	21,000,000	7%
82 毫米迫击炮炮弹	150,000	43%
75 毫米榴弹	28,000	43%
钢铁		低于 25%
化学制品		大约 50%
水泥		33%
汽油		52%

军火项目	估计每月的生产能力(1)	9月以前实际生产量占预估产量中的比例
酒精		82％
棉花		60％
煤		50％—80％
纸		58％

(1) 大约每星期 6 天,1 天 11 小时

表 5—4　1944 年 11 月重庆部分商品的零售价格指数

商品	种类	指数
食物材料	25	46,157
衣物	10	145,041
燃料	6	81,790
杂项	9	58,944
所有商品	50	65,209

资料来源:重庆市政府。

2. 提出对中国经济形势的看法和建议

尽管经济形势严峻,国民政府也对此充满了绝望情绪,但纳尔逊认为"尚未到束手无策的地步",他相信蒋委员长完全有可能扭转这种局势。[1] 他就振兴中国战时生产,阐明了自己的看法。

在与蒋介石及其他国民政府的官员谈话中,纳尔逊强调指出,中国不能期望美国向其提供数亿美元的援助,而必须自给自足、自负盈亏制订国家发展计划。[2] 同时亦指出中国不能只依赖由印度空运物品,"应在国境以内生产一切可在国内生产之军需及民用物

---

[1]　Memorandum of Conversation, by Mr. John D. Sumner of the Embassy Staff, Oct. 4, 1944, *FRUS*, 1944, *China*, p. 261.

[2]　同上,pp. 262—263.

品"。纳尔逊还认为中国政府有若干政策阻碍生产,如财政政策过于紧缩,政府对私营企业不予注意和援助等,使生产无法发展。①

纳尔逊建议中国仿效英、美,设立战时生产局,并成立中美联合生产委员会,必要时中国也可以派代表参加美国战时生产局。对于纳尔逊的建议,蒋介石表示完全同意,并希望纳尔逊主持中国战时生产局,"如君能主持此事,必可成功,否则未必……此系战后经济建设之基础","君不只为生产局总顾问,并为国民政府经济总顾问"。纳尔逊则表示只要总统许可,他将尽力协助中国,回美国后,他将告知总统"中国情形并非无望,只要大家努力,逐日均可进展"。②

他建议改善中国的运输状况,"若运输不能改进,中国经济实有崩溃之可能"。③ 他还建议提高有关运输设备的生产,改善中国工业生产,尤其是钢铁生产。为了实现工业生产标准化,中国政府必须聘请外国冶金专家。④

纳尔逊发现,国民政府制订的战后经济规划,并不完全从现实出发,只是根据中国所需产品的数量,而不是根据中国现有经济及工业结构的正常发展来制定规划。⑤ 对于中国战后的经济建设,以及美国政府与战后中国经济的关系,纳尔逊建议"中美密切合作,美国方面可以提供给中国资本,包括物品及货币",⑥因为美国"国内市场已达饱和点,只有国外市场才行……我们必须把货物输出到目前贫瘠而急于工业化的国家。而中国,正如我所指出的,准备

---

　　① 蒋介石与纳尔逊谈话记录(一),1944 年 9 月 19 日,《战时外交》第 1 卷,第 185、187 页。

　　② 同上,第 190—191 页。

　　③ 同上,第 185 页。

　　④ Memorandum of Conversation, by Mr. John D. Sumner of the Embassy Staff, Oct. 4, 1944, *FRUS*, 1944, *China*, p. 261.

　　⑤ 同上。

　　⑥ 蒋介石与纳尔逊谈话记录(二),1944 年 9 月 19 日,《战时外交》第 1 卷,第 192 页。

发展若干种它所能维持的工业"。①

　　在战后中国取代日本贸易市场的问题上,纳尔逊指出,美国认为中国在战后应居于亚洲领导地位,但只有取代日本的某些贸易市场,才能够永久地击败日本。如果中国不采取必要步骤以保证自身经济的良性增长,中国称雄亚洲就无从实现,同时也不可能承担领导亚洲的责任。② 纳尔逊认为,中国可取代日本的纺织工业。"战前,日本人由于工资低廉和工作时间长,曾经差不多包办了纺织业;当和平到来的时候⋯⋯中国只要有对等的地位,开了一个头,就不怕日本人的任何正当的竞争"。③ 此外,纳尔逊指出,尚有许多小工业,双方可以立刻进行合作,"如新颖之磁器出品等等,过去日人在南洋及近东所占有之市场,中国均可设法取而代之"。④但他反对为了取代日本的贸易市场而建立特种工业,建议通过中国经济正常及良性的发展来达到这一目的。⑤

　　9月24日,纳尔逊回到美国。9月29日和10月4日,他两次谒见罗斯福总统,对中国经济和访华情况进行了汇报。10月19日,他就美国加强中国战时经济应采取的措施提出5点建议:

　　(1)让一个能力超群的人领导在重庆的美国远东司经济使团。

　　(2)建议设立"中美联合生产委员会",以协调中美两国之间供给及生产的问题。

　　(3)为中国航空公司中印航线配给30架c—46型飞机,到1945年2月全部运完。

---

　　① 纳尔逊:《中国也能帮助我们》,这篇文章发表在1945年5月12日科里尔杂志,《新华日报》1945年6月18日第3版转载。

　　② Memorandum of Conversation, by Mr. John D. Sumner of the Embassy Staff, Oct. 4, 1944, *FRUS*, 1944, *China*, p. 262.

　　③ 纳尔逊:《中国也能帮助我们》,《新华日报》1945年6月18日第3版。

　　④ 蒋介石与纳尔逊谈话记录(二),1944年9月19日,《战时外交》第1卷,第192页。

　　⑤ Memorandum of Conversation, by Mr. John D. Sumner of the Embassy Staff, Oct. 4, 1944, *FRUS*, 1944, *China*, p. 262.

(4)除了中国业已定购的 5000 辆 4 吨特型道奇卡车外,对于另外已被列入生产计划的 1 万辆同类卡车,应保证其出厂日期不迟于 1945 年 9 月 30 日。

(5)建议罗斯福总统以个人名义致电斯大林元帅,要求苏联允许美国每月经其境内向中国运送 500 辆卡车。[①]

至此,顾问团第一次访华结束。从顾问团访华期间的工作以及纳尔逊回国后的汇报等方面来看,纳尔逊代表团第一次访华,"可谓已完成直接之经济使命"。[②] 对此,蒋介石也表示满意。他在致罗斯福总统的电报中说:"赫尔利将军及纳尔逊先生来华,不仅我中国军事与经济获益良多,而于我中美两国军事与经济上之合作,亦将奠立坚实之基础……纳尔逊先生所提供之意见,余完全赞同,今彼回国一行,余希望阁下于最短时间内,最好一个月以内仍令来华,与余共同工作,以规划中国之建设。"[③]

(三)帮助中国建立战时生产局

1944 年 11 月 2 日,白宫宣布,奉罗斯福总统之命,纳尔逊再次访问中国,随同者有美国战时生产局执行委员和一些专家。[④] 纳尔逊再次访华的目的主要是筹建中国战时生产局。

11 月 16 日,纳尔逊抵达重庆。随同纳尔逊来华的 13 位美国技术专家中,有 5 位钢铁专家、1 位酒精专家和其他专门人员。名单如下:

---

① 　Mr. Donald M. Nelson to President Roosevelt, Oct. 19, 1944, *FRUS*, 1944, *China*, p. 281.

② 　《中央日报》1944 年 9 月 29 日,第 2 版。

③ 　蒋介石致罗斯福,1944 年 9 月,《战时外交》第 1 卷,第 183—184 页。

④ 　《中央日报》1944 年 11 月 4 日,第 2 版。

表5—5　（第一批）美国赴中国战时生产局代表团人员名单①

姓名	身份
洛克(E. A. Locke)	纳尔逊的特别助理
杰克逊(J. A. Jacobson)	纳尔逊的特别助理
克尔瑞(F. Cleary)	纳尔逊的秘书
卡尔(A. Z. Carr)	纳尔逊的助理
孔莱(H. Coonley)	美国战时生产局保管处长,华尔伍思公司董事长,后来为纳尔逊在华代理,兼中国战时生产局顾问
伍德史密特(E. K. Waldschmidt)	美国战时生产局炼钢处炮弹与炼钢科长
魏尔乐(W. Willauer)	美国对外经济处中国科长
卓卜(A. Taub)	美国对外经济处工程局工程师
史特莱茵(E. M. Stalling)	酒精制造专家
格拉汉姆(H. W. Graham)	琼斯劳佛林公司冶金总工程师
史特伦(H. A. Strain)	匹兹堡美国钢铁公司燃料与柏油管理科长
贝尔(C. A. Bell)	宾州新堡联工程冶炼公司冶炼监督
欧维逊(H. Oversen)	鲁本炼钢公司顾问工程师

　　同一天,中国战时生产局宣告成立。11月17日,纳尔逊和专家们拜访战时生产局局长翁文灏以及其他高级官员,并指派杰克逊、孔莱等人参加生产局高级人员会议,会商该局初步工作。他自己于11月18日谒见蒋介石,讨论能使新设立的生产局迅速取得重大效果的步骤。纳尔逊说:"我在这里的工作,是协助中国以其现有的工业设备,得到较大的生产量。我们将以两天的时间解决这一问题。我有美国从事实际生产工作的人员多人来华,他们将和中国的工业管理人员克服生产上的困难,而且已经开始工作。同时我们之中有几人曾在美国政府的战时生产部门工作,就将以我

---

　① 《新华日报》1944年11月17日,第2版。

们全力进行战时生产的经验,贡献给中国政府,目前要预料将来的结果实在是过早,不过我们正向正确的方向前进,如果一切能够顺利,中国不久就能生产远多于目前的某种重要工业作战物资。……我们可以想象的是中国已可能在长期的作战能力中,进入一个决定性的新阶段。"①

第二次访华期间,纳尔逊出席了战时生产局约集党政及金融界领袖举行的谈话会,以及中国工业协会、迁川工厂联合会、中国战时生产促进会、西南实业协会、国货厂商联合会等五工业团体举行的招待会等。纳尔逊利用出席这些宴会的机会,呼吁中国各界、各部门进行合作,并介绍了美国战时生产的经验。纳尔逊郑重声明:目前中国最紧要的工作,是增加军用物资的生产,以早日打垮敌人。敌人打垮以后,一切问题自可迎刃而解,否则徘徊不顾,各种问题会相当严重。② 纳尔逊认为,"如果中国能证明在战时可以获得合作,举国一致向建设性目标前进,世界各国对中国的态度自将得到良好的反应"。③ 为此,他呼吁银行界支持战时生产,并就战时生产局的有关财政问题,访问了财政部长。④

为了帮助中国战时生产局拟订章程,纳尔逊派他的助手洛克与杰克逊,会同翁文灏的秘书吴兆洪一起工作,完成了一份"内容上比美国战时生产局更为广泛"的组织法,据纳尔逊自称,这一法令是根据他的意见所制订的,同时它取代了原来由中方拟定的一份不尽如人意的法令草案,⑤翁文灏也承认,该组织法的"主要内容

---

① 《新华日报》1944年11月19日,第2版。

② 《新华日报》1944年11月23日,第2版。

③ 《新华日报》1944年11月30日,第2版。

④ Mr. Donald M. Nelson to President Roosevelt, Dec. 20, 1944, FRUS, 1944, China, p. 291.

⑤ The Chargé in China (Atcheson) to the Sectary of State, Nov. 24, 1944, FRUS, 1944, China, p. 284.

是美国人所规定的"。① 纳尔逊的助理孔莱和杰克逊，为加强战时生产局的工作，每日与翁文灏等会晤，对于生产局的职权、工作目标、国内生产与国外供应的配合、生产开支方法的改善、中美经济合作的关键等问题，提出意见。② 纳尔逊还与国民政府各部门商讨有关中国战时财政经济的各种问题，尽力协调各部与战时生产局的关系，望其通力合作。随行的技术专家则前往重庆附近各厂矿进行考察，然后向战时生产局提出书面建议。

通过这些努力，帮助中国成立战时生产局的工作初告成功，纳尔逊此次访华的目的基本达到。12 月 2 日，纳尔逊离开重庆前往成都，12 月 4 日经印度回国，第二次使华结束。

12 月 20 日，纳尔逊向罗斯福递交了书面报告，既是对在中国工作的总结，也是对总统所交待 7 项使命的复命，内容包括他对中国战时经济的看法，中国政府已经采取的行动和这些行动所带来的成效。③ 在报告最后，纳尔逊还就美国对华经济政策提出了建议，对协调美国对华经济关系起了一定作用。

纳尔逊两次访华，主要致力于采取紧急措施，以提高中国继续作战的能力。在 1944 年 9 月纳尔逊初次访问重庆时，他发现中国的作战能力正在急剧下降，而且战时经济努力没有好好规划过，完全不协调。他和赫尔利将军与蒋介石商谈的目的，就是要他迅速采取行动，让中国将力量投入到如何赢得战争的工作中，而且需要与美国代表进行最紧密的合作。④

---

① 翁文灏:《重庆战时生产局和美国经济援华政策》，全国政协文史委员会编:《文史资料选辑》第 17 辑，中华书局 1961 年版。

② 翁文灏呈报美籍顾问纳尔逊加强战时生产局工作之建议，1944 年 12 月 23 日，国民政府档案，0420/6364.01—01，战时生产局，国史馆。

③ 报告的内容详见 Mr. Donald M. Nelson to President Roosevelt, Dec. 20, 1944, *FRUS*, 1944, *China*, pp. 287—295。

④ Mr. Donald M. Nelson to President Roosevelt, Dec. 20, 1944, *FRUS*, 1944, *China*, pp. 287—295.

在得到蒋介石的赞同后,纳尔逊促成了中国战时生产局的设立与运行,以筹划并协调中国的战时生产及其相关的经济活动。他帮助中国战时生产局争取来自中国政府各部门及主要金融与工业集团的合作,使中国的战时经济努力开始变得协调。9月纳尔逊离开重庆时,留下2名美国战时生产局的成员作为他的代表,为中国战时生产局就有关政策与操作的问题提供进一步的咨询。11月份纳尔逊再次来华时,带来了一支美国生产技术顾问团为中国工作,以增加产量,提高质量,降低成本。纳尔逊还参与了战时生产局、财政部和四家政府银行间的谈判,促其签订协议,由四家银行贷款100亿法币给中国战时生产局,为必需品生产提供所需的资金。此外,银行同意降低用于战时生产的贷款利率,年利率由原来的40%降至20%,并且协商一笔贷款所需要的时间也从四五个月减至数天,准予贷款和提供贷款时的繁文缛节显著减少,使企业可以尽快获得贷款,满足迫切追加资本以加强战时生产的需要。[①]　纳尔逊的访华、战时生产局的设立、美国技术代表团的抵达,都表明中国加强战时经济的努力,以及美国战时经济援华新举措的初见成效。

(四)对战后经济合作的关注

从纳尔逊访华的背景,到罗斯福交付给他的使命,再到纳尔逊向中国所提的建议,都可看出,美国在1944年派出纳尔逊访华团的目的和着眼点,并不像以往学者们强调的那样,仅仅是因为中国当时的经济危机和对日战争危局。很明显,除了要加强中国战时经济作战能力外,美国此时已经在调查和考虑与中国进行战后经济合作的可能性了,中国战时生产局的设立,不仅是为了促进中国

---

①　Mr. Donald M. Nelson to President Roosevelt, Dec. 20, 1944, *FRUS*, 1944, *China*, pp. 287—295.

战时生产,而且是为了从现在开始就为战后合作进行必要的准备和布置。关于这一点,纳尔逊在和蒋介石的谈话中,表露得明显无疑:"余心目中已有许多事业,可以立刻由贵国民营企业家与美国工业家会同进行。双方可先商讨如何合作,从何种工业着手,在何地建设各项问题。此种办法之洽定,愈速愈佳,在对日战事未结以前即可进行。对德战事终止后,美国将有巨大生产力量,可以制造纺织业之工厂,包括纺纱、织布、染色、印花种种步骤。如中国能有全套之纺织业,中国不独可以供给中国本身之需要,并可在南洋群岛、缅甸及北非等地销售。故吾人应在此时即行开始,在日寇逐渐败退时,即可分别建筑布置,使纺织业初具规模……如阁下同意,余回美后,即将报告罗总统,召集美国最好之纺织家开会,派遣专家来华接洽。"①至于具体合作方案,纳尔逊也有考虑:在投资纺织业和其他工业上,可由美国人和中国人共同来做。"在中国纺织工业建立方面,由中美合办,美国出资60%到70%,中国出资30%到40%,然后逐年由中国方面购买美国方面所持的股票,直至中国人管理全部财产为止。"②为此,纳尔逊提出可以设立数家中美公司,如5至10家纺织公司,可由美方先行提供资金。③ 在这里,纳尔逊所关注的中美合作建设纺织业,主要着眼于战后,目的是取代日本原有的统治地位。

美国学者柯伟林在文章中指出,纳尔逊访华团重视战时生产,轻视战后规划,倒是中国政府反其道而行之,这一观点是不全面的。访华团重视战时生产,这是它的主要任务,同时,也关注着战后规划。罗斯福在给纳尔逊的使命3中就明确指示要"对中国战后经济状况特别是美国政府与战后中国经济的关系,进行研究、分

① 蒋介石与纳尔逊谈话记录(二),1944年9月19日,《战时外交》第1卷,第192页。

② 纳尔逊:《中国也能帮助我们》,《新华日报》1945年6月18日第3版。

③ Memorandum of Conversation, by Mr. John D. Sumner of the Embassy Staff, Oct. 4, 1944, *FRUS*, 1944, *China*, p. 263.

析并作出评价;应该研究一下,战前日本的工业部门中,哪些可用于加快中国的经济发展"。① 这表明,美国政府派纳尔逊访问中国的目的之一,是为了让中国尽可能快地在战后取代日本在亚洲的经济地位。纳尔逊在与蒋介石的谈话中,特别谈到中国在战后取代日本贸易市场的问题。他指出,美国认为中国在战后应居于亚洲领导地位,但只有取代日本的某些贸易市场,才能够永久地击败日本。② 纳尔逊在访华结束后提交给罗斯福总统的报告中也指出,中国在规划战时生产尝试上的成功,如果能通过美国官方和商业渠道得到加强,将使战后中美之间的经济关系更为密切。③ 美国国务院对纳尔逊在华工作的关注,更能说明这一问题。国务院认为,纳尔逊的在华工作,"虽然主要是与战时生产有关,但也涉及到更长远的经济发展问题。这项工作应该同国务院在同一领域中的工作建立有效的联系"。国务院强调,"中国经济计划的基础是对美国的依赖,现在和将来都是如此。这仅是美国在远东地区不断增加的责任的一个方面"。为此,国务院不仅支持纳尔逊在提高中国战时物资生产方面所做的努力,而且在纳尔逊建议的基础上,提出了关于战后中国工业化与经济发展的意见,以及美国在工业化及经济发展规划方面的对华援助方案。④

---

① President Roosevelt to the Chairman of the War Production Board, Aug. 18, 1944, *FRUS*, 1944, *China*, p. 249.

② Memorandum of Conversation, by Mr. John D. Sumner of the Embassy Staff, Oct. 4, 1944, *FRUS*, 1944, *China*, p. 262.

③ Mr. Donald M. Nelson to President Roosevelt, Dec. 20, 1944, *FRUS*, 1944, *China*, p. 293.

④ Memorandum by the Adviser on Far Eastern Investment and Finance, Division of Financial and Monetary Affairs (Remer), Dec. 20, 1944. Annex 1: The Interest of the State Department in Donald Nelson's Work in China; Annex 2: American Assistance to the Chinese in the Planning of Industrialization and Economic Development. *FRUS*, 1944, *China*, pp. 296—298.

二、美国战时生产顾问团的在华工作

（一）美国战时生产顾问团

纳尔逊第二次访问中国时，曾经带来一批美国专家，他回国后，又挑选第二批专家，于 1945 年派赴来华。这两批专家组成了美国援华战时生产顾问团，以加强中国战时生产局，提供必要的技术指导，给予战时生产以更大的推动力，使其更有条理，增加中国战争物资的生产。作为美国政府支援中国抗战所做努力的一部分，美国战时生产顾问团帮助国民政府有效地组织战时生产，并配合战后重建工作。

顾问团的组织机构比较简单，团长是纳尔逊，他直接向总统负责。1945 年 5 月 14 日，纳尔逊辞职，由洛克（Edwin A. Locke, Jr.）继任。顾问团在华盛顿设有大本营，在重庆有代理人和副代理人。第一任代理人是孔莱（Howard Coonley），第二任是基尔尼（Kearney），最后一任为雅各布森（Jacobson），他们负责顾问团的在华工作，每周都有相关的报告、信件送达华盛顿。①

顾问团成员多担任中国战时生产局顾问，他们在生产局内没有行政职位，但可以参加有关会议，技术专家还可以参加技术委员会以及工业委员会的会议。顾问团和生产局之间的关系是提供咨询、建议性质的。②

顾问团和美国各在华机构代表之间的联系，是每周一次的例会。第一次会议在纳尔逊在重庆的住处召开，出席人员有顾问团成员、美国驻华大使、美国对外经济事务局的代表、战略服务部门、战争信息部门、美国在中国战区的司令等。纳尔逊离开中国后，每周一次的会议在大使馆继续召开，由赫尔利大使主持。③

---

① American War Production Mission In China，Box 39，Section 3，p. 58，Roosevelt Presidential Library.

② 同上。

③ 同上。

顾问团从美国聘请了许多技术专家,有钢铁、酒精、煤炭、纺织、兵器、化学、电力、机床、有色金属加工、石油天然气专家等。虽然技术人员时常变动,不断替换和补充,但顾问团以一个完整的机构存在,它的工作也有系统地进行着,直至抗战结束,为中国战时生产作出了贡献。①

表5—6　(第二批)美国赴中国战时生产局代表团人员名单②

	姓名	原供职单位	职位或专长
	基尔尼 (Andrew T. Kearny)	基尔尼公司	代表团代理
代理	布鲁克斯 (E. P. Brooks)	罗伯克公司主管制造的副总裁	副代理
	坎迪 (Edward D. Candee)	美国战时生产局特别助理	代理的特别助理
	约翰逊 (O. Rudolph Johnson)	美国战时生产局	项目顾问
行政助理	克里利 (Francis J. Cleary)	美国对外经济事务局	行政助理
	阿切尔 (Merton T. Archer)	国家供应公司研究部主任	钢铁部门冶金工程师
	贝内特 (Herbert G. R. Bennet)	伊利诺伊钢铁公司	滚轧机及辅助设备
钢铁生产	施努尔 (John F. Schnur)	麦克里恩钢铁厂	铸铁车间生产
	斯塔福德 (Joseph K. Stafford)	共和钢铁公司	电炉钢生产
	约肯 (Gordon M. Yocom)	惠林钢铁公司副总经理	钢铁综合生产
电力	埃文斯 (Llewellyn Evans)	田纳西河流域管理局首席顾问电子工程师	电力生产

①　American War Production Mission In China,Box 39,Section 3,p.59,Roosevelt Presidential Library.

②　何品选译:《1945年美国纳尔逊代表团访华史料选》,《档案与史学》1998年第5期,第33—35页。

	姓名	原供职单位	职位或专长
	洛里少校 (Major Arthur Lowery)	美国陆军航空队	电力生产
煤炭	凯利少尉 (Ensign J. A. Kelley)	美国海军	煤炭生产 洗煤作业
	斯科特 (George S. Scott)	匹兹堡矿务局	验煤与洗煤
	雅各布斯 (Roy M. Jacobs)	兰逊机器公司	机床安装操作
机床	斯特兰 (Ralph Strang)		机床安装操作
	布思 (Lionel E. Booth)	布思工程公司经理	矿石提炼精选
有色金属	赫尔斯特 (George P. Hulst)	退休顾问	冶炼与回收
	拉默林 (James F. Lammering)	哈蒙铜厂副总裁、 总经理	铜制品与铜铸件 生产
材料	拉甫罗夫少校 (Major Sergey E. Lavrov)	美国陆军	采矿工程师
军械制造与 军火管理	穆迪 (Lucian B. Moody)	布朗公司业务副经理 及首席安全工程师	军械品的生产、 设计、测试与维修
石油	里奇博士 (Dr. John L. Rich)	辛辛那提大学经济地 质学教授	石油地质学家
	加文 (Martin J. Gavin)	美国战时石油管理局 外国精炼油处副处长	石油精炼
燃料	罗兰 (Harold F. Roland)	美国战时生产局化学 品处	酒精生产
纺织	埃迪 (Byron E. Eddy)	王冠制造公司	纺织品生产
	洛珀 (Ralph E. Loper)	洛珀公司	纺织品生产
设备安装 与维修	布朗 (Walter F. Brown)	凯洛格公司	总体建设工程师、 机械师
化学品	艾伦 (Louis N. Allen, Jr.)	化学建筑公司 酸生产	
	李 (G. T. Lee)	私人顾问	酸生产

(二)美国战时生产顾问团的工作

美国技术专家组成的顾问团,在中国从事的是平凡但却重要的生产服务工作。这些专家组成工业小组,调查主要生产单位的情况,勘察所有可利用的资源,促进中国工业技术,协助进行修理工作,对在一个工业小组内的中国各企业进行斡旋,并为中国战时生产局做协调工作。该团在技术领域获得了较大的成功,自 1944年 11 月到 1945 年春,把中国的军火及与战争有关的原料生产,至少提高了 25%。[①]

顾问团在中国的工作大致可以分为以下 3 个时期。

1. 孔莱、基尔尼作为代理人时期。这一时期的工作是详细了解中国战时经济情况,帮助中国战时生产局制订基于实际的生产计划。

顾问团开始工作时,面临的第一个困难就是不能从战时生产局获得详细的战时生产情况。生产局虽然要求各部门在每周的例会上报告生产情况,但是所获得的报告主要来自于政府所经营的工厂,以及与战时生产局签了合同的企业,几乎没有一个私营生产厂家向政府汇报。即使是这样,也并不是所有的国营工厂向生产局汇报生产情况。一些生产军需品的国营企业往往没有按要求向生产局汇报,因为军事法规规定它们不能以任何方式从属于生产局。此外,液体燃料委员会也反对从属于战时生产局。所以,生产局所获得的有关生产方面的信息仅是国营部分企业的,是整个生产的一部分,不能代表全部的生产情形。[②]

为了解中国的战时生产情况,顾问团的专家准备了不同的调查问卷,但收到的数据几乎不可相信,他们不得不到生产厂家亲自

---

① American War Production Mission In China, Box 40, Roosevelt Presidential Library.

② American War Production Mission In China, Box 39, Section 6, pp. 85−88, Roosevelt Presidential Library.

了解情况。通过实地调查，顾问团了解了中国的资源情况、生产单位的生产状况、运输部门的运输能力，中国工业对原料、设备的需求，中国对武器的需求是否必需等，甚至了解到哪里的管理工作做得好，哪里做得不好。1945年，顾问团帮助战时生产局建立了新的汇报系统，要求各生产厂家定期向生产局和顾问团报告生产情况。这一机构大约存在了4个月，但收到的信息并不多。尽管如此，数据还是有一些价值，因为如果顾问团专家亲自去调查，可能需要1整年的时间。①

根据了解到的情况，顾问团制订了各种各样的工业计划，包括钢铁、酒精乃至所有重要的战时工业计划，给中国工业的战时发展以及战后建设提出了建议。

在所有建议中，值得一提的是"长江三峡计划"。1944年4月，中国战时生产局顾问、美国经济学家潘绥撰写了题为《利用美贷筹建中国水力发电厂与清偿贷款方法》的报告，建议在长江三峡建造水力发电厂，同时兴办肥料厂，由美国投资并提供设备。计划利用三峡廉价电力制造肥料，每年生产500万吨，售予美国做偿贷之用，15年后可还清全部债务。预计总投资约9亿美元，电厂总装机容量为1056万千瓦，一半电力用于制造肥料，一半供中国工业化之用。15年贷款还清后，电厂、肥料厂归中国所有，以后仍替美国制造化肥，则纯属商业往来。报告中的数据，曾由在华工作的美国奥利根学院麦克伦教授予以校正，资源委员会也组织有关人员进行经济分析。潘绥报告及资源委员会的分析资料，后来成为萨凡奇编写三峡计划的参考资料和附件。②

1944年5月，国民政府邀请有"河神"之称的美国著名水利专

---

① American War Production Mission In China, Box 39, Section 5, p. 69, Roosevelt Presidential Library.

② 岳愿举：《三峡工程 美梦成真》, http://202.103.6.47/project/cap19.html.

家萨凡奇(John L. Savage)博士来华,勘测水力资源。经过数月实地勘查,在中国水电专家黄育贤、张光斗等人协助下,萨凡奇完成了著名的《扬子江三峡设计初步报告》。这个以发电为主的综合利用方案,被视为当时水利工程的一大创举,一经披露,立即在重庆引起了轰动。一时间,在大后方掀起了一阵"萨凡奇旋风"。虽然萨凡奇计划只是一个初步报告,给工程人员继续调查、测量、钻探及研究三峡提供参考,但饱受战火煎熬的中国人,依然从这份报告中看到了中国战后经济复兴的一线曙光。① 不仅是中国方面,美国战时生产局局长纳尔逊也对此计划产生了浓厚的兴趣。他当时正在重庆,在翻阅了萨凡奇计划后立即拍电报回华盛顿,向美国总统罗斯福推荐,并向蒋介石表示,"余将建议由美国国会通过 50 年长期借款与中国建筑"扬子江大闸。② 罗斯福将此报告透露给新闻界,一时成为轰动世界的重大新闻。

纳尔逊对此计划大为欣赏,他对蒋介石说:"此计划极其便宜,极易进行,水量甚大,而须淹没之土地又极少。此计划若能完成,将可为中国做许多事业。3000 吨之船只可以直航重庆,扬子江之水患可以防止,中国中部之农田可受灌溉。其所产生之电力将较美国之波尔多闸犹大一倍,起首可有 100 万千瓦,末后可以达到 1000 万千瓦。""此计划之建筑费需要 8 万万美金,可以长期借款方式取得。其偿还方法则有下列三种:(1)上水船只应纳通行税;(2)受灌溉之田地应纳增加生产之利得税;(3)出卖电力。因其电力之便宜,各种工业将因而产生。例如铝厂,中国产铜甚少,可以铝代之……又如化学物品、漂白粉、硫酸各种制造厂均可藉电力而建设。其产品不只可以用于中国,且可销售外国。"纳尔逊认为,"甚

① 张开森:《历史解密:1944 年美国人设计了三峡第一份报告》,http://cul. book. sina. com. cn/y/2004−05−08/55380. html。

② 蒋介石与纳尔逊谈话记录(二),1944 年 9 月 19 日,《战时外交》第 1 卷,第 195 页。

少见有如此良好之计划，且其需时亦不大，六年即可完成"。建成后，中国可以建设许多健全的小工业，"例如全套之纺织业即可依之完成"。可以使其一面进展，一面自给，也可以使中国人民收入增加，给予中国人民以新希望。①

　　萨凡奇的计划，从纯粹的技术眼光看，是一个伟大的设计，对于中国的工业化前途有着重大的影响。但动力工业的存在和发展，要以农业的近代化和大规模的轻工业发展为前提。因此，对当时的中国来说，长江三峡计划并不现实。"如果农业不经过一番改造，作为这一发电计划的附近工业的发展，不管成本怎样便宜也是没有多少人用的。"②美国国务院也认为："如此重大的发展计划必须与其他计划相适应，难以单凭计划本身去判断。这项计划将需要美国政府提供一大笔长期贷款（8 亿美元）。这涉及到需要审查的政策问题，中国有很多迫切的需求，诸如战后重建和发展。有鉴于此，这项计划有什么值得优先考虑的呢？"③一些美国政要人物也感到三峡工程投资过大，担心一旦中国政局发生变故，将无法收回投资；此外，还顾虑到中国工业会因三峡工程的带动而获得较快发展，对美国产品形成竞争。抗战胜利后，资源委员会曾请萨凡奇带领中国工程技术人员复勘三峡，但后来因国民政府忙于内战，国民经济濒临崩溃，无力支撑修建三峡水坝这样的巨大工程，外国贷款亦筹措无着。1947 年 5 月，国民政府被迫宣布"三峡工程暂告停顿"。④

　　2. 雅各布森作为代理人时期。这一时期的工作是基于已经制

---

　　①　蒋介石与纳尔逊谈话记录（二），1944 年 9 月 19 日，《战时外交》第 1 卷，第 193—194 页。

　　②　纳尔逊：《中国也能帮助我们》，《新华日报》1945 年 6 月 18 日第 3 版。

　　③　Memorandum by the Adviser on Far Eastern Investment and Finance, Division of Financial and Monetary Affairs (Remer), Dec. 20, 1944. Annex 1: The Interest of the State Department in Donald Nelson's Work in China. *FRUS*, 1944, *China*, p. 297.

　　④　张开森：《历史解密：1944 年美国人设计了三峡第一份报告》，http://cul. book. sina. com. cn/y/2004－05－08/55380. html。

订的生产计划,帮助各生产厂家实现生产目标。

顾问团制订的计划要通过中国战时生产局付诸实施,为此,顾问团必须努力支持生产局,增强它的权威,使生产局获得足够的物资和资金以促进生产,生产局获得租借物资分配的部分权力,部分程度上可以说是这种努力的结果。

此外,顾问团还努力使生产局领导液体燃料委员会和煤炭管理委员会,也取得了成功。经济部于 1944 年 12 月、1945 年 1 月先后将燃料管理处、工矿调整处移交生产局,1945 年 2 月又决定将工矿调整处裁撤,原有事务归并生产局办理。[①] 这对增强生产局权力以统一指挥战时生产有所帮助。

但是,在为增加中国战时生产所实施的政策上,中美双方的看法是不一致的。美方认为,应该支持所有的生产单位,包括小的厂家、低成本的厂家、私营公司、国营企业等。但在中国,大部分企业是国营企业或者受国家操纵,政府往往排挤私营企业。1945 年,生产局向重庆当地的一些国营工厂和私营厂家订购了大约 10000 吨左右的地雷,但后来生产局取消了第二批订单。军事部门估计的价格为 1650 美元,而厂家要价 3500 美元,因为这才仅够生产成本。生产局和十几个生产单位签订了一年的合同,厂方还为此购买了生产设备,如果合同取消,厂方的经济损失是很大的。最后生产局作出让步,价格定为每吨 2700 美元,但不同意继续履行合同。生产局的成立最初是为了给予国内工业经济上的支持,但是生产局的做法却给国营和私营企业带来了不堪忍受的财政负担。[②]

在价格方面,国民政府和顾问团的政策也是不一样的。行政院控制着价格,因为出现了通货膨胀,所以要降低价格,但却导致

---

①　翁文灏:《战时生产局工作概述》,转引自《抗日战争》第 5 卷经济,第 268 页。

②　American War Production Mission in China, Box 39, Section 5, pp. 71—72, Roosevelt Presidential Library.

了产品的价格不断下降而生产成本却在不断上涨。中方认为,消费者商品缺乏,导致通货膨胀,战时生产的消耗或者是其他原因都会加速价格的上涨;而顾问团却认为战时生产费用的增加不会从实质上造成通货膨胀,解决通货膨胀的唯一方法就是增加战时生产,尽快在对日战争中取得胜利。国民政府曾经希望美国派一名专家就通货膨胀问题提出建议,纳尔逊也曾派人到中国帮助解决通货膨胀问题,但国民政府的政策依旧。①

3. 抗日战争胜利后。这一时期的工作是帮助中国重新制定战后生产计划,顾问团使命结束。

1945 年 5 月 14 日,纳尔逊辞职,他的工作由洛克继任。② 6 月初,杜鲁门总统指示洛克,要求他继续保持顾问团在中国有效的工作。中国政府的高级官员也明确表示,欢迎美国战时生产顾问团继续留在中国,帮助处理战争临近结束时收复和复兴工业等难题。为此,杜鲁门总统于 8 月 13 日致函洛克,决定自"胜利日"起,将美国战时生产顾问团的使命再延长 6 个月至 1 年,并在战后重建等方面给予中国政府切实可行的援助。③

为使中国处理好战后的经济问题,顾问团强调以下两点原则:(1)中国对其将来的工业负有责任;(2)美国对中国的经济援助将以中国的偿还能力为基础。洛克还制定了中美战后合作的基本原则,雅各布森起草了战后中美两国贸易的报告,博施(代表团在华副代理)也为战后中国工业的发展做了很多工作。④

---

① American War Production Mission in China, Box 39, Section 5, p. 73, Roosevelt Presidential Library.

② 《新华日报》1945 年 5 月 14 日,第 2 版。

③ President Truman to Locke, Aug. 13, 1945, Papers of Harry S. Truman, Official File 548, Box 1384, Harry S. Truman Presidential Library.

④ American War Production Mission in China, Box 39, Section 5, p. 82, Roosevelt Presidential Library.

10月,洛克向杜鲁门总统建议,美国战时生产顾问团的在华工作应该终止,中美经济合作应采取新的形式,以适应新的环境。在战时,美国生产顾问团和中国战时生产局就战时生产问题进行合作,使中国在战争中发挥积极的作用,这一目的已经达到。现在战争已经结束,作为一个战时机构,它也该撤销了。杜鲁门同意了洛克的建议,指示他于 11 月终止顾问团的在华使命。①

10 月 9 日,洛克作为总统的私人代表离开华盛顿前往中国,10 月 19 日到达重庆。洛克和蒋介石及政府其他官员进行会谈,讨论了国统区重建和沦陷区收复过程中可能出现的问题,美国工业的经验,以及怎样才能更好地帮助中国和平时期经济重建等问题。②双方计划成立一个新的团体代替顾问团,即后来的最高经济委员会,继续维持中美经济合作。1945 年 11 月 17 日,行政院召开会议,决意取消战时生产局。③ 11 月 26 日,国民政府宣告最高经济委员会成立,主席宋子文,副主席翁文灏。蒋介石对洛克说,他希望美国政府向中国派遣经济顾问团,和中国最高经济委员会一起工作,帮助中国恢复经济。洛克认为,美国可以同意这一建议,战时生产局的成立表明中美之间可以很好地进行经济合作,不管将来怎样,中美之间从 1944 年开始的合作将持续下去。④

(三)顾问团与各方的关系

美国战时援华生产顾问团直接受美国政府的的领导,美国政

---

① American War Production Mission in China, Box 39, Section 19, p. 198, Roosevelt Presidential Library.

② American War Production Mission in China, Box 39, Section 19, p. 197, Roosevelt Presidential Library.

③ 《大公报》1945 年 11 月 28 日,第 3 版。

④ American War Production Mission in China, Box 39, Section 19, pp. 200 – 201, Roosevelt Presidential Library.

府时刻关注着顾问团的在华工作，但是对于具体怎样工作并没有给予明确的指示，因而顾问团在执行政策以及工作时有很大的自由，可以自由选择增加生产的方法。①

顾问团的专家，尤其是 1945 年来华的专家，都是通过美国对外经济事务局（Foreign Economic Administration）派遣的，由对外经济事务局雇佣，他们在重庆以一切可能的方式，帮助中国战时生产局增进中国战争物资的生产。美国对外经济事务局派遣哪些专家、何时派遣专家，在某种程度上会影响到顾问团的在华工作。②

美国在华战区司令部与顾问团也有一定关系，顾问团可以向其提出建议，以供参考。但是，顾问团没有权力向军方提出要求。比如，当司令部向美国政府提出援助中国战时生产的军需物资时，顾问团没有权力要求军方提供这一所需的物资清单。③ 此外，美国驻华大使以及美国驻华的其他机构，也对顾问团的工作有直接或间接的影响。顾问团不是一个权力机构，它没有权力制定政策，顾问团只是在共同关注中国战时生产方面，提供了一个美国总统、美国对外经济事务局、中国战区美军司令部之间互相联系、互通情况的媒介。④ 对它来说，困难也就在于如何协调各方之间的关系，通过协商达到增加中国战时生产的目的。⑤

在与中方各部门的关系上，顾问团同样只能提供咨询和建议，充当联系和媒介，它本身没有独立的权力，基本上只是资源委员会和兵工署所属主要工业的工程咨询服务机构。

---

① American War Production Mission in China，Box 39，Section 5，p. 66，Roosevelt Presidential Library.

② American War Production Mission in China，Box 39，Section 5，p. 67，Roosevelt Presidential Library.

③ 同上。

④ 同上。

⑤ 同上。

比如,在租借物资问题上,要求租借什么物资,顾问团没有任何权力,这是中国战时生产局的权力;在哪些物资应该同意租借,哪些不应该租借问题上,顾问团也没有任何权力,这是美国国务院和美国对外经济事务局的权力;在将租借物资租给哪些部门或厂家上,顾问团同样没有任何权力,这仍然是国民政府和战时生产局的权力。顾问团所能做的,只是根据实地调查,提出中国需要租借何种物资、美国应该租借哪些物资给中国,以及怎样分配租借物资的建议,但没有最后的决定权。①

顾问团与中国战时生产局相互也没有权威,他们之间的关系仅仅是建议、咨询性质的。顾问团不能向生产局施加任何压力、下达任何命令;同样,战时生产局也不能直接规定顾问团成员应该做什么,或者不该做什么。②

在处理和中国战时生产有关的一些问题上,顾问团还充当了中国战时生产局和国民政府其他部门之间联系的媒介。例如,当战时生产局和战时运输局的官员在运输问题上起冲突时,顾问团出面调解,成为把它们联系在一起的力量,共同促进中国的战时运输。③

在促进中国战时生产的工作中,顾问团卷进了中国的经济、政治、外交和军事之中。一方面,它是一个独立的组织,为美国总统服务,向其汇报中国战时生产的情况;另一方面,它又不够独立,它在美国政府、中国政府、美国对外经济事务局和美国军事司令部、中国战时生产局等部门的影子下工作,仅仅具有建议的功能,提供

---

① American War Production Mission in China，Box 39，Section 5，pp. 66—67，Roosevelt Presidential Library.

② American War Production Mission in China，Box 39，Section 5，p. 66，Roosevelt Presidential Library.

③ American War Production Mission in China，Box 39，Section 5，p. 81，Roosevelt Presidential Library.

咨询服务。顾问团还是中美多种机构之间一个联系的中介，它的一个工作就是维持协调合作的气氛，把美国在华机构和中国的一些机构联合起来，共同解决阻碍中国战时生产的问题。[①]

顾问团在工作中实地调查了中国的资源供应状况，为国民政府的战时生产提出了建议，并制定了现实可行的生产目标；顾问团努力协调不同部门之间的关系，加强了中国战时生产局，使生产局制定的生产目标得到不同程度的实现，这些都应该得到充分的肯定。中国战时生产局局长翁文灏在报告中，不止一次提到战时生产的增加得益于美国专家的协助。"本局成立之初，得力于纳尔逊先生之处甚多，纳尔逊顾问团包括顾问及专家多人。在过去四个月内，孔莱先生为本局顾问，杰克先生为助理顾问，彼等对于过去本局工作之研究及开展，给予了非常宝贵的建议。美国顾问的智慧及经验，对于本局工作之推行很重要。假如本局对于战时生产有所贡献，其成绩实应归于此二位先生和其他专家。""美国专家的帮助，使中国战时生产展开了新的一页。他们来华时间虽短，但却能感觉到通过协作，必能使战时生产成功地得到增加。"[②]

三、中美战时生产合作——中国战时生产局和战时生产

1942 年 5 月初，日军攻占缅甸，中国唯一的对外通道滇缅公路被日军切断，大后方完全处于被封锁状态。中外唯有中印之间航空联系，后方生产必需的原料及机械设备的进口受到莫大限制，这是造成 1943 年以后后方工业衰退的最直接的原因之一。1944 年

---

① American War Production Mission in China，Box 39，Section 5，pp. 66－67，Roosevelt Presidential Library.

② 《大公报》1945 年 3 月 13 日，第 3 版。

战时生产局成立以后，政府增加了对民营工业的贷款和定货，使衰退得到了一定的缓解。

(一)战时生产局的成立及其组织

1944 年 9 月，纳尔逊访华，蒋介石听从纳尔逊的建议，"决议设立战时生产总局，专事调整各种之生产与运输业务"。[①] 其职权包括：一、生产，二、采购，三、交通。11 月 16 日，纳尔逊再次访问中国，同一天，战时生产局宣告成立。经济部部长翁文灏兼任局长，彭学沛为副局长。生产局隶属于行政院，主要任务是指挥监督并联系全国的公私生产机构，并注意原料和运输的配合，以增进战时工业生产。生产局的办公地点在重庆中 3 路 305 号。[②]

关于战时生产局的组织法，纳尔逊的方案是，因为中国政府各机关职权划分不清，缺乏协调，此后工业生产的职权应集中在战时生产局一个机构，凡是生产局局长所决定的，不管各部意见如何，一概不能改变；美国援助都经由生产局，不用另给各部；生产局也不在全国军事委员会领导之下。[③] 纳尔逊向国民政府施压，力图基于自己的威望和中国希望得到美国援助，使他制定的组织法得到通过。按照这一方案，无异于在国民党行政院之外，另设了一个接受"美援"的最高机构。国民政府官员在研究之后，提出生产局应包括在现行政府组织之中，即应在全国军事委员会和行政院的领导下，纳尔逊最后同意了中国的方案。

战时生产局组织法拟定后，蒋介石亲笔批示立即执行，并由行政院速送立法院。立法院由院长孙科主持，召开第 169 次会议，通过了战时生产局组织法决议，共 23 条，于 1944 年 12 月 16 日公布。

---

① 手稿录底，1944 年第 186 号，蒋介石档案，08A－01538，国史馆。

② 《新华日报》1944 年 11 月 15 日，第 2 版。

③ American War Production Mission in China，Box 39，Section 3，p. 55，Roosevelt Presidential Library.

组织法规定："战时生产局为综理战时生产事务之最高机关,隶属行政院,并受军事委员会之指挥监督。"生产局设局长 1 人,副局长 1 人,各处设处长 1 人,必要时设副处长 1 人。[①]

根据组织法,生产局内部组织分为 8 处:[②]

1. 秘书处:管理机要事务及其他事项,处长吴兆洪,继任吴景超。

2. 优先处:处理各项优先次序之决定以及物资节约等事项。优先委员会以各有关机构如交通部、经济部、财政部等部代表及局内各有关处长为委员,处长彭雪沛(兼任),副处长陈长相。

3. 材料处:处理有关钢铁、煤焦、电力、液体物资等事项。处长张兹闿。

4. 制造处:处理机器、电机、交通、运输器材、纺织等项。处长包可永(兼任),后为刘史躜。

5. 军用器材处:处理兵工、航空及其他军用器材事项。处长由兵工署制造司长杨继曾兼任。

6. 运输处:管理有关战时生产之水运、铁路、公路运输事项。处长王炳南。

7. 采办处:决定采办处之事项,并约集有关人员组织采办委员会。处长严家淦。

8. 财务处:处理战时生产之财政。处长张悦联,副处长张训坚。

这样的生产局组织,在纳尔逊看来,"它的内容比美国战时生产局更为广泛"。[③] 中国战时生产局是在美国的指导下成立的,但

---

① 《战时生产局组织法》,秦孝仪主编、中国国民党中央委员会党史委员会编印:《中华民国重要史料初编——对日抗战时期》第四编《战时建设》(以下简称《战时建设》)第 3 卷,(台北)中央文物供应社 1988 年版,第 709—711 页。

② 《大公报》1944 年 12 月 10 日,第 2 版。

③ The Chargé in China (Atcheson) to the Sectary of State, Nov. 24, 1944, *FRUS*, 1944, *China*, p. 284.

并不跟美国战时生产局完全一致。例如,中国战时生产局内部仅成立了集资与采办处,并没有与美国贮存管理处对应的机构。

生产局的指令具有权威性,并且不容置疑。组织法第 16 条规定,"战时生产局所定有关战时生产之计划及办法,各公私战时生产机构及政府管制机关均应照办";第 17 条规定,"战时生产局所定有关战时生产之优先次序采办及建造方案,各公私战时生产机构及政府管制机关均应照办";第 18 条规定,"战时生产局所定有关战时生产之物品运输方案,各运输机构均应照办";第 19 条规定,"对于供应军用及主要民用需要之生产工业器材之购办及工业设备之建置,战时生产具有决定其所需增添资金之权";第 21 条规定,"政府机关或公私事业倘掌握战时生产所需之闲置或过剩重要器材,如拒绝依照战时生产局根据现行法律所规定之公平价格售于战时生产局指定之用户时,战时生产局具有对上项器材按照既定价格购用之权"。①

(二)战时生产局的任务

战时生产局的首要任务,是发挥最大的生产能力,增加战时生产,"对公私战时生产机构负指挥监督及联系之责","以达到军用及主要民用物资之最大生产为目的"。②

生产局的第 2 项任务,是管理"凡是与战时生产方面有关的事项"。生产局的管理范围极广,"关于军用及主要民用之物资生产事项,关于国内外主要器材之购办事项,关于生产之优先次序事项,关于器材及从事工业人员之支配事项,关于紧急军用及民用物资之进出口事项,关于军用及主要民用物资国内及国际运输之优先次序事项,关于军用物资之购储事项,关于生产及购办工业器材

---

① 《战时生产局组织法》,《战时建设》第 3 卷,第 712 页。

② 同上,第 709 页。

及建置工业设备所需资金之决定事项，关于战时生产所需原料成品及设备之征用事项，关于房屋、公路、公共工程及其他建筑事业所用器材之限制使用事项，关于军用及主要民用原料成品之标准化及节约、原料成品规范之修订，关于技术之改进事项，等等，都在生产局的工作范围之内"。①

生产局的第 3 项任务，是谋求各方面的合作。战时生产局专门设立审议委员会，以局长兼任主席，以经济部、财政部、交通部、军政部、外交部部长及局长为委员，以此来加强 5 部之间的联系与合作。为谋取中美两国战时生产的密切合作，生产局设立中美联合生产委员会，由中美双方人员为委员；设技术委员会，以中外技术专家组成；并且沿用中外专门人员，担任顾问、参议等职。战时生产局还聘任政府有关人员及公私工业生产机构人员，组织各种顾问委员会。在资金筹划方面，则专设战时生产财务委员会，由生产局正副局长、财政部长、政府相关部门代表、银行代表等为委员，局长担任主席并有最后的资金使用决定权。② 通过这些委员会，一些私营企业和国民政府在共同关注的战时生产计划上有了一起合作的机会。

（三）战时生产局资金的来源及分配

战时生产局成立后，为促进军需及民需生产，急需获得生产资金。宋子文专门致电孔祥熙，特别声明"此项新组织与兄管辖之各机关关系极大，创办之始，一切规划尤为重要，急盼兄早日命驾"，并要求"须给予充分款项以便放手做去"。③ 但是，以孔祥熙为首的财政部，只同意承担生产局职工薪俸和招待美国在华专家的经费，

---

① 《战时生产局组织法》，《战时建设》第 3 卷，第 709—710 页。

② 同上，第 710—711 页。

③ T. V. Soong's Archive, Schedule B, Box 4, Telegrams, Hoover Institution Archives.

至于为数较大的生产经费和生产局业务经费,则完全由银行贷款解决。纳尔逊认为,银行贷款除还本之外,还要加收利息,会加速通货膨胀;只有国库拨款,定价制造,才能鼓励生产。但在财政部长孔祥熙的坚持下,纳尔逊无奈,只得依照财政部的办法进行。[1]

1944年12月7日,四联总处召开理事会,决定拨款百亿元,为扶助战时生产专款,交由生产局支配。"民营工厂订制产品、民营工厂成绩优良者,皆由生产局考察后,指定其制造某项产品,给予资金并予以器材之赞助,于制造完成后全部收购。生产界闻讯后,极为兴奋。因为战时生产行业不景气的主要症结,即在于缺乏足够的资金和产品无销售市场。政府既决定向各厂家订制产品,则资金和销路问题皆得解决,各厂生产能力或可发展至最高水平。"[2]

12月中旬,生产局和交通、中国、邮汇、中信四行局签约,透支了100亿元,作为生产局订货、垫款、储购器材及转垫各厂扩充设备的资金。[3] 其中交通银行40亿元,中国银行30亿元,中央信托局15亿元,邮政储金汇业局15亿元。[4]"至生产事业经常所需之周转金,则仍由各行另行贷借。"[5]根据和4家政府银行签订的合同,生产局将每月担负2%的利息,生产局再以同样的利率贷款给不同的生产厂家。[6] 这一利率和市场上的利率相比是很低的,既鼓励生产,又减轻政府部门和工矿企业的负担。

---

① 巴图:《民国经济案籍》,群众出版社2001年版,第312页。

② 《大公报》1944年12月9日,第2版。

③ 《行政院工作报告——有关战时工业生产部分》,《战时建设》第3卷,第628页。

④ American War Production Mission in China, Box 39, Section 19, p. 253, Roosevelt Presidential Library;中国交通中信邮汇四行局对战时生产局洽订战时生产贷款办法修正案,1944年12月1日,国民政府档案,0420/6364.01-01,战时生产局,国史馆。

⑤ 《行政院工作报告——有关战时工业生产部分》,《战时建设》第3卷,第628页。

⑥ American War Production Mission in China, Box 39, Section 18, p. 185, Roosevelt Presidential Library;中国交通中信邮汇四行局对战时生产局洽订战时生产贷款办法修正案,1944年12月1日,国民政府档案,0420/6364.01-01,战时生产局,国史馆。

为合理分配资金，战时生产财务委员会约请财政部及有关国家银行代表参加会议，通过了战时生产局的财务方针，规定了垫助基金的办法等。垫助资金的种类，分为短期垫款及长期资金两项。凡政府机关及国营机构，为完成生产局核定生产而追加预算，或增资而未能及时领到款项时，可向该局申请垫款。公私合营或民营事业经该局认为必要，亦得资助款项，使其完成生产程序。①

在分配资金时，具有良好的生产质量、较好的信誉、有能力在6个月内完成重建、能够顺利完成战时生产局订单的工厂，优先获得生产局资金上的帮助。截至 1945 年 3 月底，战时生产局将总共 299 百万美元拨给 5 家搬迁到后方的工厂，并以短期贷款的方式给了 5 家采矿公司大约 122 百万美元的经济援助。此外，生产局也向液体燃料控制委员会、煤和焦炭控制委员会及其所属厂家提供了资金支持。②

战时生产局资助战时生产的各类款项及金额列表如下：

1. 代付购料定金及贷款

(1)军用器材	1,626,496,860 元
(2)纯锌纯铅粗铜及锡	47,630,800 元
(3)汽车配件	50,624,990 元
(4)钢轨及矿车	10,177,052 元
(5)柏士麦生铁	15,200,000 元
(6)棉麻帆布	12,776,832 元
(7)电料	1,865,040 元
以上共计	1,764,771,574 元

---

① 《行政院工作报告——有关战时工业生产部分》，《战时建设》第 3 卷，第 629 页。

② American War Production Mission in China，Box 39，Section 19，p. 254，Roosevelt Presidential Library.

2. 储备器材定金及价款

(1)镀锌铁线	13,920,000 元
(2)电话机	67,720,000 元
(3)铜炼炉	44,000,000 元
(4)纯麻纤维节絮套	9,600,000 元
(5)纯碱	28,800,000 元
以上共计	164,040,000 元

3. 短期垫款

(1)资源委员会酒精业务委员会	140,000,000 元
(2)煤焦管理处	228,156,000 元
(3)资渝钢铁厂	12,000,000 元
(4)复厂垫款	122,000,000 元
(5)增加煤产垫款	299,476,000 元
以上共计	801,632,000 元
总计	2,730,443,574 元[①]

(四)战时生产局的工作

生产局成立后,最主要的工作就是促进国内军需及民用物资的生产。为促进增产,生产局采取了多种办法:

(1)订货。向各厂家订制军用及其他重要器材,并事先优付定金。至 1944 年 12 月 31 日,生产局已订立合同 6 种,共订制兵工器材 68 万具,首付定金 1 亿 3700 万元,生产局随时派人员监督生产。[②]

(2)添置设备。向各厂矿租贷工业设备,以增加其生产能力。

---

① 《行政院工作报告——有关战时工业生产部分》,《战时建设》第 3 卷,第 629—630 页。

② 《大公报》1945 年 3 月 13 日,第 3 版。

（3）技术指导。请美国钢铁、炼焦、酒精、化工、纺织、电力、石油、机械、非铁金属等专家，分赴各厂矿实地指导技术改进。

（4）利用租借物资。厂家可将所需物资列出清单交给生产局，生产局与美国军部和对外经济事务局联系，尽量输入。①

（5）制定奖励办法。对战时生产有重大贡献的个人及团体，生产局分别颁给奖状、奖章等。奖状分特等、甲等、乙等，发给出产迅速、品质优良、对战时生产有重大贡献的企业。但此项奖状仅能收执 6 个月，6 个月期满如仍能保持以前成绩者，才能得到该奖状，否则由战时生产局收回。奖章分金色、银色、红色 3 等，给予对改进生产技术有重要贡献或发明重要代替品的个人。②

（6）提高行政效率。战时生产局制定了公文办法，并于 1945 年 1 月 8 日起实行。凡送该局的公文，经秘书处定为最速件、速件、普通件 3 种。规定最速件如上午送到，即当日办理，如下午送到，则翌日午前办妥；速件在两日内办妥；普通件 5 日内办妥。如届期延缓，须由秘书处立即查询，说明理由，必要时呈报正副局长。"该局职员表示，自从实施这一新的公文办法后，公务空前繁忙，如同打仗一样。"③

战争期间，与作战最有关系的工业有钢铁、煤炭、电力、酒精等，这些工业原本在大后方地区都较为落后，战时生产局努力推动其生产，在各方面都取得了一些成效。

1. 钢铁

中国的钢铁工业本来就很落后，抗日战争爆发后，由于原料缺乏、设备简陋、运输困难、物价波动等原因，后方钢铁工业更受打击，日趋衰落。战时生产局成立后，会同美籍专家，详细研究钢铁

---

① 《行政院工作报告——有关战时工业生产部分》，《战时建设》第 3 卷，第 624 页。

② 《大公报》1945 年 3 月 18 日，第 3 版。

③ 《大公报》1945 年 1 月 10 日，第 2 版。

原料供应及产品销路等问题,拟定增产办法,积极推进钢铁生产。关于原料供应,主要是土铁、锰砂及铁合金3项。土铁由生产局资助各厂自行采购,生产局也采购一些后分配各厂,锰砂由生产局在湖南、贵州采购运到重庆,铁合金则由生产局订购,包括矽铁、锰铁等。①

在设备、运输、产品种类和销路等方面,生产局也采取多种措施予以鼓励。对生铁生产,注重增加采矿设备,充裕焦炭及铁矿来源,采用蜂巢式炼焦炉,以改善焦炭质量,节约煤原料;改善运输方法,如利用轻便铁轨及水运。"至各厂所制生铁种类与数量,亦经按原料品质、炼炉大小统盘规划,妥拟分配,以达到产销配合之目的。"对钢的生产,着重增加或补充辗轧锻制及铸造设备,增加钢品种类,开展销路,尤其注意适合兵工需要的产品,如镀锌电话线、飞机炸弹、钢皮、钢板、电解铁皮等。②

战时生产局还通过美籍专家,给予生产厂家以技术上的协助,取得了很大成效。例如,大渡口化铁炉经过技术改进,将矿砂压成较小碎块后,产量由每日12吨增至18吨;由马丁炉及电炉制炼军用电话线等低炭钢亦已试炼成功。③ 实行上述措施以后,1944年底钢铁增产数额已较为可观,1945年1月起,产量更是迅速增加,到5月份,生铁产量较上年11月份增加46%,较1944年平均月产量增加50%;钢产量较上年11月份增加52%,较1944年平均月产量增加58%。④

---

①　战时生产局半年工作报告,1944年11月至1945年6月,国民政府档案,0420/6364.01—03,战时生产局,国史馆。

②　《行政院工作报告——有关战时工业生产部分》,《战时建设》第3卷,第625页。

③　战时生产局半年工作报告,1944年11月至1945年6月,国民政府档案,0420/6364.01—03,战时生产局,国史馆。

④　《大公报》1945年7月5日,第2版。

表 5—7　后方钢铁产量①

时期	铁（吨）	钢（吨）
1944 年 11 月产量	1,462	1,460
每月平均产量	1,409	1,336
1945 年 1—6 月产量	12,692	10,913
每月平均产量	2,149	1,819

2. 煤焦

　　抗日战争进入相持阶段后，各省原有煤矿虽竭力增产，但开采技术相当落后，矿井开凿、挖煤、运输等一系列生产环节都是手工操作，成本难以降低，产量难以提高，不足以应付战时急需。1943年后，民营煤矿大量倒闭，产量剧减。一些国营煤矿虽未发生停产倒闭之事，但也无力再进行生产。1944 年豫湘桂战役后，资源委员会所属的煤矿有 7 家沦陷，影响了煤产量的增加，无论西南还是西北，均感供不应求。

　　生产局成立后，资源委员会所属的燃料管理处即归生产局接管，改名为煤炭管理处。生产局在机构人事方面予以整顿，使能负增产之责，供应军需民用。当时煤炭生产最感困难的主要是运输能力不足、机械设备缺乏及井下工程未充分发展，生产局成立后即针对上述各点着手改进。

　　在运输方面，生产局将轻便铁轨及车辆租借给天府、全济、东林、建川、江合、大东、华昌等煤矿，并贷款给宝源、东林等煤矿，以修建木船，还设法由明良煤矿转让车头一座给天府煤矿，以满足其需要，并修筑由明良煤矿矿场直通四营站的公路，以便利煤炭运输，供应叙昆铁路用煤。此外，生产局还贷款 3 千万元给宣明煤矿，以便该矿建筑

---

① 战时生产局半年工作报告，1944 年 11 月至 1945 年 6 月，国民政府档案，0420/6364.01—03，战时生产局，国史馆。

公路直通川滇东路,使其所产焦炭可以运销昆明。①

在增添和改良设备方面,生产局为各煤矿换装锅炉、添置蜂巢式炼焦炉等,以促进煤焦生产。例如,生产局供给天府煤矿 3 台锅炉,维持该矿动力供应,使得生产占嘉陵江区全额 40％的天府煤矿得以生产不辍。生产局还增加全济、建川、华昌等矿的绞车及排水设备,使其增加采运能力。②

在技术方面,生产局向各矿提供美国专家的指导。各矿原来采用土法洗炼焦炭,消耗大而品质劣,在专家的帮助下,各矿试建蜂房式炼焦炉,以前炼焦需时 1 星期,后来只需 48 小时,且费煤少而焦质佳。③

为维持煤焦供应不间断,以及改良煤质,生产局还制定各种奖惩办法。1945 年 2 月,为使嘉陵江区煤矿工人不因春节惯例停工休息,生产局通令各厂矿继续工作,并决定捐款 1 千万元,作为矿工之春节奖金,以示鼓励。"天府预发五百万元,富源两百万元,并将在矿场放映电影及表演各项节目娱乐,以示同乐。"④生产局还规定,各煤矿产交煤焦,凡能超过上年 12 月份所交数量 75％者,一律给予奖金,结果该月产量得以照常维持,并未稍减。1945 年 5 月,生产局颁布煤质改进奖惩办法,对于灰分低于 30％或高于 35％者,分别予以加价及扣价。此项办法实行以后,据用户报告,煤的灰分已见降低。⑤

生产局还对煤矿的管理进行了调整。燃料管理处将煤矿生产

①　战时生产局半年工作报告,1944 年 11 月至 1945 年 6 月,国民政府档案,0420/6364.01—03,战时生产局,国史馆。

②　同上。

③　同上。

④　《大公报》1945 年 1 月 31 日,第 2 版。

⑤　战时生产局半年工作报告,1944 年 11 月至 1945 年 6 月,国民政府档案,0420/6364.01—03,战时生产局,国史馆。

分为二组矿厂管理。甲组大矿月生产煤焦在 1 千吨以上停止补贴，调整之价格系按实际成本运缴费用加合法利用所规定，按此标准可以维持生产，并渴望逐渐增产。小矿月产煤在 1 千吨以下，管理处按新价全部收购，统一分配，对于小矿并给予运输津贴。[①]　各大矿停止补贴以后，产销供应，直接取得现金，不再受补贴手续延误之苦；各小矿产煤，由政府提高价格全部收购，统筹分配，生产积极性大大提高。此外，战时生产局还派员严格取缔嘉陵江沿途倒卖煤炭，取得了很大成效。

为促进煤焦的生产，生产局还给厂家许多优惠，包括简化贷款手续、垫助资金、改定煤价等。[②]　这些措施实行以后颇具成效，煤焦产量不断增加，"燃料之供应，逐渐充分"。[③]　以嘉陵江区为例，1944 年 11 月产煤 5 万吨，12 月 5.8 万吨，1945 年 2 月已达 6.4 万吨，运到重庆市的煤斤和焦炭共 70267 吨。又比如，1945 年 3 月份，大小河各矿共交煤斤 72059 吨，比过去的每月约 5 万吨，也有增加。[④]

3. 电力

虽然后方电力工厂数量不少，但规模均较小，设备简陋，1944 年日军发动豫湘桂战役后，国统区各发电厂又不同程度地遭到打击。当时，后方各电厂发电总量为 44,293 千瓦，各工厂及兵工厂自用电机之发电量为 26,300 千瓦，[⑤]以这样少量的发电能力，自然难以满足后方军事与经济发展的需要。因此，在战时工业建设上，国民政府着重电力的开发。

战时生产局成立后，采取两种步骤增加电力。一是改进后方已

①　《大公报》1945 年 2 月 15 日，第 2 版。

②　同上。

③　《大公报》1945 年 1 月 31 日，第 2 版。

④　《行政院工作报告——有关战时工业生产部分》，《战时建设》第 3 卷，第 625 页。

⑤　战时生产局半年工作报告，1944 年 11 月至 1945 年 6 月，国民政府档案，0420/6364.01—03，战时生产局，国史馆。

有设备,增加电力供应。生产局督促自己有发电设备的工厂如中央造币厂、第五十兵工厂、大渡口钢铁厂等将余电转供市用,"并计划将各电厂联络,统计尚有数千千瓦之余电,可资利用"。[1] 除利用剩余电力外,生产局还在重庆设立临时供电站数处,筹得 340 千瓦旧柴油机及 200 千瓦煤气机各 1 座,另修复 400 千瓦蒸汽机 1 座,在停电期间临时供电。生产局还积极帮助厂家修理或改进现有发电机器,提高发电效率。例如,由美国专家协助改善第五十兵工厂发电厂锅炉内部构造,协助军政部第一纺织厂修理发动机,建议第二十一兵工厂修理 675 千瓦蒸汽透平机,以增加发电量。[2] 二是在各地增设新发电机。战时生产局奉蒋介石之命,将航空委员会、兵工署及云南锡业公司向美国订购的 1000 千瓦发电机 9 套,分别安置于重庆、昆明、成都 3 地,以增加发电能力。[3] 此外,昆明的昆湖电厂添建 1 座 2000 千瓦的发电机,是由中央机器厂自行制造的,贵阳电厂添置 200 千瓦蒸汽发电机 1 座,成都启明电力公司从资源委员会租到 500 千瓦发电机 1 座。[4] 这些措施施行后,发电量大大增加,1944 年平均每月发电度数计 13,643,069 度,1945 年 2 月全月发电为 15,680,865 度,增加了 15%。[5] 1945 年 5 月发电度数为 16,901,720 度,比 1944 年 11 月的 15,617,592 度增加了 8.2%。[6]

---

① 《行政院工作报告——有关战时工业生产部分》,《战时建设》第 3 卷,第 625 页。

② 战时生产局半年工作报告,1944 年 11 月至 1945 年 6 月,国民政府档案,0420/6364.01—03,战时生产局,国史馆。

③ 《行政院工作报告——有关战时工业生产部分》,《战时建设》第 3 卷,第 625 页;《大公报》1945 年 3 月 13 日,第 3 版。

④ 战时生产局半年工作报告,1944 年 11 月至 1945 年 6 月,国民政府档案,0420/6364.01—03,战时生产局,国史馆。

⑤ 《行政院工作报告——有关战时工业生产部分》,《战时建设》第 3 卷,第 625—626 页。

⑥ 战时生产局半年工作报告,1944 年 11 月至 1945 年 6 月,国民政府档案,0420/6364.01—03,战时生产局,国史馆。

4. 酒精

抗战爆发，海路运输断绝以后，后方公路车辆所需液体燃料如酒精、汽油及代汽油等，主要依靠国内自产，其中尤以酒精为最重要。资源委员会专门设立酒精工厂，以供兵工制造之需，带动了后方酒精工业的发展，以四川为最，约占全数 80％，云南、贵州等省约产 20％。但是，从 1942 年起，酒精生产开始衰退，许多工厂因原料缺乏、流动资金不足，不得不减少生产，甚至停业倒闭。

战时生产局成立之初，即注意促进酒精生产，所采办法分下列 3 项：(1)协助资金。例如，支付酒精生产的定金 1 亿 4 千万元；与四行协商予以贷款 18 亿元；由生产局直接贷给厂家流动资金 5 亿元、设备费 2 亿 5 千万元。(2)供应原料。制造酒精的原料 70％—80％为土酒(系杂粮所制成)，20％—30％为糖蜜，生产局设法鼓励杂粮种植，较上年增加三成，为酒精增产提供更多原料。(3)筹划储器。生产局与美军洽妥备用汽油空桶 5 万只，分交酒精厂使用；从美孚油行购得该行在万县的汽油池 1 个，容量 50 万加仑，拆运抵达资中，在该地建置，以供存储酒精之用；此外在内江及泸县建造酒精池两座，以免因缺乏容器而影响酒精产量。[①]

1945 年度，战时生产局计划增产酒精 3000 万加仑。为鼓励各厂，生产局制定了订购增产酒精办法，"凡各厂在 3 月份订定数量之外所增产者，可由该局预订 2 个月，并付定金每加仑 1800 元，俾可订购原料，积极生产"。这个方法很快初见成效。1945 年 1—3 月共产酒精约 500 万加仑，较上年度同期增产 60％以上，[②]5 月份产量较上年 11 月份增加了 30％，较上年 6 月份增加了 237％。

---

① 战时生产局半年工作报告，1944 年 11 月至 1945 年 6 月，国民政府档案，0420/6364.01—03，战时生产局，国史馆。

② 《行政院工作报告——有关战时工业生产部分》，《战时建设》第 3 卷，第 626 页。

5. 兵工器材

为促进兵工器材的增产,战时生产局采取了以下几种方法:

(1)充实军事工厂的设备,并请美国专家协助改进工作效率。

(2)扶助民营工厂制造军品。先从容易制造的兵工器材入手,由兵工署发给图样及规格,使民营工厂有所遵循,并符合军事用途的最低要求。[1]

(3)制定增制兵工器材实施办法。[2]

(4)制订加强战时生产计划,以装备80个师左右的陆军及其必要的辅助部队。[3]

当军政部将1944年年终拟订的兵工及工兵器材送交生产局代为定制后,生产局均垫付了定金,分季分交各厂承制。至1945年6月底,生产局已垫付定金逾27亿元。生产出的主要产品有大小圆锹60万把、大小十字镐60万只、大小手斧8万把、钢丝剪4.8万把、刺刀32万把、迫击炮弹84万枚及地雷16万枚等。生产局交由各厂承制后,派员按时检查,并将制造情形每周报告。生产局的美籍顾问和专家每周也前往各兵工厂参观制造情形,并作技术上的指导。专家的建议或报告由生产局汇集整理,分送兵工署或各厂以参考改进。[4]

6. 纺织业

为了供应后方的民用军需,战时生产局成立后,积极发展纺织工业。生产局邀请了纺织专家任尚武和各工厂负责人等30余人讨论纺织业生产问题。经过协商,大家一致认为,首先应该做到物

---

① 《行政院工作报告——有关战时工业生产部分》,《战时建设》第3卷,第626页。

② 《战时生产局增制兵工器材实施办法》,《抗日战争》第5卷经济,第460—461页。

③ 战时生产局呈报加强战时生产计划,国民政府档案,0420/6364.01—03,战时生产局,国史馆。

④ 《战时生产局工作报告》(节选),《抗日战争》第5卷经济,第461页。

尽其用；其次应优先输入丝布、燃料等国内不能提供的物品；再次为运输问题，应由生产局优先发给车辆，运输棉花等原料以及机器、煤炭、燃料等，以解决各厂困难，增加生产。[①]

鉴于后方棉花缺乏，生产局提倡并设计棉麻交织，以节省棉花的用途，并和申新纱厂及花纱布管制局订约，订制棉麻交织布3600码，共计1597万余元。[②]

7. 非铁金属

铜铅锌3种金属，均为中国所缺乏，为供应急需，战时生产局积极采取各种办法，尽可能增加生产。战时后方唯一产铜的机构是滇北矿务局，1944年受物价飞涨影响，生产日趋低落，生产局成立后，贷款5千万元给该矿务局，供其加强运输设备及开矿器材，并定购生铜两批共120吨。生产锌的有川康铜铅锌矿务局及滇北矿务局，生产局贷款5千万给川康矿务局，以每年产锌300吨为目标，滇北矿务局也可年产锌160吨。生产局还计划在云南个旧添建炼锌炉1座，1年产300吨锌为目标。铝的生产以滇北矿务局为主，截至1945年6月底已产铝60吨。此外生产局又与康黔铜铁事业筹备处订约，由该处在威宁一带试收土铝土锌，收到精炼后运往重庆。[③]

除积极促进战时生产外，战时生产局的另一项主要工作，是自国外购进物资，以及处理美国租借法案物资。

为增进战时工矿业的生产能力，对于国内不能自制或者缺乏的国外器材，生产局成立后，也竭力设法运入供应，一是用现款或贷款向国外购料，二是利用租借法案物资。

史迪威在华时，美国提供给中国的租借物资，并不能由中国直

---

① 《大公报》1945年3月24日，第2版。

② 《行政院工作报告——有关战时工业生产部分》，《战时建设》第3卷，第626页。

③ 战时生产局半年工作报告，1944年11月至1945年6月，国民政府档案，0420/6364.01—03，战时生产局，国史馆。

接支配,而是控制在美国人手中。因此,租借物资的分配权问题,成为中美军事同盟中的矛盾之一,以及史迪威、蒋介石冲突的根源之一。在赫尔利来华调解史、蒋矛盾并以史迪威被调回国告终以后,战时生产局计划接管租借法案作战物资的分配及运输的优先程序,对此,继任的美军中国战区总司令魏德迈将军明确表示,"此实为鄙人所不能亦不愿接受者,因此项管理权业已由美国政府训令鄙人行使",他要求"凡由空运之吨位及以其他任何运输方式(水路或铁路运输在内)运来之吨位,由鄙人分配之,并拟将此项物资存放于完全由美方监督管理下之货栈内,若战时生产局或其他任何军政机关及民营机构需要作战物资或紧要之普通物资时,可向中国战区美军总司令请求供应,并说明使用该物资之方法"。[①] 由于中国方面的坚持以及纳尔逊和美国战时生产顾问团的支持,中国战时生产局在获得、分配和运输租借物资方面取得了一定的优先权。在军事物资项目上,仍然由美国军方决定;但在非军事物资方面,中国战时生产局获得了控制权,这对于中国获得战时生产所必需的物资相当重要。[②]

战时生产局成立后,掌握了购办国外器材的审定权。生产局采办处设国外物资组,主办以现款及英美贷款购买器材的重要业务。无论任何机关,不得直接向印度购运货物,要申请购买,必须先送战时生产局审核,由该局向印度办理购运手续,否则不予结购外汇,并不予分配吨位。中印运输机构,如果没有该局的通知,也不予以承运。以前国民政府机关以现款在印度购运货物,由中央信托局为购料代理人及申请出口证之办法,予以取消。截至 1945 年 3 月底,生产局代各机关询问购买器材各案共计 33074 吨,审查

---

①　魏德迈函告翁文灏反对战时生产局管理租借法案作战物资分配运输事宜,1944 年 12 月 25 日,国民政府档案,0420/6364.01—01,战时生产局,国史馆。

②　林美莉:《战时生产局的成立与活动——以租借法案的配合为中心》,《国史馆馆刊》(台北)复刊第 15 期,1993 年 12 月。

各机关申请器材各案共计 4386 吨。[①]

在战时生产局成立之前，中国各机关向美国申请租借物资，一般是每年 1 次或分两期拟具清单，送请美主管机关核定。也有急需物资临时提出，经美方同意后拨发款项指定厂家承造，并由战时船运管理局拨给吨位，装运缅甸，再行内运。空运抵达昆明的物资，则由滇缅公路局代办接收。

战时生产局成立后，各机关向美国洽订租借法案物资，除制成军械由军事机关核定外，其余都由该局核定，向美方提出申请。原来军事委员会国际物资组的职权，正式移交生产局接办。空运抵昆物资，亦从 1945 年 3 月起，由战时生产局集中接收，再分配给各核准需要机关。[②]

生产局内设立"需要及生产优先委员会"，集中审核各机关所需美国租借法案物资，并与美国接洽，委员以政府主要需要机关代表充任，主席由生产局局长指定，掌理审查需要、生产计划以及国外器材进口方案等事。审查的原则，一是要与实际需要相符合；二是国内可以自造的器材，按照可以自制的数量，减少向租借法案请求的数量；三是要与运输力量配合。[③]

1944 年 12 月至 1945 年 1 月，生产局收到各单位 1945 年度（1945 年 7 月至 1946 年 6 月）的清单，所需物资总计重达 20 万吨。但是，根据美国对外经济事务局、中国运输会议国际物资组、交通部、军政部、后方勤务部和资源委员会联席会议的核定，1945 年中国租借法案物资的运输量只能达到 17 万吨，[④]仅生产局所需物资即已超过了中国 1945 年的运输能力，被要求核减。

生产局召集了数十次小组会议，约请美国对外经济事务局代

---

① 《行政院工作报告——有关战时工业生产部分》，《战时建设》第 3 卷，第 627 页。

② 同上。

③ 同上，第 628 页。

④ 资源委员会财会处档案，24-05-224，中研院近史所档案馆。

表及美国驻华军事代表参加,去掉那些不太紧急的项目,修正重复与不必要的物资,并分为军用和非军用物资两部分。删减后物资总量共计 100,005 吨,清单于 1945 年 1 月 29 日送交华盛顿中国物资供应委员会,由该委员会向美国提出申请。4 月 20 日,美国对外经济事务局批准拨交中国 100,173 吨物资。[①] 截至 1945 年 1 月,美方租借物资已启运者共 351,035 吨,共值美金 442,778,108 元。[②]

为有效利用租借物资,生产局还制定了租贷办法:"租借之规约中说明用途及必要条件,租贷期中必须接受生产局的考察,如用途有违原意,即予收回。租借按期如遇非不可抗之毁损等,须付相当赔偿。租贷美国租借法案之办法,以不可抵抗原法案为限。"[③]

(五)战时生产局的局限

生产局采取的这些措施促进了战时物资的增产,但生产增加的速度赶不上技术提高的速度,实际产量仍然只有全部生产能力的一半。事实上,后方生产的种种问题,不仅仅是调整机构和改进技术可以解决的。中国经济的痼疾,使战争与生产脱节,仅靠战时生产局这样一个机构,不可能从根本上改变战时生产停顿的局面。

首先,生产局自身存在的问题,影响了战时生产进一步提高。生产局使命大而权力小,虽被授予全权负责战时生产,但并无权要求其他部门执行它的命令,而且预算很少,除维持办公费及其职员薪金外,根本没有经费购买物资和设备。具体说来,生产局主要存在以下一些问题:

1. 缺乏合作精神

美国战时生产局的人员组成,不只包含政府代表,还包含企业以

---

① American War Production Mission in China, Box 39, Section 19, p. 231, Roosevelt Presidential Library.

② 《行政院工作报告——有关战时工业生产部分》,《战时建设》第 3 卷,第 628 页。

③ 《大公报》1945 年 3 月 13 日,第 3 版。

及职工代表。"在战时生产局的最高顾问方面，既有劳工的代表，也有经理的代表，他们依据双方商量的结果，定出符合共同利益的政策。同时，在战时生产局主持下，各军需工厂一个个都先后成立了劳资委员会，到现在这种委员会个数已不下三千。每个工厂，每位员工，都工作辛勤努力，共同致力于增加战时生产。"纳尔逊在参政会上也讲道："假如要我在美国战时生产局中，挑选一项对于国民政府最有价值者，我必然毫不犹豫地提出政府、军事和工业界各方面的合作之重要，假如没有这种合作，那么任何政府事业，像战时生产局都将变成纸上谈兵。合作犹如生命的灵魂，必须灌入这个新的组织中，才能成功。"①由此可见，合作精神是美国战时生产发展的原因之一，同时也是中国战时生产局应该借鉴的。但是，中国战时生产局只学习了美国战时生产局的皮毛，而没有把握其精神。美国设立了工业顾问委员会和劳资委员会，使工业领袖和劳工代表能密切合作，但中国战时生产局并没有效法。一些工业团体在战时生产局成立伊始，就请求派代表参加中美经济联合委员会，但一直没有结果。生产局不采纳企业家的意见，自然不能集思广益以推动战时生产；不让企业派代表参加生产局会议，也不易提高生产者的积极性。

2. 人员兼职问题

战时生产局的职员，主要由政府各经济部门的人员组成，大都是兼职的。以局长翁文灏为例，他既是生产局局长，又担任经济部部长，还兼资源委员会主任委员及工矿调整处处长。美国人认为他既无个性又无独立的权力基础，既"胆小怕事又无进取精神"，只会命令部下做那些事先已知道肯定会被认可的事，并非美国所寻求的"经济沙皇"式人物。② 挑选这样的人兼任战时生产局局长，本

---

① 《新华日报》1944 年 11 月 15 日，第 3 版。

② ［美］柯伟林（William C. Kirby）：《民国时期中外经济技术合作一例：美国战时生产顾问团援华（1944－1946）》，《民国档案与民国史学术讨论会论文集》，第 563 页。

身就限制了生产局的重要性和影响。

表面上,生产局拥有庞大的官僚机构,实际上只是个空架子。人员兼职,虽节省机构开支,但造成办事效率低下。从各机关抽调的人,本指望他们为生产局做些协调工作,但他们几乎把全部时间都花在原机关。生产局的工作人员虽也尽力在做工作,但大都不是科学和技术上的专业人才,无法更有效地完成生产局的工作。国民政府曾有意让一些专业人才回国,服务于生产局,美国战时生产顾问团也经常建议翁文灏尽力吸收一些有能力的人在生产局工作,但都没有收到很好的效果。

3. 资金缺乏

生产局的资金来源一是银行贷款,二是国家财政部拨款。生产局成立后,交通、中国、邮汇、中信四行局向生产局透支了100亿元,但贷款是短期的,不能进行长期投资。而财政部所提供的资金数额又很少,因为怕增加战时生产经费会使已经出现的通货膨胀更加严重。因此,对面临着艰巨的增产任务的生产局来说,100亿元的贷款并不能满足资金上的需求,生产局制定的许多生产计划因为缺乏资金而得不到实施,生产资金不足,生产能力就会下降。[①]

4. 生产局对国营和民营企业不能一视同仁

单靠国营工业不能满足战时军用和民用所需,这就需要扶持民营工业,生产局在资金和订货上却未能做到这点。工业界不断呼吁政府对国营工业和民营工业一视同仁,对大工矿与小工矿同样扶持,要求生产局执行同样的贷款和薪贴政策,简化贷款手续,给予保本保息的实惠。但生产局在贷款时,往往优先考虑国营企业;相反,在由于资金或其他问题取消生产订货时,却往往先拿私

---

① American War Production Mission in China, Box 39, Section 19, p. 254, Roosevelt Presidential Library.

营企业开刀。①

　　其次，除了生产局本身的因素外，国民政府经济机构的某些痼疾，也阻碍了战时后方生产的发展。

　　抗战爆发以后，为了适应战时经济的需要，国民政府在不削弱中央集权的前提下，在军事委员会下调整建立了一套经济行政机构，包括资源委员会、农产调整委员会、贸易调整委员会、对外贸易调整委员会等。上述机构曾发挥过一些作用，但是机构重叠紊乱，弊端百出。从 1938 年开始，国民政府对庞杂的经济行政机构又进行了大规模调整，将行政院下属的事业部改组为经济部，将全国经济委员会之水利部分并入经济部；军委会农产调整委员会、工矿调整委员会改隶经济部；军委会贸易调整委员会改隶财政部，军委会对外贸易调整委员会和经济部国防贸易局归并财政部贸易委员会；行政院之铁道部及全国经济委员会所设立的运输联合办事处改隶交通部。此后，国民政府又先后在行政院之下设立中国航空建设协会总会、液体燃料管理委员会、水陆运输联合委员会，成立农林部、粮食部等等。随着"经济统制"政策的强化，1941 年 2 月，在行政院内正式成立了"经济会议"，蒋介石自任主席。1942 年，"经济会议"改为"国家总动员会议"，作为战时最高统制机构。1944 年 11 月，又建立了战时生产局，对主管和促进战时生产有直接作用，但是亦使国民政府的经济机构更加复杂紊乱。例如，交通部全国公路总局有西南公路运输局，资源委员会有运输处，战时生产局亦设立了运输处，这些机构之间的关系不明、分工不明，不知哪个是全国最高机构，亦不知它们之间是从属关系，还是相互独立的机构，更无法理顺各自的业务和负责范围。再如，交通部全国公路总局有材料处，军政部、经济部和战时生产局也有，这些机构之间并无统筹计划，也缺乏密切合作，很难发挥最大生产能力，配合

---

　　①　《新华日报》1945 年 11 月 15 日，第 3 版。

战时需要。

国民政府经济机构的多次调整，对战时社会经济的运行，发挥过不可忽视的作用。但是，一些机构往往随事而设，临时增补，一边调整精简，一边膨胀冗滥，带有很大应付性，加之国民党派系林立，争权夺利，官僚机构腐败、扯皮、效率低下，一个战时生产局的设立，当然无法根本改变这些弊端。战时生产局是模仿美国设立了，但是国民政府未能相应调整与战时生产具有关系的其他机构，裁撤架床叠屋的骈枝，淘汰滥竽充数的冗员，因此没能建立一个统一指挥、精简高效的经济机构系统，把节约出的巨额机构办公费用，用在生产建设上。国民政府既未做到由集中机构统筹指导经济，又虚耗国库，供养许多机构冗员，战时生产当然很难上一个很大的台阶。

从总体上来说，中国战时经济的严重困难，是制约战时生产局发挥作用的根本原因；而仅靠成立一个生产局，没有相应的财政、物价和经济政策，也不可能从根本上解决战时经济的困境。抗战以来，许多生产部门因受通货膨胀的影响，或裁减工人，缩小规模，或停工改行，以致战时生产不能正常发展。工商业所负担的捐税、公债等摊派又十分沉重，严重者甚至全部利润也不够负担，也使生产遭受到更多的困难。除了资金缺乏以外，原料、器材缺乏和运输困难，也是阻碍战时生产的重大问题。据估计，战时后方生产所需要的原料，除铁以外，生产量均落后于需要量，钢的生产量落后于需要量80％，铜为70％，锌为98％，汽油为90％，纱为40％。[1] 至于器材，更是大部分仰仗外国输入，但由于国际运输困难，尤其是滇缅路被切断后，原料和器材进口更加不易，后方产业的发展因而受到阻碍。因此，增加战时生产，克服战时经济危机，不是枝枝节节的方法，或是孤立的一个机构可以完成的任务。

---

[1]　《新华日报》1945年3月1日，第2版。

(六)战时生产局的结束

1945 年 8 月 10 日,日本投降的消息传来,战时生产局局长翁文灏出席了由蒋介石主持召开的国防最高委员会和国民党中央执行委员会联合紧急会议,参与商讨有关日本投降后的问题,随即找相关人员研究筹划收复沦陷区经济部门和工矿企业紧急措施。8月 25 日,翁文灏以经济部和战时生产局的名义正式颁布《收复区办公组织规程》,确定了特派员办公处任务;9 月 4 日,国民政府又颁布了经济部、战时生产局《各收复区办公处组织规程及登记与接收工矿事业办法》。经济部及战时生产局设于各区的特派员办事处,事实上担负着经济接收和组织生产的双重任务。①

国民政府的战后接收工作起步虽早,但接收机构重叠,计划变化无常,工作实施极为混乱。战时生产局虽然也参与了战后接收工作,但这不是它的主要任务,既然战争已经结束了,按照战时生产局组织法的规定,战时生产局也应结束。翁文灏于日本投降后即告行政院,停止生产工作,专办结束事宜。战时生产局也即停止付款订货,催收订货,结清本利,交还银行。

1945 年 11 月 28 日 ,战时生产局和战时运输局,向行政院例会报告取消,并经最高经济委员会决议通过。两局共同设立的印度代表处,于 1945 年底撤销,所有业务及人员,移交存印物资接收委员会接办并任用。战时生产局下辖的液体燃料委员会和煤炭委员会仍然继续工作,改归经济部管理。到 1945 年底,与生产局签约的各厂矿、企业,对中央银行、中国银行、交通银行、农民银行的贷款如数还清,战时生产局对银行的业务也圆满结束。②

---

①　陆仰渊、方庆秋主编:《民国社会经济史》,中国经济出版社 1991 年版,第 735 页。

②　李安庆、孙文范:《抗战后期的中国战时生产局》,《社会科学战线》1989 年第 1 期,第 161 页。

(七)对中国战时生产局的评价

抗日战争后期,随着东南半壁江山的沦陷,后方工业区域越来越缩小,工业界遭受了一次浩劫。1944 年以后,在这场黑色浩劫中,似乎透出一丝希望的微光来,这就是在美国战时生产顾问团帮助下中国战时生产局的成立。

生产局的成立是适时的,不论是对前方军事作战的供应,还是对后方破败工业的整理,生产局指挥下的战时生产,确实发挥了一些作用。对于经济部的资源委员会、兵工署下辖的厂矿、财政部和交通部所属的一些机构,战时生产局起着统一指挥、协调和联系各生产机关的作用,在一定程度上免除了各厂分离与各个系统各自为政、互相矛盾的弊病。此外,生产局设立了优先处,一切生产安排都按照战时生产的急需程度决定先后缓急。这些办法在美国是颇有成效的,中国战时生产局向美国学习这一点,也促进了中国战时的物资生产。

生产局的成立也是必要的。对日战争取得胜利的一个重要因素,就是增强国家的生产能力。中国的生产力太弱,在物资方面仅仅仰仗于租借法案是远远不够的,自己的国内生产也必须加强。纳尔逊曾经告诉国民政府:"我们不能希望中国在生产及供应部门还没有获得胜利以前,军事形势可以大为改善。"[①]

生产局成立后发挥了一些积极作用。当时,国统区的进出口渠道遭到封锁,后方工业处境艰难。战时生产局对公私营厂矿企业给予支持,对于这些企业维持生产,增加国防及工业物资,大有好处,在一定程度上增进了中国坚持抗战的经济实力。在战时生产局和美国顾问团的帮助下,中国的工业生产状况在不断改善,工业技术也有了提高,许多军需、民用项目的生产明显增加。

中国战时生产局自 1944 年 11 月成立起,至 1945 年 11 月取消,历时一年。它在中国抗日战争后期,对协调、增加军需生产和

---

① 《新华日报》1945 年 1 月 20 日,第 2 版。

国防工业,挽救和促进战时经济,确实起了一定作用。但是,由于生产局成立时间晚,工作时间短,自身存在种种问题,与国民政府各种经济机构之间关系协调困难,再加上国统区公私企业管理混乱、经营失调、生产落后等弊端,生产局的成立并不能从根本上解决国民政府的经济危机。纳尔逊选派来的美国专家,利用他们考察的结果,也曾提出过一些有益于改进中国工业技术和战时生产的建议。但他们的建议,除书面向生产局局长报告外,同时发往美国总部。所以,生产局的成立,也为美国获得有关中国经济情报提供了一个媒介。

四、中美经济关系的加强

美国政府派以纳尔逊为首的顾问团访华,以及在顾问团帮助下成立的中国战时生产局,对战时的中美经济关系有着深远的影响。

首先,这是美国援华方式的一个创新。美中在太平洋战争结盟后,美国的援华方式有美元贷款和物资援助等,派遣顾问团直接到中国了解经济问题,帮助成立中国战时生产局,是美国援华前所未有的新举措。正如中国学者张国镛和陈一容所评价的那样,纳尔逊的使华,改变了美国过去单纯"输血式"的对华援助,转而实行扶助中国增强自身"造血"功能的策略。[1] 美国战时生产顾问团来华,标志着美国对中国的经济援助,不只限于金钱和物资,而拓展到人员、技术和生产援助。这使得美国经济援助的范围扩大,对中国抗战和战时经济的帮助也更全面和广泛。在纳尔逊来华之前,蒋介石一直认为美国未能给中国以实际援助,"以往美国朋友只说中国无办法,而从未建议改善之办法。阁下来后,可以使此局势改

---

[1]　张国镛、陈一容:《纳尔逊及其使华述略》,《抗日战争研究》1994年第4期。

变,余甚乐观"。①

其次,它促进了战时中美经济关系的发展,加强了美国对中国经济的影响。中国战时生产局,是在美国人建议和指导下成立的,其系统和组织结构,也多仿效美国战时生产局。生产局的各部门,基本上都是按照美国战时生产局局长纳尔逊提交的组织系统图建立起来的。纳尔逊回国后,积极游说美国工商界援助中国进行抗战,例如,纳尔逊极力说中国需要增产,建议中美工商协会理事会马上采取步骤,使中国的原料有更多可以成为制造品,以应付战争和生活的需要,并为战后活动开辟途径。② 纳尔逊代表团使华,有助于美国直接了解中国战时经济、军事的实际情况,纳尔逊根据访华调查所写的报告和建议,也为美国制定对华经济政策提供了参考;他对中国经济的建议,对于解决中国的经济问题,也有一定指导意义。

再次,美国技术专家组成的顾问团来华,加强了美国与中国的经济技术联系。美国战时顾问团来华,帮助中国成立战时生产局,并提供对战时生产的技术指导,不仅使中国经济获益良多,中美两国之间的联系,也因此得到一定程度的增强。纳尔逊作为美国罗斯福总统的私人代表,与中国最高领导人蒋介石多次晤谈,诚恳交换彼此意见,并与国民政府其他高层官员切实商洽,对于加强中美两国的相互沟通、了解和理解,都不无裨益。生产局成立后,在中美专家的努力下,促进了中国战时的生产,表明中美之间可以很好地进行经济合作,为战后中美经济继续合作提供了经验,奠定了基础。

最后,也应该注意到,顾问团在促进中国战时生产的工作中,通过中国战时生产局,了解到中国的经济情况,获得了许多经济资料。这些经济资料传到美国后,为战后美国对中国的经济渗透奠定了基础。

---

①　蒋介石与纳尔逊谈话记录(一),1944 年 9 月 19 日,《战时外交》第 1 卷,第 187 页。

②　《新华日报》1944 年 10 月 19 日,第 3 版。

第六章 中美战时经济措施的作用与局限

　　抗日战争不仅是敌我双方军事力量的拼杀,也是经济力量的较量。1941 年 3 月,蒋介石在国民党五届八中全会上致开幕词时指出:"今后抗战的胜负,一方面固然仍要取决于军事,但另一方面还要取决于军事以外之经济战争。所以今后的抗战,军事与经济应同时并重。而且就现代战争的特质而言,我们毋宁说今后敌我成败的决定力,经济要占七分,军事仅占三分。"[①]蒋介石还曾说过,"我国抗战最大难关为经济,而武器尚在其次……若不能在金融上设法调济,则民生饥冻……抗战必难久持";而"美国若不能在金融上从速援我救济,则中国内外情势实难久持"。[②] 这些话,充分说明了他对战时经济在抗战中的重要性,以及美国对华经济援助支持中国抗战的重要性的认识。战时经济建设,是中国持久抗战的重要基础,而美国和其他国家的经济援助,则是中国坚持抗战和发展经济的助力。可以设想,如果没有美国等国家的物资、借款、交通、生产援助,中国后方的经济将面临崩溃,财政金融将产生混乱,军

---

　　① 荣孟源主编:《中国国民党历次代表大会及中央全会资料》下册,光明日报出版社 1985 年版,第 667 页。

　　② 蒋介石致宋子文,1940 年 8 月 11 日,《战时外交》第 1 卷,第 277 页。

需和民生将没有必要的物质保障,占历年财政总支出 70% 左右的庞大军费开支将无以为继,前线的军事抗战将无法进行,后方的军政机构也无法运转,社会将动荡不安,内乱不已。

　　抗日战争期间,经济是与军事并列的、为中美两国所共同关心的重大问题。战时中国经济的困难主要表现在生产急剧下降,物资极度缺乏,交通运输中断,财政金融混乱,法币流通过巨,通货膨胀加速等方面。国民政府向美国寻求援助以缓解这些困难,而美国则以各种形式向中国提供经济援助,诸如帮助中国增进战时生产、增加重要物资的进口、解决交通运输困难,以及派遣美国技术人员赴华、培训中国技术工人等等。中美两国在生产、物资、交通、财政、金融等方面进行了经济合作,战时中美经济关系也主要体现在这些方面。中美两国在这些领域进行的共同努力,构成了抗战时期中美关系的一个重要方面,也成为中国抗战经济建设的一个重要内容。

一、美援的意义和影响

　　日军大举入侵,占领中国大片领土,国民政府只剩半壁江山,在经过多年残酷战争之后,国统区经济残破不堪。由于财政收入锐减,军费开支巨大,交通运输中断,工农业生产被破坏,战时中国产生了严重的经济危机,不可避免地出现了生产萎缩、物资匮乏、通货膨胀、物价飞涨、奸商投机、囤积居奇等一系列严重问题。上述现象带来的经济失衡,可能破坏整个经济结构,从而危及中国的持久抗战。美国的经济援助,以及中国的经济努力,有助于中国防止经济局势的进一步恶化,加强中国的经济结构,并在一定程度上遏止民众丧失信心和军队斗志下降,保证了中国抗战的基石不至于根本动摇。

（一）美援对中国战时经济的支持

美国战时对华借款，在中国危亡的紧急时刻有力地援助了中国，给了中国抗日军民巨大的物质和精神鼓舞，使抗战得以坚持。尽管美国借款的根本目的是维护本国的国家利益，但在客观上，美国战时对华借款毕竟给了中国抗日极大的帮助，其积极的作用应该予以肯定。

抗战时期，战争对工农业生产造成极大破坏，中国物资极度匮乏，为维持经济，坚持抗战，中国需要从国外进口大量物品，但政府财政收入大为减少，囊中羞涩，无力从国外购买，急需外国借款。美国的四次易货信用借款，总数达 1.2 亿美元，以中美易货贸易的方式，使中国得以用农矿产品从美国换取抗战所需的工业产品和军用物资，既节省了大量外汇开支，减轻了国民政府的财政负担，又获得了中国急需的各种物资，有力地支持了中国抗战。同时，中美易货贸易也为美国提供了必需的工业原料和军需储备，增强了美国的作战准备，有利于世界反法西斯战争的胜利。此外，为保证易货贸易的顺利进行，中国政府大力组织易货品的生产、收购和运输，也在一定程度上促进了国内生产和进出口贸易的进行。

抗战爆发以后，日本针对法币开展金融侵略，发行伪货币进行套取活动，致使中国法币贬值，外汇大量流失，严重扰乱了中国的金融秩序，造成恶性通货膨胀。中美英三国共同出资，成立平准基金，在货币方面开展合作，封存中日两国外汇资产，加强中国外汇管理，控制外汇黑市交易，稳定法币与外汇的汇率，使法币在沦陷区坚持原有的阵地，并可以在全国流通，既维持了法币价值的稳定，巩固了法币在国际上的信用，也抵御了日本想把法币变成"废纸"，将中国纳入日元集团的金融货币战，同时也有助于维持中国的对外贸易。

太平洋战争爆发后，中国的对外交通几乎全部中断，美国虽然通过租借法案向中国提供租借物资，但由于运输困难，大量物资无法运进中国。物资供不应求不仅加重了中国的经济和军事困境，而且造成通货膨胀，加之国民政府财政收不抵支，出现了严重的财政赤字，只能大量发行纸币，造成法币流通量巨增，更加剧了货币贬值。在这种情况下，罗斯福总统下令对已成为军事政治盟国的中国提供5亿美元巨额无息借款，作为"租借战争物资的现金折合"。国民政府利用其中的2亿美元作担保，发行同盟胜利美金公债和美金储蓄券，以吸收社会游资，弥补财政收入不足；又以2亿美元从美国购买黄金，用于收购回笼法币，平抑物价，减轻通货膨胀。美国的财政援助，数目较大，运用也较自由，实际上成为国民政府在抗战后期财政调度上的重要物质基础，发行公债、实行黄金政策，使收入增加，货币流通量减少，都曾在一定程度上缓解过国统区的财政支绌和物价上涨。

　　抗战后期，遭受多年战争摧残的中国经济急剧恶化，中美两国都意识到，单纯依靠美国的借款和物资援助，无法解决中国的实际问题。工农业减产造成国内物资严重不足，运输中断造成国外物资运不进来，这是中国经济基础动摇和通货膨胀无法控制的根本原因。在这种情况下，美国拓展了援助方式，派出战时生产局局长率领美国技术专家，组成生产顾问团前往中国，以美国战时生产的经验，帮助中国建立战时生产局，指导大后方加强战时生产，这对整理后方破败工业，增加前方军需供应，促进后方经济发展，都发挥过一些作用，对西南、西北的开发也起到一定作用。战前重庆只有一家水泥厂，没有一家机器工业，但到抗战胜利时，重庆已成为大后方工业集中区域。此外，昆明、桂林、西安、宝鸡、汉中、兰州、衡阳等地都建立了各种近代工业。有人因此评论说，西南西北的经济开发，至少提前了50余年。[1]

---

①　十年来之经济政策，谭熙鸿主编：《十年来之中国经济》上册，第2—3页。

（二）美援对中国战时经济的影响

战时美国对华经济援助以及中美经济关系，还对中国部分经济政策和经济机构的调整产生过影响。宋子文曾经对美国工商界人士解释过战时中国政府控制工商业的政策以及国营企业数量增加的原因，主要在于为了应付战时急需。抗战开始后，中国为了购买军需品而与苏联达成易货协定，此后，中国又为了获得和偿付美国贷款，向美国提供钨锰和桐油等战略物资。为了以合理的价格有效地获得出口物资，国民政府建立了一系列垄断或专卖机构。①为保证易货贸易的顺利进行，国民政府对资源委员会和对外贸易委员会等经济机构进行了调整，并实行农矿产品统购统销政策和对外贸易统制政策。为维持法币与外汇的汇率，国民政府成立外汇管理委员会，并与英美共同组成平准基金委员会，还改变了战前的外汇自由买卖政策，建立外汇审核制度，实行外汇管制和进出口贸易管制政策，加强了对货币和银行等金融方面的统制。为加强战时生产，国民政府按照美国模式，组建了战时生产局，这一新机构，是在美国建议和指导下成立的，其系统和组织结构，也多仿效美国战时生产局。

抗战时期，国民政府内设置了不只一个经济事务机构，或延续旧制，扩编合并，或创制新设，其中较为重要者有经济部、工矿调整处、资源委员会和贸易委员会等。各种国营厂矿和民营产业，早已有相关机构负责管理和扶助，若说需要统筹规划工业生产，只要利用现成的机构加以整理即可，不必另设战时生产局这样一个机构。况且，抗战经济已坚持 7 年之久，国民政府如果确有实际需要，为何不及早设立这样一个机关，而要等到 1944 年 11 月才成立呢？如

---

① "American Business Leaders Honor Dr. H. H. Kong", China Trade News by China—American Council of Commerce and Industry, American War Production Mission in China, Box 4, F. D. Roosevelt Library.

果不是美国改变援华政策,派遣战时生产顾问团来华,并且极力建议国民政府设立战时生产局,中国大概不会在原有经济机构之外,又成立一个与各机关业务皆有关联的战时生产管理组织。战时生产局的做法和观念,是二战时期美国和英国在其国内推行的一项新经济制度,中国战时生产局,完全是在美国的推介下而设立的产物。① 美援对中国抗战时期经济机构和经济制度的影响,此乃一突出事例。

在抗日战争的特定历史条件下,国民政府采取这些措施有其客观理由,并在一定程度上有利于增强抗战实力和维持国计民生。统制金融,使战时财政得以统筹调度,对工农业生产也有一定扶助作用;发展国营工矿业,有利于发展后方经济,满足抗战和民生所需;统制商业和外贸,利于调剂物资流通,遏制投机,增加政府财政收入,保证易货偿债贸易;对于经济作物和特矿产品进行统制,有利于发展对外贸易,换取战略物资。战时生产局统一指挥、协调和联系各生产机关,如经济部的资源委员会、兵工署下辖的厂矿、财政部和交通部所属的一些机构,在一定程度上免除了各厂分离与各个系统各自为政、互相矛盾的弊病。然而,国民政府的战时统制经济政策,也有很多弊病和负面作用。国家资本经营控制的工矿业,存在官僚把持、各部门插手、管理混乱、计划不周、排挤民营企业等问题;商业及外贸统制,政策和组织机构不够完善,排挤民间商业和外贸;对经济作物和特矿产品的统制,由于压价收购,超量征收,损害了百姓和地方的利益。通过统制经济,国家资本在抗战时期有了极大发展,最终在战后形成了垄断局面,对战后经济造成了不良影响。这些,是美国经济援助所无法影响、解决和改变的。

---

① 林美莉:《战时生产局的成立与活动——以租借法案的配合为中心》,《国史馆馆刊》(台北)复刊第 15 期。

二、美国对华借款的优惠性

抗日战争时期,许多国家都向中国提供了经济援助,其中最主要的形式都是贷款。以各国借款而言,美国对华经济援助的力度最大,借款的综合条件也是比较优惠的。美国战时对华借款合同数量和实际动用量最大;不用提供担保,仅指定由中国运售农矿产品以售价抵偿;借款按全额提供,无折扣;利率较低甚至无利息,而且以实际动用额计算利息;中国可随时偿还本金,并可全部提前清偿;其条件对中国来说是平等的、优惠的。在这些方面,抗战时期美国对华借款优于同期苏联、英等国家对华借款。

(一)美国贷款的数量比较

据统计,抗日战争时期,国民政府共计从外国获取了 25 笔借款,其中主要有美国对华借款 6 笔,借款金额共计 6.7 亿美元,实际支用额 6.3 亿美元;苏联 3 笔,合同金额总计 2.5 亿美元,实际支用额 1.73 亿美元;英国 5 笔,合同金额总计 6800 万英镑(约合 3.4 亿美元),实际支用额 2400 万英镑(约合 1.2 亿美元)。①

在所有向中国提供的借款中,美国借款数量是最大的,远远超过其他任何一个国家,也超过英、苏借款的总和,其约定信贷量和实际动用量分别约占中国战时对外信贷总量和实际动用总量的 53.4％和 70.8％。② 因此,从援华借款来讲,美国对中国的经济援助力度是最大的。

---

① 中国第二历史档案馆和财政科学研究所合编:《民国外债档案史料》第 11 卷,档案出版社 1991 年版;苏黎明:《抗战时期国民政府外债举借述评》,《中国社会经济史研究》2000 年第 1 期;金普森、潘国琪:《南京国民政府时期的外债研究综述》,《浙江社会科学》2001 年第 6 期。

② 宓汝成:《抗战时期的中国外债》,《中国经济史研究》1998 年第 2 期。

有学者提出，与中国抗战实际需要相比，与二战时期美国给欧洲国家的借款相比，美国的借款数量很少。这是无可否认的事实，但是，如果按照这一说法，其他国家给中国的借款不是更少吗？不是更不能满足中国的抗战需求吗？至少，与其他国家相比，美国对华贷款的数额是首屈一指的，这是其一。其二，美国在借款方面"厚"欧"薄"华，一个主要原因在于"先欧后亚"战略。

二战中，在"欧洲第一"的战略原则下，美国对西欧采取的是卫护英国、支援苏联的政策；而对于远东，则仅以维持中国抗战、牵制日军为目标。由于在德、意、日三个法西斯国家中，德国的军事、经济和科技力量最强，它可能迅速调动西欧的工业潜力来对付英、美、苏等国，征服全欧洲，最终征服整个西半球。而日本虽然严重危害了美国在亚太地区的利益，但仅凭其自身的力量，尚不足以危及美国本土的安全。加之日本科技不如德国，占领区内工业又十分落后，要将占领区的资源转化为作战力量，需要较长时间。两者比较，德国当然是更危险的敌人。由于击败德国的两支强大力量英国和苏联均在欧洲，如果可以充分借助二者的力量，在欧洲战场首先击败德国，则美国能够以较少的力量和代价赢得最后的胜利。尔后，还可以利用苏联的力量配合英、美、中对日作战。反之，如果采用"先亚后欧"战略，则英、苏可能陷于欧洲而不能自拔，美国也可能付出沉重的伤亡代价。更为严重的是，英、苏一旦在欧洲战场失败，德国将拥有全欧洲的人力物力，来与美国较量，加上日本的配合，到那时美国将处于极为不利的境地。此外，从经济利益上看，美国在欧洲的利益远远超过在亚洲的利益，无论是对外贸易还是投资，都是以欧洲为重点。以1940年为例，美国对欧洲出口占41%，而对亚洲的出口仅占18%。投资一项，截至1941年12月止，美国的国外长期投资在欧洲总额为20.06亿美元，在亚洲仅为6.2亿美元。[1]

---

① 王淇主编：《从中立到结盟——抗战时期美国对华政策》，第195页。

出于以上考虑,美国实行了"先欧后亚"的战略,在对外援助方面,也相应地重欧轻亚,对华借款少于对欧洲国家借款,即是这一战略具体表现的一个方面。①

也正是因为这一原因,抗战初期,美国提供对华贷款比苏联迟,前两笔借款数额也少。苏联首次提供对华贷款是1938年3月,前两次贷款总额合计1亿美元;而美国提供第一笔贷款是1939年2月,前两次借款总额仅有4500万美元,这无疑增加了中国抗战的艰难和代价,使中国的利益遭受更多的损害。陈光甫就曾感慨过美方的谨慎和吝啬:"一年半之努力所得,前后仅美金4500万元。我方二年来之英武抗战,死去数千万人,始博得人家些许之同情心,可见向人求助所付代价之可惧。"②但是,自抗战进入相持阶段后,每当中国处于生死攸关的危急关头,美国都会向中国提供借款援助,仅1年半内(1940年9月—1942年3月)就有4次借款,总计达6.25亿美元,其积极与慷慨程度自不可与以前两次借款同日而语。

(二)美国贷款的综合条件

美国向中国提供借款,和其他国家对华借款目的相同,都是为了增强中国抗击日本的实力,维护自己的远东利益,并通过中国牵制日本,避免本国两线受敌。但是,从借款条件上看,抗战期间美国对华借款,在某些方面优于同期苏、英等国家的对华借款。例如,美国借款能如数按时提供,在偿还时也多有减免。

美国的6次借款,基本上都能按照借款条约规定的时间和数额,全数提供给中国,甚至到战后还依合同继续提供,对中国坚持抗战起到了重要作用。而苏联与日本于1941年4月签订《苏日中

---

① 田玄:《论世界各国政府对中国抗日战争的援助》,《军事历史研究》1996年第2期。

② 吴相湘:《民国百人传》第4册,(台北)传记文学出版社1979年版,第32页。

立条约》后，为免得罪日本，就停止了对华援助，第 3 次借款给中国的 1.5 亿美元仅提供了一半。英国借款变故也较多，有时节外生枝，有时拖延滞后，数额也远未达到合同规定。例如，1939 年 8 月中英第 1 次信用借款 5 厘英金公债部分，"合同签订后不久欧战爆发，英国限制购运出口货物，以致购料进行迟缓，1939 年 12 月，据驻伦敦购料处报告……准许购运货物合计不过 17 万余镑，借款不能如期支用。后经洽商续订展期合约，频频推迟购货期限。国民政府深为此项贷款对抗战工作未获实际俾益，引为憾事。嗣经不断交涉，至 1943 年下半年，英方对输华物资始予放宽。但事隔数年，物价高涨，原核定款额已不敷购运原货之用，遂商定溢出金额由英方先行垫付，将来纳入新借款内，购料事宜方得继续进行。"[①]又如，5000 万英镑财政借款，英国要求条件过苛，直到 1944 年 2 月英方将条件放宽后，5 月初双方才达成协议，但直到二战结束前，英方并未拨付分文。1945 年底英方才首次拨付 300 万英镑，1948 年7 月又拨付 510 万英镑，两宗合计仅 810 万英镑。[②]

在借款偿还方面，苏联和英国各次借款均无减免，每一笔中国都必须如数偿还。而美国的借款多有减免，钨砂借款偿还时减免了约 75%，金属借款最终实际上差不多成了赠款，[③]因此，中国还是受益很大的。

在日本偷袭珍珠港后，国际形势发生了很大变化，美国为维护自身的安全利益，需要与中国结成同盟共同对日作战，这时美国不

---

①　《民国外债档案史料》第 11 卷，第 170—171 页。

②　Arthur N. Young, China and the Helping Hand, 1937 — 1945, Cambridge: Harvard University Press, 1963, p. 234.

③　根据钨砂借款修正合约，美国同意中国"将运售钨砂所得贷款之全部或一部分予以免缴"，免缴总额为所售额的 75%，该款由资源委员会自由支配。金属借款不仅偿还期延至 7 年，而且根据两次续订的修正合约，第 1 年偿还额仅为总额的 5%（10 万美元），以后出售所得贷款大部分归中国。因此，金属借款几乎成了馈赠。《民国外债档案史料》第 11 卷，第 297—298 页、第 324—327 页。

但修改了前几次对华借款的条件，而且在向中国提供新借款时空前优惠，5亿美元财政借款无利息、无担保、无偿还期、无指定用途、无任何附带条件。

综合分析比较之后，我们可以发现，各国提供对华贷款的本质是相同的，都是为了维护本国国家利益，但美国借款在实际数额大、不用担保、按期全额提供、可随时偿还并有减免、无附带条件等方面，都优于其他国家对华借款。因此有学者讲美国借款"条件苛刻"，是不够客观的，相反，在中国全部战时外债中，美国借款对中国来说是比较优惠的。美国对华借款在战时没有让中国背上沉重的战债包袱，战后也没有让中国陷入美国外债的泥潭中，并且在战后不久，中国所借美国贷款的绝大部分就得以偿清。战时美国对华借款基本上是建立在平等、互利基础上的。

三、战时中美经济合作中的矛盾

战时中美之间的经济合作，与中美军事、政治合作一样，达到一个空前的程度，这三方面的合作，极大地促进了中美关系的发展，使中美关系呈现出前所未有的密切与友好。但是，正如中美军事、政治同盟之下，两国由于各自的利益而产生了矛盾和冲突一样，中美经济关系中，也同样有利益的冲突、意见的分歧和主权的争执。美国作为施加援助的一方，既有世界反法西斯同盟基础上出于共同利益的无私援华，也有为谋求本国利益而忽视中国利益，甚至想以援华为交换、为手段控制中国的一面；中国作为力量弱小的受援国，既有苦苦求援、依赖美国经济援助的一面，也有坚持国家利益，维护中国主权的一面，并且有最终迫使美国让步的情况，这在以前的中美关系中是不可想象的。围绕着提供美援和运用美援而展开的中美经济关系中，也有不和谐的声音。美国提供了美援,但是中国认为远远不够,不足以解决中国的经济困难,要求更多美援而不得,由此引发了蒋介石等对美国的不满;反过来,美国却认为美援在中国没有得到很好的应用,白白浪费了美国人的钱和心血,也导致美国对美援实际作用评价较低,以及对国民政府财政金融经济措施的严厉批评。双方在经济合作领域的不满和争执,又和两国在军事政治领域的矛盾纠缠在一起,相互发生着作用,影响了战时中美关系,以致出现了众所周知的一个事实,即在抗战末期乃至战后,美国政界和舆论界对国民政府越来越多的批评,以及蒋介石对美国人越来越深的不满。

(一)美国认为中国运用美援不当

美国官员对中国政府运用美援的效果往往持怀疑态度,认为中国收到的援助没有充分发挥作用。例如,福克斯在调查中国经济形势后所作的报告中,就认为1942年的经济形势比1941年更恶化;美国贷款除了心理上的作用外,对中国财政没什么帮助。[①] 摩根索和怀特等人对5亿美元贷款的使用,基本持否定态度,说"中国曾试行两项类似的关于金融上的补救办法,来缓和通货膨胀,但没有得到显著的成功",[②]亦是一个鲜明的例证。美国国务院远东司副司长包兰亭(Joseph W. Ballantine)也含蓄地批评了中国对美援不切实际的期望,"我们所表达的同情的结果却在某种程度上走向了我们愿望的反面,它没有起到鼓励中国人作出更大努力的作用"。"此外,中国人把我们所表达的同情作为他们对于我们的援助的不切实际的期望的基础。我们在多大程度上没有能满足他们的期望,他们就在多大程度上对我们感到失望,这对于我们的利益

---

① The Ambassador in China (Gauss) to the Secretary of State, July 15, 1942, *FRUS*, 1942, *China*, p. 530.

② 摩根索财政部长致罗斯福总统之备忘录,《中美关系资料汇编》第1辑,第513—515页。

是不利的"。①

不过，美国驻华大使高斯也认识到，美国贷款无效的原因不在于经济而在于军事："中国的经济与军事情况，正在如此迅速地恶化，所以要在相当时期内，阻止中国的崩溃、恢复滇缅路和重新打开中国的陆上交通的军事措施，必须早日实施。此时美国借款，对于中国的经济情势不能有所帮助，只有大规模有效的军事行动才有帮助。"②摩根索同样向罗斯福指出："虽然延缓物价上涨稍微有些办法，但是控制通货膨胀的唯一真正希望，还是在乎把更多的物品送入中国。这点，您比我所知道的更多，要倚靠将来的军事行动。"③

此外，美国人对中国政府依赖外援的心理，也提出过意见。战时生产局顾问就曾指出，国民政府中的一些高级官员，认为一切物资依靠外援就可以解决问题。这种依赖心理的发展，使他们完全忘记了自力更生的必要性，因此不着眼于战时生产。美国战时生产顾问团认为，虽然大部分资源已陷入敌手，大部分厂矿已被迫停产，但后方依然尚存一些工业，尤其是重工业，不少仍在国民政府掌握之中。只要国民政府有决心、有办法发展生产，这些资源仍然可以好好利用。可惜国民政府并没有切实把力量放在生产第一线，放在消灭敌人和维持民用所需的物资生产第一线。④

再进一步，美国来华的官员对于中国政府的经济措施颇有微词，乃至对主管经济的高层人物也印象不佳。例如，1941 年 2 月居

---

① Memorandum of Conversation, by the Deputy Director of the Office of Far Eastern Affairs(Ballantine), Mar. 14,1944, *FRUS*, 1994, *China*, pp. 216－219.

② 驻华大使高思致赫尔国务卿，1942 年 12 月 23 日,《中美关系资料汇编》第 1 辑，第 515－517 页。

③ 摩根索财政部长致罗斯福总统之备忘录,《中美关系资料汇编》第 1 辑，第 513－515 页。

④ 《新华日报》1945 年 11 月 15 日，第 3 版。

里来华时,与孔祥熙就中国的财政状况进行了会谈,认为他没有提出任何具体建议,并且几乎没有取得成功。居里认为孔祥熙不能提供什么帮助,而且在态度上是个失败主义者。[1]

(二)中国对美援的不满

反之,中国对美国提供美援的动机、时间和力度等,也颇有微词。胡适曾指出,只有当中国面临"最吃紧之危机,或暴敌最横行之时",[2]美国才予以援助。熊式辉在 1942 年 5 月曾致函蒋介石,批评美国对华政策不是出于国际道义和中国急需,而是出于本身利害:"对方于我之一切肆应,皆有其既定政策,非利害关系,不易使之变更也。论友谊彼此间固有其相当之历史,但国际间道义,仍属表面文章。观其历次之借款,与物资之接济,其动机发于彼本身利害之计","即其时期之缓急、数量之多寡,亦莫不由其主观而决定,何尝顾及理之是非与人之缓急也"。熊式辉不无辛酸却又尖锐地指出美国在援华时以恩人自居、支配中国的一面:"因此而分拆其既定政策之基础,无非自以主权者之地位,支配不容他人置喙;自以慈善家之态度,取舍必须我自为之,视我则其股掌上玩弄之附庸耳。"[3]

1942 年 9 月,在国防最高委员会常务会议第 93 次常会上,吴铁城对美国援华数量和方式发表意见说:"在太平洋战事未爆发以前,他们对于我们的帮助,是很少的;现在他们怕我们屈服,所以就在报上来赞扬我们。"孙科也认为美国实际援助太少:"美国接济我

①　Notes on Conference with Dr. Kung, Feb. 17, 1941, Lauchlin Currie's Paper, Box 5, Kung H. H., Hoover Institution Archives.

②　中国社会科学院近代史研究所中华民国史组编:《胡适任驻美大使期间往来电稿》,中华书局 1978 年版,第 92 页。

③　熊式辉 1942 年 5 月 12 日自华盛顿致蒋介石函,蒋介石档案,08A－01538,国史馆。

们的物资，在整个的租借范围内，不到1％，他接济英国与苏联，是几千吨几万吨。我们吃了几年苦，他们对我们的好处，不过在报上来赞扬，是所谓口惠而实不至。"在这种认识之下，国民政府认为中国向美国提要求是应当的，不满也应该表示出来。孙科说，既然美国要"使我们来牵制敌人，我们应该利用这个机会，对他提出明白具体的要求"，"要求增加我们的接济"。邹鲁也说，"现在他们要靠我们，我们应该要向他们提出要求，他们做不到，是他们对我们不起"；"我们固然要自力更生，但是我们可以要求的，是应该要求。我们对于英美，不要害怕，有不满意的地方，就要表示不满意，使他们晓得"。① 既然美国援华是为其利益，那么中国也可以利用美国对中国的需要而要求美国，这大概是中国不断向美国提出援助要求的原因之一吧。

由于这个原因，中国虽然是个弱国，是个受援国，却在求援谈判中敢于与美国讨价还价，并坚持自己的主权和利益，有时甚至还能迫使美国作出让步。1941 年 4 月，在宋子文与美国谈判平准基金协定时，摩根索提出分月拨款条件，不一次提供 5000 万美元，而是先给 2000 万，然后分期各给 500 万。蒋介石指示宋子文"不要接受这一安排，因为这表示对中国缺乏信任"。美国驻华大使詹森向国务卿赫尔报告说，"显然在这件事上他的自尊受到了伤害"。② 蒋介石坚持"非一次拨款宁不签字之精神"，令宋子文与美国交涉，最后使得美国同意一次拨款且不附带非正式条件，③这在詹森看来，是因为"中国人深深感到中国已赢得一种权利，在为自己争取权利

---

① 国防最高委员会常务会议第 93 次常会速记录，1942 年 9 月 14 日，国防最高委员会档案，国防 001 49.1，党史馆。

② The Ambassador in China (Johnson) to the Secretary of State，Apr. 17，1941，*FRUS*，1941，Vol. IV，pp. 629—630.

③ 宋子文致蒋介石，1941 年 4 月 21 日，4 月 26 日，《战时外交》第 1 卷，第 307、311 页。

的国家中间应被作为平等的国家对待"。①

　　1942 年 2 月,在谈判 5 亿美元财政贷款时,蒋介石再次叮嘱宋子文和孔祥熙,"对于国家权益之保持,行政支配之自由,必须特别注重条件",要求"条件方面切避拘束,必须由我自由支配,庶我政府可酌量情形,作适宜之措置,以合抗战需要"。美方开始也是想在协定条款中规定"将来动用款项,美方均须过问",但中方认为这对于中国自由支配借款拘束太大,因此除感谢美方在技术上从旁协助、提供借款运用意见作参考外,明确表示"决不可作为条件,使我支配有所限制"。② 最后,不仅协定中未规定任何使用条件,而且在 5 亿美元贷款的实际使用过程中,中方既没有事先跟美国打招呼,也没有听取美方提出的意见,而是自主决定了运用贷款的方法。

　　"钱在他人手中,告求良非易易",③这一点,无论是陈光甫,还是宋子文,都深有体会。陈光甫曾描述过与美方洽谈贷款的艰辛:"余在此间接洽事宜,几如赌徒在赌场中掷注。日日揣度对方人士心理,恭候其喜怒闲忙之情境,窥伺良久,揣度机会已到,乃拟就彼方所中听之言词,迅速进言,藉以维持好感。自(二十七年)九月来此,无日不研究如何投其所好,不敢有所疏忽。盖自知所掷之注,与国运有关,而彼方系富家阔少,不关痛痒,帮忙与否,常随其情绪为转移也。"④宋子文亦曾发出过"个人和美国人做朋友易,国家和美国做朋友难"的感叹。⑤

----

　　① 　The Ambassador in China (Johnson) to the Secretary of State, Apr. 17, 1941, *FRUS*, 1941, Vol. IV, pp. 629—630.

　　② 　孔祥熙致蒋介石电,1942 年 2 月 7 日、2 月 8 日、2 月 21 日、2 月 25 日、3 月 5 日,蒋介石档案,特交文电:对美关系,09A—00293,090103,第 004 卷,国史馆。

　　③ 　陈光甫致蒋介石,1938 年 10 月 12 日,《战时外交》第 1 卷,第 240—241 页。

　　④ 　吴相湘:《民国百人传》第 4 册,第 30 页。

　　⑤ 　陈立文:《宋子文与战时外交》,(台北)国史馆 1991 年版,第 69 页。

　　就蒋介石个人而言,对美国和英国作为战时同盟国的许多做法,都深为不满,其中也包括美、英对中国的经济援助和军事援助,常常让蒋介石感到寒心。例如,1944 年 1 月 8 日,蒋介石在反省录中记述道:"对经济问题,时用忧虑,物价高涨至此,而军费与为美国广辟各地飞机场之经费动辄在一二千亿以上,而其借款,则置若罔闻,更令人寒心。"①他对美国财政部长摩根索相当不满,批评他对中国"接济物资与黄金之要求""吝而不与,且责我各种失策与舞弊",但对中国"通货与物价之险恶形势,在则置若罔闻"。② "摩根索致孔祥熙之电,而威胁与诬蔑之态度,令人难堪。此一如犹太人只知拜金,而不知世间尚有其他事也"。③ 当美国财政部不同意再给予中国新的借款时,蒋介石决定"争取权利","以支付驻华美军军费与为美军建筑机场费用为交涉之根据"。④ 蒋介石曾以谚语"求来之雨不大"来比喻美国援华与中国求援的实质:"观夫美国对华之政策,凡无关实际者,如四国宣言等各种有名无实之举无不予中国以虚誉,至于军器经济等与实力有关之事则不顾予中国以丝毫之便利,此实为其一贯之方针,故以后对美态度惟以不求不倚之精神处之。"⑤又说:"彼既以示惠于我,凡彼之所要求于我者,无不强制逼迫,非达所欲不可,而我所希望于彼者,则彼皆可置之不理,故我对彼只有尽义务而毫不能享权利。"⑥蒋介石因此决定:"据理力争,不能再事谦让,并须预作独立应战之准备,以防万一也。"⑦ "对美借款交涉,罗斯福尚未复电,彼或以余措辞太硬,然其所来函

①　蒋介石事略稿本,1944 年 1 月 8 日,060100,第 184 卷,国史馆。
②　蒋介石事略稿本,1944 年 5 月 13 日,060100,第 188 卷,国史馆。
③　蒋介石事略稿本,1944 年 1 月 22 日,060100,第 184 卷,国史馆。
④　蒋介石事略稿本,1944 年 1 月 11 日,060100,第 184 卷,国史馆。
⑤　蒋介石事略稿本,1944 年 6 月 2 日,060100,第 189 卷,国史馆。
⑥　蒋介石事略稿本,1944 年 8 月 31 日,060100,第 191 卷,国史馆。
⑦　蒋介石事略稿本,1944 年 9 月 15 日,060100,第 192 卷,国史馆。

电,亦皆用强制与侮辱之态度,余不过对之抗议而已,殊无愧色。"①
在诸多不满之余,蒋介石唯有对纳尔逊还较满意,夸赞"纳尔逊此
次来华协助我经济建设,似甚热忱,非其他美国人对我一意指摘而
毫无贡献者可比。倘果能照其表示如计实施,是乃我建国之重要
方针也"。② 可见,蒋介石对美国不是一味批评而是热心帮助中国
的态度,还是欢迎的。

　　1948 年 2 月,美国幸福杂志刊登了墨勒(Herrymon Maurer)
的文章《美国 10 年来如何虐待了中国》,其中谈到中国人对抗日战
争时期美国援华的看法,是"物资供应太少,而顾问太多",很有代
表性。文章讥讽美国派遣专家援华的政策是:"美国政府很自得地
决定了一个政策,以为 4 千年的古老中国所需要的就是一群美国
专家把各种事情都做好,所以假使有一个人无处可派时,就派他到
中国去作一次调查。"作者评论道,这种政策"给中国人的援助很
少,但却提供了不少的意见。(这里有一个重大的错误:参预了外
国的内政,就必须有愿意花钱以及必要时牺牲生命的决心,而不斤
斤计较于费用的大小。)中国人过分客气,并未表示反对,而牺牲了
他们自己的利益,但摩擦终于不免增多了"。文章不仅指出了中美
之间出现摩擦的一个原因,也指出了美国意见未被接受的一个原
因,以及美国顾问对中国批评的原因:"美国的意见并没有被充分
采用,这是一个实情。计划设计出之于美国人,而执行则由中国人
做。历代以来行动迟缓的中国文化无法加速它的适应性。中国的
一切在美国新来的顾问与专家看来,都改革得不够迅速,因此那些
顾问就开始批评了。他们在中国发现可供批评的事物很多,诸如
贫穷、困苦、疾病、随处便溺等。"③显而易见,文章虽然是美国人所

---

① 蒋介石事略稿本,1944 年 1 月 22 日,060100,第 184 卷,国史馆。
② 蒋介石事略稿本,1944 年 9 月 16 日,060100,第 192 卷,国史馆。
③ 墨勒:《美国 10 年来如何虐待了中国》,原载 1948 年 2 月号美国幸福杂志,国史馆档案,08A—01543,第 024 卷,国史馆。

写,但表述的却是中国人的立场,表达了中国的不满和怨言。

四、中美对战后经济合作的共同关注

抗日战争期间,中美两国在携手解决中国战时经济困难的同时,也开始关注战后经济合作的可能性。战时美国经济援助对中国经济的影响,以及中美经济关系的全面加强,为战后中美经济的空前合作,以及美国全面占领中国市场,打下了基础。

(一)美国派代表访华商讨战后经济合作

1941 年 2 月,美国总统罗斯福派其行政助理居里访华,商讨中国战时经济政治军事等问题。但居里在 2 月 8 日与蒋介石会谈时,即提及"美国正在考虑一异常严重之问题,即战时工业在战后之处置问题"。居里说:"目前美国新工厂之建立如雨后春笋,蓬勃异常,而工业村镇之产生,亦随工厂而日增,故失业问题已成明日黄花,全国壮丁,皆从事于军火、军械、飞机、战舰之制造。但一旦战事结束之后,此多数工厂及大批工作人员之处置,实成一国家之严重问题,此实为罗斯福总统焦虑而求解决之问题之一也。"①这段话说明美国人想得很长远,在战时帮助中国解决经济问题的同时,早已考虑到战后给美国庞大的工业寻找出路和市场。在战时向中国提供经济援助的目的和条件之一,无疑也是想获得中国与美国战后经济合作的保证。

蒋介石闻言,立即表态说:"请告罗斯福总统,美国战后剩余之一切机器、交通器材,以及大批技术人员,皆为中国所急需,藉以开发此未开发之国境,倘能运送来华,岂非彼此互利,同时解决美国

---

① 蒋介石接见居里,1941 年 2 月 10 日,《战时外交》第 1 卷,第 546—552 页。

之严重问题耶?"蒋介石当然明白美国想要什么,而且中国也正有同样的想法,战后中国经济的恢复和重建,确实需要美国的设备和技术援助,况且战时中国急需美国的经济援助,向美国展示战后中国潜在的广大市场,以及中国欢迎美国来华投资、转移过剩生产力的意愿,也有助于投美国所好,在战时争取美援。因此蒋介石向居里表示:"余愿阁下留华期间,除研究经济问题而外,亦特别注意此余所建议之战后两国互助之建设问题,以贡献于罗大总统也。"①可见,在战时,中美两国在经济合作的同时,就都已经为战后加强两国经济关系而着眼了,真可谓不谋而合,一拍即合。

2月15日晚间会谈时,蒋介石甚至将原来拟议的战时公债和纸币问题推后一晚讨论,而先谈中国的战后经济建设,再次请居里向罗斯福总统传递口信,"亟盼其能助我解决战后经济问题"。② 17日,蒋介石重申战后经济建设与美国协助之重要,26日,蒋介石向居里提交了一份备忘录,共10项内容,"关于经济者五,关于政治者五",其中第5项为"请推荐政治、经济顾问,其主要目的为战后中美经济合作之准备",第9项为"战后中美经济合作问题",希望战后美国以"大量余资及优良技术与机器","开发地大人众物博之中国",且"战后中国之政治与军事之建设,亦有赖于美国之援助"。③

同一天,经济部资源委员会主任翁文灏也致函居里,力图以中国的资源和市场吸引美国的资本和技术,游说美国提供经济援助。他在信中说,日本发动侵华战争的重要原因之一,即是为了开发中国的自然资源并独占中国市场,而这些也是其他国家之兴趣所在。在工业化过程中,中国缺少资金和技术,殷切期待美国和其他友好

① 蒋介石接见居里,1941年2月10日,《战时外交》第1卷,第546—552页。
② 同上,第558—561页。
③ 蒋介石、居里谈话记录,1941年2月26日,《战时外交》第1卷,第591—595页。

国家的合作与协助。这种合作，不仅有利于中国，也有益于美国。翁文灏希望居里回国后，能说服美国政府和私人企业家关注与中国的经济合作。①

居里回国后，在向罗斯福提交的报告中，也建议为了美国的利益，应参加中国的战后重建。他说："蒋在中国的战后重建上非常依赖美国的援助。他希望能作出一些安排，使我们能将我们的大部分较为陈旧的和'剩余'的机器都处理给中国，同时提供熟练的技术人员。"居里强调经济上和政治上的参与，加强美国与中国的关系，将产生深远的影响和意义："美国当前对中国的极大影响大可加以发挥，不仅在狭义上可以增进我们本身的利益，而且，如果我们有足够的才智和善意，还可以引导中国在战后时期发展成为一个大国。中国现在正处在十字路口。它可以发展成为一个军事独裁国家，也可以成为一个真正的民主国家。如果我们聪明地运用我们的影响，我们也可能使天平向后一个方向倾斜，通过推动政治、社会和经济改革，加强这个政府机构的效率和廉洁，对几亿人民的幸福，也是间接地对我们自己在将来的幸福作出贡献。"②居里的建议，对美国对华政策产生了一定影响。

(二)美国工商界关注中美战后经济合作

战争期间，美国工商界十分关心中美经济合作的前景，许多协会或团体都注重研究中美商业、贸易和工业合作的可能性，并通过报刊舆论大力宣传中国市场对美国工业的重要性。

中美工商协会(China—America Council of Commerce and Industry,Inc.)是一些美国商人组织的一个民间团体，成立于1943

---

① Wong Wen—hao to Lauchlin Currie, Feb. 26, 1941, Lauchlin Currie's Paper, Box 1, Wong Wen—hao, Hoover Institution Archives.

② Mr. Lauchlin Currie to President Roosevelt, Mar. 15, 1941, *FRUS*, 1941, Vol. IV, pp. 81—95.

年 10 月 1 日,目的即在于探寻战后发展中美贸易的最佳路径和方法。① 从 1944 年起,他们就在研究如何利用中国 4.5 亿人的需求,使美国 1.4 亿人口保持工作和收入的问题。② 他们计划在战后尽快派一个贸易和工业代表团到中国,并且建立该协会在中国的办事处,调查中国的经济情况,与中国官员、工业家和金融家们协商,以尽快恢复两国间的贸易,在中国工业发展中促进两国间的商业合作。③ 超过 200 家公司成为协会成员,代表 15 种以上不同行业。会员当中,包括若干著名的工业家,如国际机器商行(International Business Machines)的沃森(Thomas J. Watson)、洲际公司(Transcontinental)的弗赖伊(Jack Frye)和艾迪逊(Charles Edison)、国际电气总公司(International General Electric)的米讷(Clark Minor)、固特异公司(Goodyear)的卡梅伦(A. C. Cameron)、美国轧钢厂(American Rolling Mill)的胡克(Charles Hook)等等。④

　　中国政府告诉他们,中国有 8400 万人需要最基本的必需品:一套棉制内衣裤、一套外穿的棉衣、一条棉毯和一条棉被。中国建议一半棉花送到中国纺织,另一半在美国生产,这将需要美国提供320 万包粗棉,一年雇佣 35 万美国棉田工人和 7 万纺织工人,而这

---

① "The First Mile: Council's Progress and Program", China Trade News by China—American Council of Commerce and Industry(C—A CCI), American War Production Mission in China, Box 4, F. D. Roosevelt Library.

② "China Can Keep U. S. Industry Busy", New York Times, Aug. 16, 1944, American War Production Mission in China, Box 4, F. D. Roosevelt Library.

③ "Council Announces Trade Mission to China", China Trade News by C—A CCI, American War Production Mission in China, Box 4, F. D. Roosevelt Library.

④ "China Can Keep U. S. Industry Busy", New York Times, Aug. 16, 1944, American War Production Mission in China, Box 4, F. D. Roosevelt Library.

只是蒋介石提出的 10 年计划的一小部分，是中美政府共同商定的。[1]

美国商人担心中美经济合作过程中会有一些障碍，主要是中国缺乏保护投资、专利、商标、保险等的法律。为此，中美工商协会的法律部门与中国律师以及美国国务院一起研究相关法律。该协会还希望中国能有一些省级工业，至少在战后第 1 年中有。[2]

中美工商协会认为，战后的中国可以使美国工业保持繁忙，可以使美国保持巨大的出口量，中国市场可以帮助美国解决就业问题。蒋介石在《中国之命运》一书中制订了战后 10 年计划，交通：2 万公里铁路，3 千台机车、4.4 万辆货车和客车；25.3 万公里高速公路，45.1 万辆汽车和卡车；3 百余万吨商船，1.2 万架飞机。纺织：350 万纺锤，13.3 万台织布机。住房：1 千万所住宅。此外，中国要发展电气制造工业，兴建水利工程，修建港口，疏浚河流，建设机场，开采矿山，发展金属工业。为完成这些计划，中国需要 900 万吨铁、2.84 千万吨钢、334 万吨铜、铅、铝、5.15 亿吨煤、4.26 千万吨石油和其他液体燃料、7.07 千万吨水泥和 5.11 亿立方米木材。美国商人从中看到了巨大的商机，因为中国不可能自己生产所有这些物资，很多都需要进口。[3] 中美工商协会估算了一下，仅铁路建设一项，中国要修复 4587 公里的铁路，就需要 45.6 万吨铁轨、8610 辆客车和货车、760 台机车，价值 1 亿美元；中国还计划新建23013 公里铁路，需用 228.8 万吨铁轨、24000 辆客车和货车、2500台机车，总值 5 亿美元；中国还要将 6518 公里铁路变成双轨，另需

①　"China Can Keep U. S. Industry Busy"，New York Times，Aug. 16，1944，American War Production Mission in China，Box 4，F. D. Roosevelt Library.

②　同上。

③　"Complementary Planning for Sino—American Cooperation"，China Trade News by C—A CCI，American War Production Mission in China，Box 4，F. D. Roosevelt Library.

1.4 亿美元物资。中国的医疗需求也很巨大,而美国有 1 亿美元的库存;中国要快速制止战后的传染病,为此需要 3500 吨药品和 76000 吨医治难民的医疗中心所需物资。[①] 中国还需要 1800 万台收音机、620 万千瓦电力、100 万吨肥料、6000 吨棉籽和 9000 辆运货卡车。[②] 这些计划大约需要购买价值 20 亿美元的美国设备和物资,中美工商协会在研究后确信,中国的战后重建为美国商业提供的机遇和挑战,可能超过在世界上任何其他地方。[③]

中美工商协会意识到,中国要完成这个 10 年计划,需要长期贷款。中国矿产丰富,可以出口金、铁、铜、铅、锌、银、钨、汞、锑和锡,而美国需要后 4 种。中国要工业化,需要机器、钢铁、水利发电厂等,中国计划建设 7 个工业区,这些都依赖与美国的合作。中美工商协会在《纽约时报》等报刊上发表文章,呼吁中美政府致力于架设桥梁,来利用中国的出口购买美国的产品。[④]

中美工商协会各地区的分委员会,时常召集会议,研究对中国投资的问题。例如,1945 年 3 月 12 日,20 位美国中西部地区轻重工业的代表集会芝加哥,讨论美国对外经济管理局(F. E. A.)准备的中国工业指南,委员会决定制订出一项计划,为那些想投资中国的制造商们提供服务,这样,那些协会成员们就不必派出技术人员

---

① "China Can Keep U. S. Industry Busy", New York Times, Aug. 16, 1944, American War Production Mission in China, Box 4, F. D. Roosevelt Library.

② "New Market in China May Help U. S. Solve Employment Worries", Post Wanshingtong, D. C., June 25, 1944, American War Production Mission in China, Box 4, F. D. Roosevelt Library.

③ "Council Announces Trade Mission to China", China Trade News by C－A CCI, American War Production Mission in China, Box 4, F. D. Roosevelt Library.

④ "China Can Keep U. S. Industry Busy", New York Times, Aug. 16, 1944; "New Market in China May Help U. S. Solve Employment Worries", Post Wanshingtong, D. C., June 25, 1944, American War Production Mission in China, Box 4, F. D. Roosevelt Library.

到中国去搜集信息。初始计划包括 5 个方面的工业：卡车和汽车、橡胶、机床、修路和建筑设备、水泥。同年 3 月 29 日，由新英格兰纺织机器和设备制造商组成的地方委员会纺织工业协会，在波士顿召开会议，有 21 人出席。会议提交了一份背景材料，即可以向联合国善后救济总署 United Nations Relief and Rehabilitation Administration 提供多少设备，用于中国在战后 18 个月内重建纺织工业，会议讨论了美国纺织工业如何最好地参与中国纺织工业的发展。[①]

　　不同行业的分委员会，也分别开会研究与中国相关的事务。例如，不动产分委员会于 1945 年 3 月 22 日集会，详细讨论中国现行的土地法可能带来的问题，特别是中国对待美国公民所拥有土地的态度。电讯分会于 3 月 6 日在纽约开会，接着又和中国的电讯专家们召开了联席会议，全面考察了中国政府提交给“联总”的电讯计划，研究了中国在电讯领域的需求，以及中美工业所能提供的设备。[②]

　　美国工商界在战时，还与中国工商界和政界人士进行了积极的接触，尽可能地抓住机会与到访美国的中国企业家和政府官员会谈，探寻战后中美经济合作的前景。1944 年 3 月，民生实业公司创始人兼董事长卢作孚，率领中国企业家和商人访问美国西海岸，受到美国工商界的欢迎，为中美工商界领袖建立联系提供了良好机会。卢作孚一行参观了造船厂、水电厂、港口和公共建设工程，并与西雅图、波特兰及旧金山的美国金融和工业领袖进行了会谈。[③] 1944 年，财政部长孔祥熙到美国参加布雷顿森林国际货币

---

　　① "Council's Regional Activities", China Trade News by C－A CCI, American War Production Mission in China, Box 4, F. D. Roosevelt Library.

　　② "Standing Committees", China Trade News by C－A CCI, American War Production Mission in China, Box 4, F. D. Roosevelt Library.

　　③ "Chinese Industrialists Visit West Coast", China Trade News by C－A CCI, American War Production Mission in China, Box 4, F. D. Roosevelt Library.

金融会议,7月27日,美国工商界和其他各界名流1300多人,出席了在纽约举行的招待孔祥熙的晚宴,探讨战后重建中国时中美全面工业和财政合作,以及中国鼓励和保护外国投资的事宜,这在当时被认为是中美经济关系的一个里程碑。孔祥熙声称,战后美国将在中国工业发展中占有比过去更重要的地位,中国将尽一切可能促进和保护两国的利益。[1] 1945年,行政院长宋子文率中国代表团到美国参加旧金山会议,6月4日,中美工商协会举行了盛大的欢迎会,出席者多达500余人,大都是协会会员以及美国工业、商业和财经界领袖。宋子文在致词中表明战后中国欢迎外国资本和技术,也支持企业的自由化,而中美工商协会副主席查尔斯·肯德瑞克(Charles Kendrick)则表示,美国商界确信,在充分鼓励自由企业的基础上,中美之间可以获得最大限度的贸易增长。[2]

(三)中国草拟战后中美经济合作计划

1942年7月,蒋介石指示国防最高委员会秘书长王宠惠,限其1星期内速拟战后中美经济合作草案呈核,手令云:"中国战后发展本国国内工商业之必要条件,与美国所倡导之自由贸易政策在中国所实施之程度,对美国给与中国以某种经济上技术上之援助,使中国在战后之经济建设工作,不致因自由贸易政策之限制而受阻碍也。请照以上方针拟定具体方案,俾与美国进行协商也。"[3]国际问题讨论会奉令草拟了战时中美经济合作方案6条和战后中美经济合作方案7条。9月9日,王宠惠又根据上述手令,拟具"美国协助中国战

---

[1]　"American Business Leaders Honor Dr. H. H. Kong", China Trade News by C－A CCI, American War Production Mission in China, Box 4, F. D. Roosevelt Library.

[2]　"Premier Soong Says Chinese Favor Free Enterprise", China Trade News by C－A CCI, American War Production Mission in China, Box 4, F. D. Roosevelt Library.

[3]　国际问题讨论会奉令饬拟战后中美经济合作方案,国防最高委员会档案,国防005第5门6,党史馆。

后发展工商业之具体方案"。同年，国民政府军事委员会参事室也草拟了"增进战后中美经济关系说帖"，表示"欢迎美国政府及人民参加中国战后经济复兴与建设之互利工作，并请其给予中国所需要之财政与经济的协助"。① 1943 年 11 月，孔祥熙拟定"战时战后中美经济金融合作细要"呈蒋介石，内容长达 60 页；②农林部、粮食部、经济部、财政部也都分别拟具关于中美经济合作之意见。③ 最后，国民政府采用了国防最高委员会秘书厅的方案（即国际问题讨论会拟订的战后中美经济合作方案 7 条），准备在开罗会议中提出，希望美国在战后协助中国稳定货币、复兴工业、发展交通、移植工厂，供给中国资金、物资、技术及人才等。④ 1944 年 8 月，美国战时生产局局长纳尔逊来华前，曾向中国驻美大使魏道明"探询我国战后经济建设计划"，⑤来华后与蒋介石会谈时，也专门讨论了战后中美经济合作等问题，这在本书第五章已有介绍。10 月，孔祥熙到美国后，与美国"工商界巨子先后接谈，并公开演讲"，发现他们对投资中国战后实业"颇具兴趣"，他向蒋介石建议："如我方能予以确实法律之保障，当有巨资之投入，以奠战后外资兴业之基础。"此外，孔祥熙报告："经济部驻美人员，已与美国若干工厂洽商战后工业之发展，已有初步眉目，战后当有若干工厂可洽迁让来华。"⑥

为了吸引美国投资，为战后利用美国资本和技术创造条件，国民政府还讨论了在立法等方面减少限制，给予优惠等可能性。

---

① 增进战后中美经济关系说帖（国民政府军事委员会参事室），1942 年，蒋介石档案，08A—01623，国史馆。

② 孔祥熙致蒋介石：拟呈战时战后中美经济金融合作细要，1943 年 11 月 15 日，蒋介石档案，002—080106—041—007，国史馆。

③ 国民政府资源委员会档案，中国第二历史档案馆编：《中国民国史档案资料汇编》第五辑第二编，外交，江苏古籍出版社 1997 年版，第 388—416 页。

④ 国防最高委员会秘书厅的方案，《战时外交》第 3 卷，第 503—506 页。

⑤ 魏道明致蒋介石，1944 年 8 月 27 日，《战时外交》第 1 卷，第 182 页。

⑥ 孔祥熙致蒋介石，1944 年 10 月 16 日，《战时外交》第 1 卷，第 198 页。

1944 年 6 月 5 日，国防最高委员会第 137 次常务会议在讨论立法院所拟涉外事件立法原则 4 草案时，吴铁城即提出："英美对于战后投资问题，正在研究。最近它们有人到我们中国来，就是看看我们中国定的法律如何，来决定对我们投资的办法。这个案子，经过审查修正，限制方面，删了很多，关于实业，我们应当宽大，因为到了战后，我们是要靠它们来帮助，如果限制严了，它们就不会到我们中国来投资。所以最好分期来限制。"①经济部在关于中美经济合作的意见中，也专门拟出了保障美国投资中国企业利益的条款：

1. 中国在战时及战后加强经济建设，促进工业化，必当利用外来资本及技术，发展各项企业。对于美国方面尤优先欢迎，充分予以便利。

2. 美国资本及技术来华从事企业，得依左列方式承受保障其利益：

（甲）特许经营：凡美国企业之具有特殊经验技术，而为中国所需要者，得特许其经营，酌免税捐，并予以经营上特殊之便利。

（乙）合资经营：凡中美合资经营之企业所受之一般保护，与中国自营企业同。其合办条款，依公平合作原则商订之。

（丙）民间企业借款：凡中国民间企业，经政府核准向美国借款，得由中国政府负责保证。

3. 对于美国在华原有之企业，在法律准许范围内，准其继续经营并协助其恢复。②

美国也在战争尚未结束时，即已拟好战后在中国的投资计划。1945 年 2 月，美国对外经济管理局（Foreign Economic Administration）发表《中国工业化指南》，拟定了一个对中国工业、矿业和交通运输业的

---

① 国防最高委员会第 137 次常务会议记录，1944 年 6 月 5 日，国防最高委员会档案，国防 001 49.5，党史馆。

② 国民政府资源委员会档案，《中国民国史档案资料汇编》第五辑第二编，外交，第 388—416 页。

投资计划,计划在 5 年内对国民政府各经济部门投资 18.7 亿美元。[①]

由此可见,抗日战争时期,中美两国,特别是中国,对战后中美经济合作给予了高度关注。由于中美两国在抗战期间即已为战后经济合作规划了前景,再加上战时美国为援助中国经济,增强中国抗战力量,而在法币、外汇、物价、交通、财政、生产等各个领域参与了中国经济,并且影响了中国的外贸、外汇、黄金、公债等经济政策和贸易委员会、外汇管理委员会、战时生产局等经济机构,就为战后中美合作预立了基础。

抗战期间,中国以桐油、生丝、锡、猪鬃、钨、锑、羽毛、蛋制品、棉花、羊毛、兽皮和毛、亚麻等原料,偿付美国贷款,从美国购买中国急需的工业产品,战时中美易货贸易,不仅成为战时中美商业活动的重要部分,而且也为战后中美贸易开辟了可观的前景。国民政府贸易委员会副主席童季龄于 1944 年随中国代表团赴美国参加布雷顿森林国际货币会议后,在美国逗留了数月之久,与美国进口中国产品的商人们进行了协商,返回重庆后,他撰文指出中美贸易的互补性,认为在战时中美贸易的基础上,战后中美贸易仍有很大拓展空间。战后,无论是中国政府还是私人机构,都希望促进中美贸易,因为国家需要外汇来进口用于战后重建和工业化的设备。据保守估计,不包括交通(铁路、公路和船运)所需,战后最初 5 年中,需要进口的物资就达 20 亿美元;而重建和扩展铁路和公路运输等,将另外需要进口 55 亿美元的物资。[②] 美国是世界上最重要的工业国家,将成为中国战后重建和工业化过程中最大的进口提

---

①　清庆瑞主编:《抗战时期的经济》,第 358 页。

②　"Complementary Nature of Sino—American Trade", by Chi—ling Tung, China Trade News by C—A CCI, American War Production Mission in China, Box 4, F. D. Roosevelt Library.

供商,也将是中国原材料出口最大的买主。① 因此,战后中美贸易的繁荣,对两国来说将是极为重要的。

对美国来讲,通过战时中美易货贸易,美国以低廉的价格,掌握了中国的桐油、茶叶、猪鬃、生丝等农产品,以及钨、锑、锡等金属矿产品的产销权,同时保证了美国商品的对华倾销。例如,抗战爆发前,中国大约有70％的桐油出口到美国,1937年,出口到美国的桐油价值达到 26,300,128 美元,几乎是 1935 年的两倍。② 1940年,国民政府出口金属和矿产品580.8万美元,美国就占了385.2万美元,占比例66.3％。1941年,国民政府出口总值为2282.1万美元,美国为1309.3万美元,占57.4％。③ 这为战后美国独享中国商品市场以及对外贸易创造了条件,这一点,正如美国副总统华莱士在 1944 年访华回国时所说,对华贸易能为打算使中国经济完全从属于美国资产阶级统治的美国实业家提供巨大的机会。④

此外,通过 1941 年的平准基金和 1942 年的财政借款,美国以美元大量收购法币,使法币和美元挂钩,完全投入了美元集团,有利于美国在战时和战后控制中国金融。通过指导中国按美国模式建立战时生产局,以美国技术顾问帮助中国进行后方生产,美国也将触角伸入到国民政府的经济管理部门。美国在战时对中国经济影响的全面加强,以及战时中美经济关系的日益密切,都为战后美国贸易、金融、企业和投资等在中国居于独占地位打开了方便之

---

① "China's Wartime Promotion of Foreign Trade", by Chi—ling Tung, China Trade News by C—A CCI, American War Production Mission in China, Box 4, F. D. Roosevelt Library.

② "Complementary Nature of Sino—American Trade", by Chi—ling Tung, China Trade News by C—A CCI, American War Production Mission in China, Box 4, F. D. Roosevelt Library.

③ 郑友揆:《中国的对外贸易和工业发展》,第 169 页。

④ 逻逊格尔:《1937—1944 年的中国战时政策》,转引自清庆瑞主编:《抗战时期的经济》,第 356 页。

门。马洛里(Walter H. Mallory)在《门户开放政策的再评价》一文中提到:"1933 年,李默(C. E. Remer)估计我们投资不过24000 万元——其中商业投资 15500 万元,美人拥有的中国政府的债券4100 万元,教会与慈善机关产业 4300 万元。大战期间以及大战后,美国资金投放中国,数量空前,几达 350000 万元。"①

五、美援与中国战时经济措施的局限性

抗战时期,美国向中国提供经济援助的数量虽远远不能满足中国抗战需要,也未能解决中国经济的根本问题,但初衷还是真诚的。国民政府利用美援改善中国经济的愿望是真实的、迫切的,但具体操作有很多不当,加上营私腐败,致使美援未能充分发挥功效。不过,其借助美援制止通货膨胀的努力,虽有很多弊病,但也并非一无是处,只是由于战争时期通货膨胀的根源无法铲除,注定了中美两国在货币政策上采取的措施,都不可能真正奏效。而对整个战时经济来说,美国经济援助和中国经济措施,虽然起了一些作用,但都只能救急,而不能治本。

(一)战时物价上涨的根本原因

抗日战争时期中国的物价上涨和通货膨胀,主要原因之一在于战争对生产和交通运输的破坏及封锁,造成物资的极端缺乏,正如摩根索所指出的那样:"中国通货膨胀的根本原因,是由于物资的缺乏所致","是由于战时需要及主要民用消费品生产之严重缺乏。除了小量由空中运入及由沦陷区走私进来者外,物资的供应

---

① 译自《外交季刊》,1948 年 1 月 12 日,外交部档案,430. 5 0025,美国信用借款,中研院近史所档案馆。

因敌军占领及输入切断而大大减少"。[1] 因此若要从根本上稳定物价,抑制通货膨胀,必须有生产和运输的恢复,而这两点能否做到,不完全取决于中国自身,而取决于中国战局和国际战局的进展,以及外援能否帮助中国进行战时生产,能否帮助中国恢复国际交通线。中国政府明白,通过平准基金、黄金政策和公债政策等手段,稳定法币币值、回笼法币、减少法币流通量,平衡财政收支等,只能起一时之效,物价管理政策,实应"侧重(甲)控制大量物资(尤其粮食)与(乙)以国家财力补助生产而稳定物价两事"。成立战时生产局以促进军需和民用物资生产而外,中国还"希望美国及联合国立即予以空运日用必需物资每月二千吨之数量以解救目前经济之危机,并在今冬明春能恢复对外陆路交通与一、二海口,以便利物资之输入。此二层希望如不能实现,中国局势确极可虑"。[2] 遗憾的是,以上两点在整个战争期间都未能做到,也不可能做到。

生产力落后的中国经济,在经过一百余年来帝国主义和封建主义的经济掠夺和搜刮之后,本来就贫穷羸弱,再经过多年中日战争的重创,就仿佛一个体弱多病的人,又遭受狂暴袭击,已是遍体鳞伤、生命垂危。在战争没有结束的情况下,美援对于中国战时经济的作用,只能是相当于对危重病人的"急救"、"输血",而不可能是"根治"。同样,此时中国政府也不可能自我医治战争的创伤。虽然战时生产局的成立,标志着中美双方都已认识到拯救中国经济的根本在于"造血",亦即中国进行战时生产的能力,但一来仅凭一个机构,当然不可能改变整个大后方的生产状况;二来战时生产局自成立到抗战胜利时间很短,尚不足以恢复生产和经济。战时生产局成立不到一年,又是在战争尚未停止的年代,显然不足以达

---

① 摩根索财政部长致罗斯福总统之备忘录,《中美关系资料汇编》第 1 辑,第 513—515 页。

② 王世杰拟呈:谨拟委座与华莱士副总统谈话要旨,1944 年 6 月 11 日,蒋介石档案,08A—01704,第 054 卷,国史馆。

到恢复生产的目的，当然也就无法从根本上改善大后方社会经济，解决物资缺乏带来的物价高涨问题。

从抗战期间开始，围绕着美援与中国政府对美援的应用，中美两国就一直互相不满，直到后来的研究者，也是站在各自的立场上指责对方。战时中国的物价问题和经济问题之所以未能解决，中国人一般归咎于美援太少，而美国人则认为是中国政府运用美援不当。在笔者看来，这二者都不是关键原因。只要战争不停止，军费开支依然浩大，日伪仍然占领大部分富庶地区，中国继续被封锁，国民政府无法统治全国，税收就收不上来，财政收支就无法平衡，生产就不能恢复，物资就不能从国内获得足够生产或从国外大量运进中国，通货膨胀就无法遏止，财政金融经济困难也就无法从根本上得到有效缓解。无论有多少美援和其他国家的援助，也帮助不了中国；即使真如蒋介石所愿，美国再提供 10 亿美元贷款，也只能是救一时之急。对中国来说也一样，即便美援的运用没有不当之处，也并不能从根本上解决战时经济的问题。

1937—1945 年度国民政府财政赤字、银行垫款、法币增发及军务费比较表[①]

年度	财政赤字（亿元）	银行垫款（亿元）	银行垫款合财政赤字的百分数	法币增发数（亿元）	法币增发数占银行垫款的百分数	军务费数额（亿元）	军务费占银行垫款的百分数	军务费占法币增发的百分数
1937	15	12	80.0%	3	25.0%	14	116.7%	466.7%
1938	9	9	100.0%	6	66.6%	7	77.8%	116.7%
1939	21	23	109.5%	20	86.9%	16	69.6%	80.0%
1940	40	38	95.0%	36	94.7%	39	102.6%	108.3%

① 根据杨荫溥《民国财政史》第 163—164 页两表格合并统计。

年度	财政赤字（亿元）	银行垫款（亿元）	银行垫款合财政赤字的百分数	法币增发数（亿元）	法币增发数占银行垫款的百分数	军务费数额（亿元）	军务费占银行垫款的百分数	军务费占法币增发的百分数
1941	88	94	106.8％	72	76.6％	66	70.2％	91.7％
1942	192	201	104.7％	193	96.0％	152	75.6％	78.8％
1943	423	409	96.7％	410	100.2％	429	104.9％	104.6％
1944	1,355	1,401	103.4％	1,141	81.4％	1,311	93.6％	114.9％
1945	10,650	10,433	97.9％	8,484	81.3％	10,602	101.6％	125.0％
共计	12,793	12,620	98.6％	10,365	82.1％	12,636	100.1％	121.9％

　　从上表可以看出,抗战期间,国民政府弥补财政赤字的主要办法是依靠银行垫款,而银行垫款主要靠增发法币。银行垫款数字几乎与财政赤字数额相吻合,而法币增发量平均占银行垫款的82％。军务费支出又与银行垫款数大致相等,而为法币增发数的122％。也就是说,抗战时期的军费开支,大体等于财政赤字,等于银行垫款,是造成国民政府财政赤字的主要原因,亦为法币增发的主要原因。

　　抗战时期的物价问题,主要由以下几方面原因造成:

　　1. 战争破坏生产和交通,国民经济破败不堪,农业和工商业破产,民生凋敝,国内物资极端缺乏,国外物资运不进来,必然造成物价飞涨。

　　2. 日伪占领中国大片富饶地区,导致国民政府税收锐减,直接减少了主要的财政收入来源。

　　3. 中国政府进行抗战,形成庞大的财政开支,而财政收入根本无法弥补,造成巨额财政赤字,预算失衡,除了发行公债、筹借外债等方法外,只能大量发行货币,不可避免地助长了通货膨胀。

　　4. 抗战时期囤积居奇,投机盛行,加剧物价上涨。

（二）稳定物价应采取的措施

若想稳定物价，必须针对以上原因寻找解决办法，但美国提供的经济援助，以及中国政府对美援的运用，都无法从根本上解决上述问题，而上述条件不改变，又怎能平抑物价呢？

1. 应打击金融外汇（黄金、银圆、美元等）投机和大宗商品（粮食、纱布等）投机，消除物价疯涨的一个直接因素。从这方面来讲，抗战时期的国民政府是不敢做、不愿做，也做不到。不愿做也不敢做的是严厉打击、制止市场投机，而做不到的则是不可能掌握大量物资。战时的国民政府，手里根本没有大量物资（尤其是粮食），由于战争破坏了交通，也由于中央政权无力指挥地方政权，不可能大规模地统一调度物资，因此即使想做，也没有力量打击投机。

2. 应增加财政收入，使国家财政收支平衡，减少财政赤字，不需要再大量增发纸币。这又可以分为四个措施：

（1）发行公债

（2）整顿并增加税收

（3）加强征收公粮

（4）统一全国财经

a）统一全国财政收入，将各地方的公粮、税收、仓库物资和公营企业利润等，大部分收归中央，增加中央收入，集中用于国家开支；

b）统一全国物资调度，使各地方的主要物资如粮食、纱布、工业器材等，从分散状态集中起来，变为国家的有效物质力量；

c）统一全国现金管理，把分散在各地方企业、机关、部队的现金，大部分存入国家银行统一管理，集中调度。

这几方面的措施，国民政府以及美国的特使顾问专家们，也都考虑过。1941年3月，居里即向蒋介石建议过，中国政府"宜积极增加税收，并向银行以外民间借款，及征借粮食，以避免钞票充斥、通货膨胀等",也指出"中国最紧要在法币对内价值,非外国借款所能根本解决,更非平衡基金所能补救",甚至直言不讳地批评"渝方当局者每完全依赖外国借款,实弃本逐末"。① 居里还建议进行地税改革,"从国富之本、收入之源,以求其国库之充盈",将地税由每亩平均 4 元,提高到每亩 20 元;也提出应增加农产品生产,以增加货品供给。② 居里的建议当然很好,国民政府也并非不想去做,但是,在战争条件下,这些都很难做到。

先说向外国借款和在国内发行公债,国民政府向美、英、苏等国都借了大量外债,但主要都是用于换取工农业产品和军需物资,用于抗战,或者用于平衡外汇与法币的币值,对于财政收入帮助不大。只有美国的 5 亿美元贷款,直接用于在中国发行美金公债,抛售黄金,对于吸收法币,增加政府财政收入,减少法币发行量有一定帮助,但美金公债等和战时中国发行的其他公债一样,很难销售出去,远不足以弥补巨大的战争开支。再说增加税收,税源的减少,使国民政府增税不太可能,反而会加重企业、社会和人民的负担,造成怨声载道;而增加地税并将地税征收权由省政府转移至中央,一则会触动地主的利益,二则会触动地方的利益,国民政府深感困难重重。蒋介石曾对居里表示,他已决心实行此项改革,"所真感困难者,地税收入向为各省重要收入,今若全数由中央征收,则各省损失如何弥补,殊成问题"。蒋介石希望美国以地税为担保,"贷我以款项,则将地税归中央征收之改革,实行较易矣"。但是居里答复说"向美取得此项借款恐有困难"。③ 至于征借粮食和统一财经,国民政府也做不到。如此,财政收入无法增加,而开支却不能减少,致使国民政府的财政赤字愈加庞大,只有不断增加货

---

① 宋子文自华盛顿 1941 年 3 月 20 日致蒋介石电,蒋介石档案,08A—01697,第 053 卷,国史馆。

② 居里致蒋介石,1941 年 3 月,观感与刍议,《战时外交》第 1 卷,第 598—606 页。

③ 蒋介石接见居里,1941 年 2 月 23 日,《战时外交》第 1 卷,第 584—586 页。

币发行量，"通货之大规模再度增加"，"结果惟有再进一步之通货膨胀而已"。① 这些问题，居里早就看清了。他在 1941 年 3 月给罗斯福的报告中即说："在我访问期间，我逐渐认识到，那种旨在遏制非常严重的通货膨胀，和在战争及战后时期保证某种程度的财政稳定的必要预算改革，不可能——也不会——由现任财政部长加以实现。这种情况是绝对需要加以改进的。除非这样做了，否则经济顾问或经济代表团将很少能有所作为。"② 也就是说，居里明白，如果中国不进行必要的行政改革，美国经济顾问对中国经济也无能为力。

3. 最根本的一条，需要基本结束战争，进行经济恢复和重建工作，增加物资供应，物价上涨问题才能彻底解决。而在抗战时期，战争仍在进行，没有和平建设环境，无法顺利进行国民经济的恢复和重建，物资极度缺乏的条件不改善，物价上涨的问题也就无法得到有效解决。正如詹森所论，战争使中国"耗尽其本可用于支援其货币和防止物价飞涨的金钱和资源"。③ 居里也说："中国当前问题，除受经济封锁及交通困难之影响不计外，最可虑者，为可以购货之通货容量（纸币与活期存款）加速增加，而可以出售之货物供给乃未见增加，其唯一结果即为物价之高涨。"国民政府利用美援稳定法币与外汇的汇率，以防止法币贬值，以及发行美金公债，抛售黄金，以回笼法币，减少法币流通量等，都属于金融货币政策，治标不治本。因此说，战争时期中国的经济困难无法解决，通货膨胀问题也就不可能解决，无论有多少美援，也无论国民政府如何努力，恐怕都无济于事。居里批评国民政府"完全依赖外国贷款，实

---

① 居里致蒋介石，1941 年 3 月，观感与刍议，《战时外交》第 1 卷，第 598—606 页。

② Mr. Lauchlin Currie to President Roosevelt, Mar. 15, 1941, *FRUS*, 1941, Vol. IV, pp. 81—95.

③ The Ambassador in China (Johnson) to the Secretary of State, Oct. 23, 1940, *FRUS*, 1940, Vol. IV, pp. 678—679.

弃本逐末"，不无道理，但他没有想过，这也是国民政府的无奈。居里认为避免通货膨胀，应采取 3 种办法：(1)紧缩政府支出，(2)增加税入，(3)向人民征借米粮。这三项办法在战时都不易实行，故而蒋介石说"政府支出今已减低至最少限度，而税入预算实已列入可能征取之最高限度矣，故所有办法，将只限于借贷"。[①] 这就是中国战时经济和国民政府的可悲之处，解决通货膨胀的治本之道一个都没办法采用，唯有借款以增加财政收入一途，然而这却是治标的一个末途，注定了它根治不了物价上涨，也挽救不了战时经济。国民政府利用美援所采取的经济措施，没能对症下药，反而出现诸多弊端，经济政策的诸多失误和经济建设的诸多缺陷，对中国战时战后经济都产生了诸多负面影响。

---

① 　蒋介石接见居里，1941 年 2 月 16 日，《战时外交》第 1 卷，第 562—567 页。

结　论

在本书各章中,笔者叙述了战时中国的各种主要经济危机和美国不同形式的经济援助,介绍了美援在中国的运作和中国政府的经济努力,分析了其效果和影响,展示了美援从易货借款到币制借款再到财政借款的演变,从提供金钱和物资的"输血"式援助到帮助中国增进战时生产的"造血"式援助的变化,也从美援这个侧面反映了战时中美在贸易、货币、物价、生产等领域的经济合作与经济关系。

通过对抗战时期美国对华经济援助的研究,笔者认为,考察战时美国援华政策,不应只重视中国在美国战略考虑中的重要性——先是遏制日本后是平衡苏联,而忽略美国对在华经济利益和中国战时战后经济的关注。实际上,美国在华经济利益,始终是自门户开放政策提出以来,美国非常关心且要获取和保护的重要内容之一;中日战争爆发以来,美国在华经济利益受到日本损害,是美国由最初对日本不满,逐步发展到援华抗日的重要原因之一;而对中国如果经济崩溃将无法坚持抗战以牵制日本的担心,则是美国不断扩大经济援华,采取各种方式全面加强中国经济的原因之一。此外,中国在战后成为美国在世界上一个广大市场的可能,以及中国政府对战后中美经济合作的许诺,无不吸引着美国,使之愿意通过经济援华而加强美国对中国经济的影响,加强中美之间的经济联系,从而为战后美国在华获取更大的经济利益开辟广阔的前景。因此,战时美国对华经济援助,是一种方式和手段,通过加强中国经济力量,可以从政治上鼓舞中国民心士气和抗日信心,从物质上增强中国军事实力,抗击日本侵略,遏制日本扩张,维护美国战略、政治和经济利益,并为战后在中国及远东加强影响打下基础。由此可见,抗战时期经济与政治、军事是相互影响的,战时中美关系中,政治、军事与经济是互动的,三者之间的关系无法割裂。

笔者通过研究发现,以往对美援的评价,一是比较笼统,不够具体;二是多着眼于中美外交;三是强调其政治意义超过经济意义。陈永祥的《抗战时期美国对华经济援助评析》①一文,吸取了国内外研究成果,是学界研究美援的新作,但通篇论述仍像以往的研究一样停留在外交层面,仅指出了"抗战时期美国对华经济援助是美国援华体系重要组成部分,也是中美'特殊关系'的重要环节,它在援助力度与援助性质上随着远东战局的发展和美日矛盾的激化经历了一个变化的过程,这一过程与美国对华政策日趋积极和国民政府外交重点转向美国有着密切的互动关系,对战时中美'特殊关系'的形成起了重要作用。"本书则通过大量史实,从经济的角度充分说明美国对华经济援助支持中国抗战和战时经济的重要意义,以及战时中美经济合作的影响。

我们应当认识到,以中国这样一个贫穷的经济弱国和军事弱国,能在美援和各国援助的支持之下,坚持了八年抗战而没有失败、投降、亡国,中国经济支持了庞大的战争而没有崩溃,已经相当不易了。试问第二次世界大战中有哪个与中国处境相同的国家做

---

① 陈永祥:《抗战时期美国对华经济援助评析》,《广州大学学报》(社科版),第3卷第2期,2004年2月。

到了这一点？因此，我们不能以今天的眼光、和平时期的眼光看待历史，应当还原到当时的历史环境、战争环境。无论如何，在共同抗击日本侵略的大目标之下，在中美军事政治同盟的基础之上，在世界反法西斯联合阵线中，美国和其他国家向中国提供了大量援助，这是应予肯定的。国民政府在美国等国家援助下，运用美援和其他外援，在中国出现经济危机之时，阻止了经济局势的恶化，经济的失衡，以及整个经济结构的破坏，支持了中国抗战不倒，并且最后坚持到了世界反法西斯战争的胜利。另一方面，战时中国经济危机可谓积重难返，美国的经济援助和中国的经济措施，都只能救急，而不能治本。经济问题和物价问题的根本解决，不是战争条件下所能做到的，唯有战争结束后的和平环境，才能进行经济恢复和重建。可惜国民政府在战后忙于打内战，不但没有及时调整经济，完成战时经济向战后经济的转轨，发展生产，医治战争给经济带来的创伤，反而使已经精疲力尽的经济因内战而更加超负荷运转，致使战时经济遗留的问题非但没有得到有效解决，反而成为战后中国经济彻底崩溃和通货严重膨胀的根源。

参考文献

一、档案史料

1. 国防最高委员会常务会议速记录,国防最高委员会档案,国防 001
   49.1,(台北)中国国民党中央文化传播委员会党史馆(前身为中国
   国民党中央委员会党史委员会,以下简称党史馆)。

2. 国防最高委员会常务会议记录,国防最高委员会档案,国防 001
   49.5,党史馆。

3. 国际问题讨论会奉令伤拟战后中美经济合作方案,国防最高委员会
   档案,国防 005 第 5 门 6,党史馆。

4. 国外贸易事务所业务(一),资源委员会档案,24—10—18—3,(台北)
   中央研究院近代史研究所档案馆(以下简称中研院近史所档案馆)。

5. 国外贸易事务所业务(二),资源委员会档案,24—10—18—4,中研
   院近史所档案馆。

6. 蒋介石事略稿本,1944 年 1 月,蒋介石档案,060100,第 184 卷,(台
   北)国史馆。

7. 蒋介石事略稿本,1944 年 5 月,蒋介石档案,060100,第 188 卷,国史馆。

8. 蒋介石事略稿本,1944 年 6 月,蒋介石档案,060100,第 189 卷,国史馆。

9. 蒋介石事略稿本,1944 年 7 月,蒋介石档案,060100,第 190 卷,国史馆。

10. 蒋介石事略稿本,1944 年 8 月,蒋介石档案,060100,第 191 卷,国史馆。

11. 蒋介石事略稿本,1944年9月,蒋介石档案,060100,第192卷,国史馆。

12. 蒋介石事略稿本,1945年7月,蒋介石档案,060100,第202卷,国史馆。

13. 美英借款运用,国民政府档案,0883.30/8044.01—01,国史馆。

14. 平准基金委员会业务并入外汇管理委员会改隶财政部,国防最高委员会档案,党史馆。

15. 十二中全会对经济报告之决议,国防最高委员会档案,第3门,第2880,党史馆。

16. 特交档案:对美国外交,蒋介石档案,第023卷,08A—01537,国史馆。

17. 特交档案:对美国外交,蒋介石档案,第023卷,08A—01538,国史馆。

18. 特交档案:对美国外交,蒋介石档案,第024卷,08A—01543,国史馆。

19. 特交档案:美国经济援助,蒋介石档案,第040卷,08A—01620,国史馆。

20. 特交档案:美国经济援助,蒋介石档案,第040卷,08A—01621,国史馆。

21. 特交档案:美国经济援助,蒋介石档案,第041卷,08A—01623,国史馆。

22. 特交档案:美国经济援助,蒋介石档案,第041卷,08A—01624,国史馆。

23. 特交档案:美国经济援助,蒋介石档案,第041卷,08A—01625,国史馆。

24. 特交档案:美国经济援助,蒋介石档案,第041卷,08A—01626,国史馆。

25. 特交档案:美政要来访,蒋介石档案,第053卷,08A—01697,国史馆。

26. 特交档案:美政要来访,蒋介石档案,第054卷,08A—01704,国史馆。

27. 特交档案:财政,蒋介石档案,第1卷/金融,8/48076,国史馆。

28. 特交档案:财政,蒋介石档案,第2卷/金融,3/48098—1,国史馆。

29. 特交档案:财政,蒋介石档案,第2卷/金融,3/48099,国史馆。

30. 特交文电:对美关系,蒋介石档案,第003卷,09A—00287,国史馆。

31. 特交文电:对美关系,蒋介石档案,第003卷,09A—00289,国史馆。

32. 特交文电:对美关系,蒋介石档案,第004卷,09A—00293,国史馆。

33. 调整贸易机关及改进计划暨改善全国对外贸易机构,国防最高委员会档案,国防003 559,党史馆。

34. 外交专门委员会会议记录,国防最高委员会档案,国防003 310,党史馆。

35. 易货偿债暨外贷偿还应用,资源委员会档案,财会处,24—05—205,中研院近史所档案馆。

36. 中美借款洽订(一),国民政府档案,0882.01/5080.03—01,国史馆。

37. 中美借款洽订(二),国民政府档案,0882.01/5080.03—02,国史馆。

38. American War Production Mission in China, Box 39, Franklin D. Roosevelt Presidential Library, U. S. A.

39. Harry L. Hopkins Papers, Box 305, Roosevelt Presidential Library.

40. K. P. Chen's Private Papers, Box 2—3, Loan Mission, 1938, Rare Book & Manuscript Library, Columbia University, U. S. A.

41. K. P. Chen's Private Papers, Box 4, Universal Trading Corporation, Rare Book & Manuscript Library.

42. K. P. Chen's Private Papers, Box 5, Stabilization Board of China, 1941—43, Rare Book & Manuscript Library.

43. Official File 150 China, Box 1—4, Roosevelt Presidential Library.

44. President's Secretary's File, Diplomatic Correspondence, China, Box 26—28, Roosevelt Presidential Library.

45. Papers of Harry S. Truman, Official File 548, Box 1384, Harry S. Truman Presidential Library, U. S. A.

46. Papers of Harry S. Truman, President's Secretary's Files, Truman Presidential Library.

47. T. V. Soong's Archive, Schedule A, Box 4, 9. Hopkins, Harry, Hoover Institution Archives, Stanford University, U. S. A.

48. T. V. Soong's Archive, Schedule A, Box 29, 14. Hopkins, Harry, Hoover Institution Archives.

49. T. V. Soong's Archive, Schedule A, Box 4, 10. His Te—Mou, Hoover Institution Archives.

50. T. V. Soong's Archive, Schedule A, Box 5, 1. Kiang, H. C., Hoover Institution Archives.

51. T. V. Soong's Archive, Schedule A, Box 6, 14. Morgenthau, Henry, Hoover Institution Archives.

52. T. V. Soong's Archive, Schedule A, Box 9, 3. Swing, Raymond, Hoover Institution Archives.

53. T. V. Soong's Archive, Schedule A, Box 9, 10. White, Harry, Hoover Institution Archives.

54. T. V. Soong's Archive, Schedule A, Box 10, 4. Wong, Wen — Hao, Hoover Institution Archives.

55. T. V. Soong's Archive, Schedule A, Box 10, 12. Young, Arthur N. , Hoover Institution Archives.

56. T. V. Soong's Archive, Schedule A, Box 22, 3. Chen Kwang Pu, Hoover Institution Archives.

57. T. V. Soong's Archive, Schedule A, Box 22, 4. Central Bank of China, Hoover Institution Archives.

58. T. V. Soong's Archive, Schedule A, Box 24, 3&4&5. China — Currency Question — Stabilization, Hoover Institution Archives.

59. T. V. Soong's Archive, Schedule A, Box 25, 1&2&3. China — Economic Conditions — General, Hoover Institution Archives.

60. T. V. Soong's Archive, Schedule A, Box 25, 4. China — Economic Conditions — Gold Sales, Hoover Institution Archives.

61. T. V. Soong's Archive, Schedule A, Box 25, 6. China — Foreign Exchange, Hoover Institution Archives.

62. T. V. Soong's Archive, Schedule A, Box 30, 5. Kung, H. H. , Hoover Institution Archives.

63. T. V. Soong's Archive, Schedule B, Box 4, Telegrams, Hoover Institution Archives.

64. Lauchlin Currie's Paper, Box 1, Wong Wen — hao, Hoover Institution Archives.

二、史料汇编

1. 财政科学研究所、中国第二历史档案馆编:《民国外债档案史料》第11卷,档案出版社 1991 年版。

2. 陈真等编:《中国近代工业史资料》第 1 辑,三联书店 1957 年版。

3. 陈真等编:《中国近代工业史资料》第 2 辑,三联书店 1958 年版。

4. 何思瞇编:《抗战时期美国援华史料》,(台北)国史馆 1994 年版。

5. 孟默闻辑:《美蒋勾结史料》,新潮书店 1951 年版。

6. 秦孝仪主编,中国国民党中央委员会党史委员会编印:《中华民国重要史料初编——对日抗战时期》第三编,《战时外交》(一)、(三),(台北)中央文物供应社 1981 年版。

7. 秦孝仪主编,中国国民党中央委员会党史委员会编印:《中华民国重要史料初编——对日抗战时期》第四编,《战时建设》(三),(台北)中央文物供应社 1988 年版。

8. 全国政协文史资料研究委员会工商经济组编:《回忆国民党政府资源委员会》,中国文史出版社 1988 年版。

9. 世界知识出版社编:《中美关系资料汇编》第 1 辑,世界知识出版社 1957 年版。

10. 寿充一编:《孔祥熙其人其事》,中国文史出版社 1987 年版。

11. 王铁崖编:《中外旧约章汇编》第 3 册,三联书店 1962 年版。

12. 徐义生:《中国近代外债史统计资料 1853—1927》,中华书局 1962年版。

13. 中国第二历史档案馆编:《中华民国史档案资料汇编》第五辑第二编,外交,江苏古籍出版社 1997 年版。

14. 中国第二历史档案馆编:《中华民国史档案资料汇编》第五辑第二编,财政经济(二),江苏古籍出版社 1997 年版。

15. 中国第二历史档案馆编:《中华民国史档案资料汇编》第五辑第二编,财政经济(九),江苏古籍出版社 1997 年版。

16. 中国近代经济史丛书编委会编:《中国近代经济史研究资料》(9),上海社会科学院出版社 1989 年版。

17. 中国近代史资料丛刊之十三,章伯锋、庄建平主编:《抗日战争》,第4卷——陶文钊主编:《抗战时期中国外交》(上、下),四川大学出版社 1997 年版。

18. 中国近代史资料丛刊之十三,章伯锋、庄建平主编:《抗日战争》,第5卷——李学通主编:《国民政府与大后方经济》,四川大学出版社 1997 年版。

19. 中国人民银行总行参事室编:《中华民国货币史资料》第2辑,上海人民出版社 1991 年版。

20. 中国人民银行总行参事室编:《中国清代外债史资料 1853—1911》,中国金融出版社 1991 年版。

21. 中国人民政治协商会议全国委员会、文史资料研究委员会编:《法币、金圆券与黄金风潮》,文史资料出版社 1985 年版。

22. *Morgenthau Diary（China）*,New York：Da Capo Press,1974.

23. The U. S. Department of State,*Foreign Relations of the United States*,*Diplomatic Papers*（FRUS）,1938,Vol. 3,Washington,D. C.：Government Printing Office（GPO）,1954.

24. *FRUS*,1939,Vol. 3,GPO,1955.

25. *FRUS*,1940,Vol. 4,GPO,1955.

26. *FRUS*,1941,Vol. 4 and Vol. 5,GPO,1956.

27. *FRUS*,1942,China,GPO,1956.

28. *FRUS*,1943,China,GPO,1963.

29. *FRUS*,1944,China,GPO,1967.

30. The U. S. Department of State,*Peace and War*,*United States Foreign Policy*,1931—1941,GPO,1943.

三、其他史料

1. 财政评论社资料室:《中美新贷款协定签订及其运用——我运用借款发美金储券》,《财政评论》第 7 卷第 3 期,1942 年 3 月。

2. 财政评论社资料室:《中外财政金融消息汇报——民国三十一年同盟胜利美金公债条例》,《财政评论》第 7 卷第 5 期,1942 年 5 月。

3. 财政评论社资料室:《中外财政金融消息汇报——认购公债奖励办法》,《财政评论》第 7 卷第 5 期,1942 年 5 月。

4. 财政部统计处编:《中华民国战时财政金融统计》,(出版地不详)财政部统计处印制,1946 年版。

5.《大公报》,1942 年 5 月。

6.《大公报》,1942 年 7 月。

7.《大公报》,1944 年 12 月。

8.《大公报》,1945 年 1 月。

9.《大公报》,1945 年 2 月。

10.《大公报》,1945 年 3 月。

11.《大公报》,1945 年 11 月。

12. 冯玉祥:《以货易货就是充实抗战的一个好方法》,《贸易月刊》,1941 年 1 月。

13. 龚学遂:《中国战时交通史》,商务印书馆 1947 年版。

14. 谷春帆:《英美贷款之运用问题》,《财政评论》第 7 卷第 3 期,1942 年 3 月。

15. 侯哲葊:《运用英美贷款的补充意见》,《财政评论》第 7 卷第 3 期,1942 年 3 月。

16. 金天锡:《论运用英美贷款与稳定物价》,《财政评论》第 7 卷第 3 期,1942 年 3 月。

17. 《经济部西北工业考察团报告》,《民国档案》1992 年第 4 期。

18. 《蒋介石与美国财政部代表柯克朗会谈记录》,《民国档案》1993 年第 3 期。

19. 《孔祥熙关于 1937—1939 年财政实况的密报》,《民国档案》1993 年第 1 期。

20. 罗敦伟:《中国战时财政金融政策》,财政评论社(重庆)1944 年版。

21. 罗敦伟:《英美贷款运用方法总检讨》,《财政评论》第 7 卷第 3 期,1942 年 3 月。

22. 罗旭如:《中国三大矿产之检讨》,《中国经济评论》第 1 卷第 4 期,1940 年 2 月。

23. 马寅初:《战时经济论文集》,作家书屋刊行 1945 年版。

24. 慕予:《宋子良与西南运输处》,中国人民政治协商会议广东省委员会文史资料研究委员会编:《广东文史资料》第 11 辑,广东人民出版社 1962 年版。

25. 沈光沛:《各省外销特产贸易问题之综合的观察》,《贸易月刊》,1942 年 1 月。

26. 四联总处秘书处编:《四联总处重要文献汇编》,四联总处秘书处 1947 年版。

27. 谭熙鸿主编:《十年来之中国经济》,中华书局 1948 年版。

28. 童蒙正:《中国战时外汇管理》,财政评论社 1944 年版。

29. 王宠佑:《锑业经济研究》,《资源委员会月刊》第 3 卷第 1 期,1941 年版。

30. 翁文灏:《重庆战时生产局和美国经济援华政策》,中国人民政治协商会议全国委员会文史资料研究委员会编:《文史资料选辑》第 17 辑,中华书局 1962 年版。

31. 吴志翔:《美国钨砂市场概况》,《资源委员会月刊》第 1 卷第 9 期,1939 年版。

32. 吴大明等主编:《中国贸易年鉴》,中国贸易年鉴社 1948 年版。

33. 《新华日报》,1944 年 10 月。

34. 《新华日报》,1944 年 11 月。

35. 《新华日报》,1945 年 1 月。

36. 《新华日报》,1945 年 5 月。

37. 《新华日报》,1945 年 6 月。

38. 熊国清:《国人对于购买两种同盟胜利公债应有之认识》,《中央银行经济汇报》第 7 卷第 9 期,1943 年 5 月。

39. 许日琨:《浙西敌我特产的经济战》,《新经济半月刊》第 3 卷第 7 期,1940 年 4 月。

40. 徐敦璋:《太平洋战争与我国对美贸易》,《贸易月刊》,1942 年 2 月。

41. 杨开道:《我国对外贸易之回顾与前瞻》,《贸易月刊》,1943 年 3 月。

42. 杨景炳:《抗战八年来之钨锑锡汞业》,《资源委员会季刊》第 6 卷第 1、2 期合刊,1946 年版。

43. 尹文敬:《中国战时公债》,财政评论社(重庆)1943 年版。

44. 《银行周报》第 25 卷 36 期,1941 年 9 月 16 日。

45. 《银行周报》第 25 卷 42 期,1941 年 10 月 28 日。

46. 《银行周报》第 25 卷 44 期,1941 年 11 月 11 日。

47. 恽慰甘:《抗战时期国民党的公路运输》,中国人民政治协商会议广西壮族自治区委员会文史资料研究委员会编:《广西文史资料》第 22 辑,政协广西壮族自治区委员会文史资料研究委员会 1978 年版。

48. 章友江:《最近中美贸易之分析》,《贸易月刊》,1941 年 7 月。

49. 章友江:《论易货制》,《贸易月刊》1942 年 9、10 月号,1942 年 10 月。

50. 《中央日报》,1944 年 9 月。

51. 《中央日报》,1944 年 11 月。

52. 中央银行经济研究处编:《金融法规大全》,商务印书馆 1947 年版。

53. 朱亦松:《二万万黄金用途之研讨》,《财政评论》第 11 卷第 1 期,1944 年 1 月。

54. 朱斯煌主编：《民国经济史》（银行周报 30 周年纪念刊），银行周报社（上海）1948 年版。

55. 邹宗伊：《英美贷款之运用问题》，《财政评论》第 7 卷第 3 期，1942年 3 月。

四、专著

1. 陈立文：《宋子文与战时外交》，（台北）国史馆 1991 年版。

2. 陈永祥：《宋子文与美援外交（1931—1945）》，世界知识出版社 2004年版。

3. 崔国华主编：《抗战时期国民政府财政金融政策》，西南财经大学出版社 1995 年版。

4. 关绍纪：《抗日战争时期美国对华政策》，山东大学出版社 1996 年版。

5. 抗战时期国民政府财政经济战略措施研究课题组编：《抗战时期国民政府财政经济战略措施研究》，西南财经大学出版社 1988 年版。

6. 李平生：《烽火映方舟——抗战时期大后方经济》，广西师范大学出版社 1995 年版。

7. 林坚：《远渡重洋：中美贸易二百年（1784—1999）》，厦门大学出版社 2003 年版。

8. 陆仰渊、方庆秋主编：《民国社会经济史》，中国经济出版社 1991 年版。

9. 钦本立：《美帝经济侵华史》，世界出版社 1950 年版。

10. 秦孝仪主编：《中华民国经济发展史》第 2 册，（台北）近代中国出版社 1983 年版。

11. 清庆瑞主编：《抗战时期的经济》，北京出版社 1995 年版。

12. 仇华飞：《中美经济关系研究（1927—1937）》，人民出版社 2002 年版。

13. 任东来：《争吵不休的伙伴——美援与中美抗日同盟》，广西师范大学出版社 1995 年版。

14. 史学周刊社编:《美帝国主义经济侵华史论丛》,三联书店 1953 年版。

15. 沈庆林:《中国抗战时期的国际援助》,上海人民出版社 2000 年版。

16. 宋佩玉:《抗战前期上海外汇市场研究 1937 年 7 月—1941 年 12 月》,上海人民出版社 2007 年版。

17. 陶文钊:《中美关系史(1911—1950)》,重庆出版社 1993 年第 1 版。

18. 王淇:《从中立到结盟——抗战时期美国对华政策》,广西师范大学出版社 1996 年版。

19. 魏子初:《美帝在华经济侵略》,人民出版社 1951 年版。

20. 吴相湘:《第二次中日战争史》下册,(台北)综合月刊社 1974 年版。

21. 吴相湘:《民国百人传》第 4 册,(台北)传记文学出版社 1979 年版。

22. 吴承明:《中国资本主义与国内市场》,中国社会科学出版社 1985 年版。

23. 项立岭:《中美关系史全编》,华东师范大学出版社 2002 年版。

24. 许毅等:《清代外债史论》,中国财政经济出版社 1996 年版。

25. 许毅主编:《北洋政府外债与封建复辟》,经济科学出版社 2000 年版。

26. 许毅主编:《从百年屈辱到民族复兴——南京国民政府外债与官僚资本》(修订本),经济科学出版社 2006 年第 2 版。

27. 杨荫溥:《民国财政史》,中国财政经济出版社 1985 年版。

28. 杨培新:《旧中国的通货膨胀》(增订本),人民出版社 1985 年版。

29. 虞宝棠:《国民政府与民国经济》,华东师范大学出版社 1998 年版。

30. 郑友揆:《1840—1948 中国的对外贸易和工业发展》,上海社会科学院出版社 1984 年版。

31. 郑友揆等:《旧中国的资源委员会——史实与评价》,上海社会科学院出版社 1991 年版。

32. 郑友揆:《中国近代对外经济关系研究》,上海社会科学院出版社 1991 年版。

33. 中国近代金融史编写组编:《中国近代金融史》,中国金融出版社

1985 年版。

34. 中国人民银行总行金融研究所金融历史研究室编：《近代中国的金融市场》，中国金融出版社 1987 年版。

35. 中国人民大学政治经济学系编：《中国近代经济史》下册，人民出版社 1978 年版。

36. 周天豹、凌承学主编：《抗日战争时期西南经济发展概述》，西南师范大学出版社 1988 年版。

37. Arthur *Clegg*, *Aid China* 1937—1949: *A Memoir of A Forgotten Campaign*, Beijing: Foreign Languages Press, 2003.

38. Arthur N. Young, *China and the Helping Hand*, 1937—1945, Cambridge: Harvard University Press, 1963.

39. Arthur N. Young, *China's Wartime Finance and Inflation*, 1937—1945, Cambridge: Harvard University Press, 1965.

40. Herbert Feis, *The China Tangle: The American Effort in China Form Pearl Harbor to the Marshall Mission*, Princeton: Princeton University Press, 1953.

41. J. F. Cosgrove: *United States Foreign Economic Policy Toward China*, 1943—1946: *From the End of Extraterritoriality to the Sino—American Commercial Treaty of* 1946, New York: Garland Pub. , 1987.

42. Michael Schaller, *The U. S. Crusade in China*, 1938—1945, New York: Columbia University Press, 1979.

43. Michael Schaller, *The United States and China in the Twentieth Century*, N. Y. : Oxford University Press, 1979.

44. Tsou Tang, *America's Failure in China*, 1941—1950, Chicago: The University of Chicago Press, 1963.

45. Warren I. Cohen, *America's Response to China—An Interpretative History of Sino—American Relations*, *Second Edition*, 1980,

by John Wiley & Sons,Inc.

46. Wei,C. X. George, *Sino—American Economic Relations*,1944—1949,Westport,Conn. :Greenwood Press,1997.

五、论文

1. 白涛:《中美〈桐油借款合约〉与美国对华政策的初始变化》,《贵州师范大学学报》(社科版)1998年第4期。

2. 陈立文:《宋子文与战时美国财经援华》,《中国历史学会史学期刊》(台湾)第22期,1990年7月。

3. 陈永祥:《宋子文与美援外交》,《广州大学学报》(社科)2003年第3期。

4. 何品:《1937—1941年美国对华贷款研究》,《档案史料与研究》1995年第3期。

5. 胡国成主编:《透视美国:近年来中国的美国研究》,中国社会科学出版社2002年版。

6. 蒋相泽:《美国的援华抗日》,《学术研究》1987年第4期。

7. 金普森、潘国琪:《南京国民政府时期的外债研究综述》,《浙江社会科学》2001年第6期。

8. [韩]金正贤:《论国民政府的法币价值稳定政策及其在抗战中的作用》,《抗日战争研究》,2004年第4期。

9. [美]柯伟林(William C. Kirby):《民国时期中外经济技术合作一例:美国战时生产顾问团援华(1944—1946)》,张宪文等编:《民国档案与民国史学术讨论会论文集》,档案出版社1988年版。

10. 李安庆、孙文范:《抗战后期的中国战时生产局》,《社会科学战线》1989年第1期。

11. 李华强、吴春英:《美援与中国抗战》,《齐齐哈尔师院学报》1989年第4期。

12. 李湘敏：《纳尔逊与重庆战时生产局的建立》，《档案史料与研究》1991 年第 3 期。

13. 李湘敏：《抗战时期重庆战时生产局的建立及其作用》，《中国社会经济史研究》1999 年第 4 期。

14. 林美莉：《战时生产局的成立与活动——以租借法案的配合为中心》，《国史馆馆刊》（台北）复刊第 15 期。

15. 林兰芳：《资源委员会的特种矿产统制（1936—1949）》，（台北）国立政治大学历史学系 1998 年版。

16. 刘达永：《从〈摩根索日记〉看〈华锡借款合约〉》，《四川师范大学学报》（哲社版）1994 年第 2 期。

17. 刘达永：《中美〈钨砂借款合约〉的由来》，《四川师范大学学报》（哲社版）1995 年第 1 期。

18. 刘达永：《中美〈平准基金协定〉的签订与美国对华态度的变化》，《贵州师范大学学报》（社科版）1995 年第 3 期。

19. 刘达永：《中美〈金属借款合约〉的签订与美日贸易的困惑》，《贵州师范大学学报》（社科版）1996 年第 2 期。

20. 刘筱龄：《抗战时期中美桐油借款之研究》，《国史馆馆刊》（台北）复刊第 14 期，1993 年 6 月。

21. 刘筱龄：《抗战时期中美华锡借款的成立与运用》，《国史馆馆刊》（台北）复刊第 19 期，1995 年 12 月。

22. 刘筱龄：《抗战时期中美钨砂借款之探讨》，《国史馆馆刊》（台北）复刊第 26 期，1999 年 6 月。

23. 刘吕红：《从"五亿美元借款"的使用看国民党政府的腐败》，《四川师范大学学报》1996 年第 2 期。

24. 娄向哲：《近代中国对外经济关系简论》，《南开学报》1996 年第 2 期。

25. 宓汝成：《抗战时期的中国外债》，《中国经济史研究》1998 年第 2 期。

26. 倪维均：《试论 1937—1941 年的美苏援华》，《浙江学刊》1986 年第 6 期。

27. 潘国琪、易继苍:《抗战时期中美间的五次借款》,《福建省社会主义学院学报》2002 年第 1 期。

28. 阙敏、刘吕红:《抗日战争前期中美五次经济借款余论》,《西南民族学院学报(哲社版)》2002 年第 10 期。

29. 任东来:《围绕美援展开的中美外交》,《南京大学学报》1990 年 5、6 合刊。

30. 任东来:《抗战期间美援与中美外交研究》,《兰州学刊》1991 年 1—2 期。

31. 任东来:《1942 年中美五亿美元借款始末》,《美国研究参考资料》1992 年第 5 期。

32. 任东来:《中美"桐油贷款"外交始末》,《复旦学报》1993 年第 1 期。

33. 任东来:《被遗忘的危机:1944 年中美两国在谈判贷款和在华美军开支问题上的争吵》,《抗日战争研究》1995 年第 1 期。

34. 任东来:《略论美援与中美抗日同盟》,《抗日战争研究》1996 年第 2 期。

35. [美]入江昭、孔华润编:《巨大的转变:美国与东亚 1931—1949》,复旦大学出版社 1991 年版。

36. 沈庆林:《评介抗日战争时期美国的对华援助》,《党史研究资料》1995 年第 4 期。

37. 宋佩玉:《陈光甫与中英美平准基金委员会》,《社会科学研究》2006 年第 4 期。

38. 苏黎明:《抗战时期国民政府外债举借述评》,《中国社会经济史研究》2001 年第 1 期。

39. 陶文钊:《"中美关系史研究:回顾与展望"学术讨论会综述》,《美国研究》1994 年第 4 期。

40. 陶文钊,梁碧莹主编:《美国与近现代中国》,中国社会科学出版社 1996 年版。

41. 田玄:《论世界各国政府对中国抗日战争的援助》,《军事历史研究》1996 年第 2 期。

42. 吴景平:《宋子文与抗战时期中美五亿美元借款交涉》,《档案史料与研究》1990 年第 4 期。

43. 吴景平:《美国和抗战时期中国的平准基金》,《近代史研究》1997 年第 5 期。

44. 吴景平:《英国与中国的法币平准基金》,《历史研究》2000 年第 1 期。

45. 吴景平:《上海金融业与太平洋战争爆发前上海的外汇市场》,《史学月刊》2003 年第 1 期。

46. 吴景平:《抗战时期的中国外债问题》,《抗日战争研究》1997 年第 1 期。

47. 吴太昌:《国民党政府的易货偿债政策和资源委员会的矿产管制》,《近代史研究》1983 年第 3 期。

48. 杨菁:《试论抗日战争时期的通货膨胀》,《抗日战争研究》1999 年第 4 期。

49. 袁瀛丰:《中国战时生产局始末》,《重庆地方志》1989 年第 2 期。

50. 岳愿举:《三峡工程 美梦成真》,http://202.103.6.47/project/cap19.html。

51. 张国镛:《关于中国战时生产局的几个问题》,《近代史研究》1992 年第 4 期。

52. 张国镛、陈一容:《纳尔逊及其使华述略》,《抗日战争研究》1994 年第 4 期。

53. 张辉强:《1938 年 12 月中美桐油贷款与美国远东政策的转变》,《中山大学研究生学刊》1984 年第 2 期。

54. 张开森:《历史解密:1944 年美国人设计了三峡第一份报告》,http://cul.book.sina.com.cn/y/2004-05-08/55380.html。

55. 张侃:《中国近代外债制度演变趋势述论》,《中国社会经济史研究》2000 年第 2 期。

56. 张振江、任东来:《陈光甫与中美桐油、滇锡贷款》,《抗日战争研究》1997 年第 1 期。

57. 章开沅、朱英主编:《对外经济关系与中国近代化》,华中师范大学出版社 1990 年版。

58. 中美关系史丛书编委会、复旦大学历史系合编:《中美关系史论文集》(2),重庆出版社 1988 年版。

59. 资中筠、陶文钊主编:《架起理解的新桥梁——中美关系史研究回顾与展望》,安徽大学出版社 1996 版。

后 记

这部著作的完成,离不开多方面指导和资助,在此谨致以最诚挚的谢意。

感谢我的父母,没有他们的养育、教导和爱护,就没有我的今天。父亲杨天石在学业上对我要求很严格,给我以悉心的指导和极大的帮助;母亲金祖芳则在生活上照顾我们一家。记得一位女作家曾经说过,女性要背着三口锅在事业的跑道上和男性竞争,这三口锅分别是家庭、丈夫和孩子。我自己的体会是,我只有两个肩膀,却要同时挑三副担子,即工作、学业和孩子。父母帮我分担了这三个担子,才使我在每年讲授4—5门课、带5—6个研究生、照顾孩子的同时,还能数次到海外查阅档案,写出这部著作。

感谢北京大学历史学系的培养。从本科到硕士再到博士,我在北大历史系就学,前后加起来有 13 个年头,对母校、历史系和老师们已经有深厚的感情。北大历史系名师云集,学风严谨,在这样一个学术素养深厚、学术水平一流的环境里学习,是我走上历史教学和研究之路的起点和加油站。

感谢我的博士导师牛大勇教授和师母张一真女士,以及硕士导师王晓秋教授夫妇。多年来,导师一直在学业上指导我,并且和师母一起在生活上关心我。导师的决断和师母的关怀,帮助我解决了人生中的重大难题,使我得以摆脱困扰,完成学业,并取得工作上的成绩。

　　感谢北大历史系杨奎松教授、房德龄教授、欧阳哲生教授、臧运祜教授,以及清华大学蔡乐苏教授、中国社会科学院近代史研究所闻黎明教授等,感谢各位学者在百忙之中审阅我的拙作,并提出宝贵的修改意见,使我获益匪浅。只是由于我才疏学浅,论著尚有许多不尽如人意之处。今后我定当按照专家们的教诲,努力提高学术研究水平。

　　感谢中国人民大学以及历史学院,给我提供了一个稳定、和谐的工作环境和有利的工作条件,使我能安心从事历史教学和科研,学院领导平易近人,各位同事互敬互助,给我以很多关心和帮助。教学相长,多年讲授课程和指导学生,也促进了我的科研工作。我和学生们共同研究,给他们提供史料,帮助他们选题,指导他们写作,逐字逐句地为他们修改论文,在指导硕士研究生写作毕业论文的过程中,我的科学研究和论文著作也逐渐成形。已经毕业的硕士生程宝元、韩芳、宿静、蒲金艳、赵东亚等同学,对本书的完成也有很大贡献,在此表示感谢。

　　感谢在搜集史料过程中帮助过我的所有朋友们。只身一人前往海外,人生地不熟,幸亏有许多热心的朋友帮忙,才使我得以克服种种困难。我的同学童超女士,到旧金山机场接我,让我暂住她家里,带我四处游览,帮我找房子、办手续,替我解决了各种各样的难题,使我安然度过了初到美国最艰难的第一个月,她温馨的家庭与和蔼的父母温暖着我,犹如我自己的家和父母;美国纽约圣约翰大学的李又宁教授,不仅给我提供免费住房,而且在生活上给我很多悉心的照料;罗斯福总统图书馆的志愿者 Barbara Sweet 太太,与我素不相识,得知我一人从中国来,即热情为我介绍馆内情况,还邀请我吃晚餐、游览当地并到她家做客;台湾国史馆的卓尊宏先生,无私地把他多年辛苦搜集的史料无偿给我使用,还送给我一箱又一箱的学术书籍；再如美国的 Ramon Myers（马若孟）教授、Thomas Metzger（墨子刻）教授、郭岱君女士、Celeste Szeto（房小姐）、孙雅各牧师夫妇、王向宏姚晓霞伉俪、宋欣孔阳雅伉俪、刘雨燕女士、徐冰女士、邹达先生、申晓红博士等，台湾的吴翎君教授、王正华女士、潘邦正先生、黄文政教授、周家庆博士、吴余德先生、刘以善将军、张玉法院士、蒋永敬先生、陈存恭研究员、雷俊玲主任、邵铭煌主任、刘维开教授、林桶法教授、唐启华教授、陈进金教授、林颖曾女士、Shirly Soong（宋曹俐璇）女士、李素琼助教、谢璧如助教等等，都曾给予我各种关心和帮助。挂一漏万，无论具名或不具名的前辈、专家、学者、同行、同学、朋友们，我都不会忘怀，在此都致以深深的谢意！

感谢邀请和提供基金给我的国内外机构，使我有机会到各地去搜集原始档案资料。查找和抄录史料是辛苦的，却是我治学过程中的一大乐趣。找到所需史料时喜悦之极，读到有趣档案时津津有味；拜见学界前辈时有幸，与学界同仁交流时获益；见识各地风土人情开阔眼界，游览无数美丽风光赏心悦目；结识各界朋友开心，体验美妙经历难忘。在此向如下基金和学术机构一并致谢：

中国国家留学基金委员会留学基金

中国人民大学"211 工程"

中国人民大学科学研究基金项目"美国对华经济政策与中国战时战后经济"

中国人民大学科学研究基金项目"抗战时期中国经济困难及中外经济对策研究"

美国斯坦福大学胡佛档案馆

美国罗斯福总统图书馆研究基金

美国杜鲁门总统图书馆研究基金

美国哥伦比亚大学珍本和手稿图书馆

美国圣约翰大学东亚研究中心

美国美中关系全国委员会资助中国学者学生参观了解美国项目
台湾中华发展基金会奖助大陆研究生赴台研究基金
台湾政治大学历史系
台湾辅仁大学历史系
台湾国史馆
台湾中央研究院近代史研究所档案馆
台湾中国国民党中央委员会党史委员会党史馆
香港大学博士研究基金
香港大学历史系
香港大学美国研究中心
香港大学图书馆

杨雨青
2011 年 3 月 1 日于北京

责任编辑：贺　畅

图书在版编目(CIP)数据

美援为何无效？——战时中国经济危机与中美应对之
策/杨雨青著．—北京，人民出版社，2011.5
（民国学术丛书／郭双林主编）
ISBN 978-7-01-009726-8

Ⅰ.①美… Ⅱ.①杨… Ⅲ.①经济危机-研究-中国-民国②对
外经济关系：中美关系-研究-民国　Ⅳ.①F129.6②F125.571.2

中国版本图书馆 CIP 数据核字(2011)第 034581 号

美援为何无效？

MEIYUAN WEIHE WUXIAO

战时中国经济危机与中美应对之策

杨雨青　著

人民出版社 出版发行
（100706　北京朝阳门内大街 166 号）

环球印刷（北京）有限公司印刷　新华书店经销

2011 年 5 月第 1 版　2011 年 5 月北京第 1 次印刷
开本：880 毫米×1230 毫米　1/32　印张：10.375
字数：260 千字

ISBN 978-7-01-009726-8　定价：30.00 元

邮购地址：100706　北京朝阳门内大街 166 号
人民东方图书销售中心　电话(010)65250042　65289539